침묵하는 자 모두 유죄

일러두기

- 이 글은 시대순으로 구성되어 해방 이후의 대한민국부터 전두환 정권이 끝나는 6·29 민주화 선언까지의 이야기를 담고 있다.
- 저자의 시선으로 바라본 대통령 중심의 정치 역사를 다루고 있다.
- 외국어 책 제목, 이론의 명칭 등은 국내에서 일반적으로 사용되는 번역을 따랐으나, 일부는 책의 논지에 맞게 번역하였다.

광란의 대한민국 황제 대통령제

조해경

이것이 대안이다

1 해방부터
6·29 민주화 선언까지

광란의 한국 정치사, 그 서막을 열다

한 편의 드라마 같은 70년. 광란의 한국사. 그 역사는 바로 우리 한국 국민 모두의 역사다. 대한민국 국민 모두가 직접 경험한 바로 그 역사다. 그러면 그 광란의 한국사를 누가 만들었는가? 국민인가 아니면 나라를 다스리는 위정자들인가?

마르크스는 인간의 역사는 작용 반작용의 노동의 역사라고 규정하고 있다. 광란의 한국사는 국민과 통치자들이 만들어 냈다. 그 이유는 무엇인가? 국민들이 위정자들이 권력을 남용하도록 만들었기 때문이다.

《프랑스 혁명사》를 쓴 토머스 칼라일은 지배자들이 받는 비극은 하늘이 내린 천벌이라고 규정하고 올바른 지도자상을 주장하고 나섰다. 이 글을 쓰면서 몇 차례 가슴 속에 답답함을 넘어서 내그러움으로 기진맥진 된 적이 많았다. '내그럽다'는 말은 생소

나뭇가지를 태울 때 나오는 허연 연기를 흠뻑 들이켜서 속이 따가움이랄까. 글의 표현력을 넘어선 바로 그 내그러움으로 비틀거렸다. 바로 그것이다. 그 광란의 역사의 질주의 도가니 속으로 몰아넣은 장본인은 바로 위정자들이다.

칼라일의 말과 같이 우리의 지배자들의 말로는 어떠했는가? 한국의 역사를 생각하는 사람들은 속이 따갑다기보다 왜 내그러움을 느끼는가?

바로 20세기는 광란의 한국사의 연속이었기 때문이다. 역사의 현장에 섰던 인물들 모두가 다 비극의 최후를 맞았기 때문이다. 초대 대통령 이승만은 학생혁명에 의해서 하와이로 도주하였다. 다음에 나타난 장면 내각 총리도 박정희 군사정변으로 물러났다. 박정희 역시 심복 부하에게 암살당했다. 역사 현장에서 옆자리에 있던 영부인 육영수 여사도 암살했다. 철권을 휘두른 전두환과 노태우 모두 감옥 생활을 하였다. 김영삼과 김대중은 오랫동안 감옥 생활과 가택연금을 당하고 살았다.

민주화 이후에 등장한 노무현 역시 자살로 일생을 마감하였다.

칼라일의 "악한 지도자들이 천벌을 받는다."라는 말이 곧바로 떠오른다. 그러면 무엇이 한국의 정치 지도자들을 이토록 불행하게 만들었는가? 한국의 지도자들은 과연 칼라일이 말하는 악한 지도자인가?

그렇지 않다고 본다. 한국의 정치풍토가 그렇게 만들어 버렸다고 본다. 이제 그 역사는 전설 속으로 사라졌다. 단재 신채호 선생은 "역사를 잊은 민족은 미래가 없다. 또한 역사를 잊은 민족은 그 비극의 역사를 되풀이한다."라고 말했다. 그렇기 때문에 우리는 과거 우리 선조들의 먼 지나간 전설처럼 되어가는 역사를 기억하고 있어야만 한다.

역사학의 아버지 레오폴드 폰 랑케는 "역사는 객관적인 시각에서 서술해야만 한다."고 말했다. 보통은 역사에 대해서 자신의 주관을 가미하여 긍정적인 관점에서 역사를 풀어나갔을 것이다. 그러나 이 책에서는 객관적이면서 가치중립적인 입장을 끝까지 지키려고 노력하였다.

현재 한국은 역사교과서 국정화 문제로 나라 전체가 술렁거린다. 왜 그럴까? 역사란 그만큼 중요하기 때문이다. 글로벌시대에 햄버거를 즐겨 먹고 미국식 힙합과 나이키 신발을 좋아하는 청소년들에게 역사를 잊지 않도록 하기 위해서다. 라면보다 빅맥을, 빈대떡보다 치즈피자에 더 군침을 삼키는 청소년들에게 정체성을 심어주는 방법은 무엇인가? 흑인들의 힙합과 나이키 신발 때문에 미국을 존경하는 것이 아니다. 존경이나 멸시가 아닌 의식을 상실한 무의식 상태로 청소년들은 반응한다. '일본은 우리의 적'이라는 사고는 무의식 상태에서 나온다. 그 이유는 바로 일본=강점기+α이기 때문이다. α가 바로 역사이다. 이때의 역사는 바로 임진왜란, 위안부 사건과 독도문제 등이 해당된다고 볼 수 있겠다. 따라서 '일본=적'이라는 공식이 무의식적으로 머릿속에서 도출되기 때문이다.

낭만주의 시인 조지 고든 바이런은 "역사란 미래의 자화상이다."라고 말했다. 바이런의 말과 같이 과거의 역사가 현재를 결정한다. 또한 현재의 역사는 미래의 운명을 결정한다. 그렇기 때문에 과거의 역사를 무의식 상태에서 기억하고 있어야만 한다. 낭만주의를 대표하는 시인 윌리엄 워즈 워드는 그의 시 〈무지개〉에서 "어린이는 어른의 아버지"라고 말하고 있다. 바로 청소년들의 의식이 국가의 미래를 결정하기 때문이다. 미국인들이 가장 좋아하는 시는 영국시인 클론 버클리의 〈제국은 늘 서쪽으로 향했지〉이다. "이제 우리의 후예가 나타나서 찬란한 황금의 시대를 열어갈 것이다."라는 구절을 미국인들은 사랑하고 있다. 바로 후손들은 선조들의 서쪽으로 향하고자 한 개척정신의 역사를 기억하고 있어야만 한다는 것이다.

미국은 불과 2세기 만에 세계 패권국이 되었다. 그것은 바로 그들이 자랑하는 개척정신 때문이다. 지금도 후손들은 개척시대를 그리워하고 망상에 사로잡혀있다. 우리도 해방 이후부터 지금까지 힘들었던 민주주의 역사를 기억하고 있어야만 한다. 미국의 개척사를 한국의 민주주의 혁명사에 비유할 수 있다.

이 책은 1945년 일제강점기에서 벗어난 바로 그해를 시발점으로 한국 정치역사 발전사를 써내려갔다. 그것은 한국에 민주주의가 소개된 것이 바로 그 시점이기 때문이다. 1945년부터 현재까지의 정치사를 바탕으로 미래의 한국 정치에 비전을 제시하고자 한다. 국제정치학자이자 역사학자인 에드가 카는 "역사는 과거와 현재와 미래의 대화다."라고 말했다. 카의 말과 같이 과거와 현재의 역사를 비교하면 장래 한국의 역사를 예측하고 방향을 제시할 수 있다.

해방 후 상당히 오랫동안 한국의 정치는 광란의 정치라고 할 정도로 후진성을 면치 못했다. 그 소용돌이 속에서 수많은 정치인들이 추풍낙엽같이 떨어졌다. 그 소용돌이 속에서 한국 정치사의 중심에 선 인물들은 대통령들이다. 해방 이후부터 현재까지 한국 정치제도는 한 차례의 내각제를 제외하고는 대통령 중심제였다. 그동안 한국 정치사는 11명의 대통령과 1명의 내각제 총리를 배출하였다. 이들을 중심으로 한국 정치사를 전개해 나가려고 한다.

또한 이 책에서는 시대별로 몇 단계로 나누어서 한국 정치사를 전개해 나가고자 한다.

일제강점기에서 해방된 1945년부터 1960년 4·19 학생혁명이 일어난 연도를 민주주의의 태동기로서 한국 민주주의 역사의 제1기로 명명할 수 있다. 여기서 4·19는 과거에는 학생의거라고 했다. 그러나 현재 역사 교과서에서는 4·19 의거를 4·19 혁명이라고 부른다. 따라서 이 책은 객관적인 시각을 견지하기 위해서 공통적으로 사용되는 4·19를 혁명이라고 명명하고자 했다.

다음으로 1961년부터 1979년까지를 민주주의의 2기로 분류하고자 한다. 1961년은 박정희가 5·16 군사정변을 일으키던 바로 그 해이기 때문이다. 5·16이 군사쿠데타냐 아니면 혁명이냐를 두고서 현재까지도 논란의 대상이 되고 있다. 5·16이 쿠데타냐 혁명이냐에 대한 이론적인 논리는 뒤로하고 여기서 일반화된 용어인 정변으로 사용하고자 한다. 왜냐하면 개인의 주관대로 5·16은 쿠데타 혹은 혁명이라고 명명해 버리면 아직 논쟁상태인 5·16에 대한 객관성을 상실해 버리기 때문이다. 따라서 이 글에서 5·16을 객관성을 토대로 가치중립적인 입장에서 군사정변이라고 명명하고자 한다. 1979년은 10·26 사태로 박정희 유신호가 침몰하는 바로 그해다. 그렇기 때문에 민주주의 제2기는 여기까지로 단락을 지으려고 한다.

제3기는 1979년 12·12 전두환 군사 쿠데타부터 1987년 노태우 6·29 직선제 선언까지로 단락 지을 수 있다. 여기서 12·12는 이미 대법원 판결에서 성공한 쿠데타로 규정지어 버렸다. 따라서 12·12는 명백한 군사 쿠데타다.

제4기는 1988년 노태우 6공 정부부터 2002년 김대중 국민의 정부까지로, 민주주의 개척시대의 완성 시기라고 명명한다.

제5기는 2003년부터 시작된 노무현 정권부터 현재를 거쳐서 미래까지를 민주주의를 개척시킨 후손들의 민주주의 혁명의 재도약 단계의 시대라고 할 수 있다.

한국의 민주주의는 개척자들의 엄청난 희생을 거치면서 유럽이 민주주의를 이루어낸 시간보다 단축시켰다. 유럽의 정치발전사는 영국의 명예혁명, 프랑스 혁명, 미국 혁명 등의 수백 년의 역사를 거치면서 발전해 왔다. 그에 비하면 한국의 민주주의 역사는 엄청난 속도로 단기간에 발전하였다. 이것은 미국이 단시간에 신천지 황무지를 장미꽃 피는 옥토로 만든 것과 유사하다. 따라서 한국 민주주의 혁명사를 미국의 서부개척사에 비유해서 생각할 수 있다. 미국 개척사는 서구 유럽 민주주의 혁명의 역사보다 훨씬 단기간에 완성했다.

미국 개척사를 미국을 대표하는 소설을 비유하여 한국 민주화 혁명사에 접목시키고자 한다. 미국 서부개척 1기는 정체성의 혼동 기였다. 정체성의 혼동기를 대표하는 소설은 다니엘 호손의 《주홍글씨》를 들 수 있다. 젊은 신부와 젊은 유부녀의 간통사건은 정체성 혼동의 표현이다. 청교도 정신을 바탕으로 하는 서부개척기 1기의 미국인들의 정체성 혼동을 잘 보여주고 있다. 그리고 소설 속에서는 바로 두 남녀를 마을 밖으로 추방시켜 버린다.

한국 역시 1945년 해방부터 1960년 4·19 학생혁명까지의 정체성의 혼동의 시기였다. 한국 정체성의 혼란을 일으킨 주인공은 바로 패권국 미국과 도전국 러시아(구소련)였다. 2차대전 이후 한반도에는 두 마리의 야수가 나타난다. 한 마리는 자유주의를 신봉하는 미국이다. 다른 한 마리는 공산주의를 신봉하는 구소련 러시아다. 한반도는 38선을 경계로 남은 미국 북은 러시아가 갑자기 점령하여 통치권을 행사한다. 국민들을 정체성 혼동의 도가니로 몰아넣었다. 친탁이냐 반탁이냐 문제부터 국민들은 혼동되었다. 남한은 자유주의를 내세우는 미국의 손아귀에 들어갔다. 미국은 민족주의자보다는 친미주의자를 선호했다. 결국 된장국과 보리밥을 좋아하는 김구를 죽이고 빵에 버터를 발라 먹고 서양 부인을 두고 한국말은 서툴고 영어만 유창한 친미주의자 이승만을 내세웠다. 혼란기에는 군대가 중요했다. 1945년 일본이 물러가면서 바로 국방경비대라는 군대부터 설립하였다. 이 중에서 군 최고 통치자를 만들기 위해서 군사영어학교라는 이름의 군사학교부터 만들었다.

이것은 미국이 1620년에 처음 이민 온 102명의 청교도들이 제일 먼저 목사양성기관이자 미국 개척기를 이끌어갈 정신적 지주 양성기관인 하버드대학을 1637년에 설립한 목적과 같다. 군사영어학교 출신들은 영어와 미국식 사교댄스 등 서양식 세뇌교육을 받았다. 군사영어학교 출신들을 보면 군번 1번의 이형근, 군번 5번의 백마고지 영웅 김종오, 30세 육군참모총장과 두 번의 참모총장을 역임한 정일권, 32세에 참모총장을 지낸 백선엽 등 모두가 다 군사영어학교 출신이다. 친탁·반탁의 혼란기에 남한의 똑똑한 젊은이들은 모두 마르크스의 공산주의 사상인 평등사회라는 구호에 혼동되어서 북한으로 올라갔다.

미국과 러시아의 두 마리 야수가 만들어낸 자유주의와 공산주의는 패권국과 도전국의 전략적 이념이다. 패권국 미국은 도전국 러시아를 막기 위해 봉쇄정책을 사용했다. 이차대전 후 5년 만에 발생한 1950년 한국동란은 미국과 러시아의 대리전쟁이었다. 한국전쟁은 미국과 러시아의 무승부로 끝났다. 이때부터 미국은 매카시즘 선풍을 일으킨다. 공산주의는 무조건적으로 몰아붙여 때려잡는다. 미국인들은 유럽인들과는 다른 사고를 가지고 있다. 유럽인들은 자신들이 악마가 될 수 있다는 사고를 가지고 있지만 미국인들은 자신들은 결코 악마가 될 수 없다고 생각한다. 또한 유럽인들은 천국과 지옥에 들어가기 전에 심판을 받는 연옥이 있다고 믿지만 미국인들은 천국 아니면 지옥이지 연옥은 결코 없다는 사고를 가지고 있다. 미국인들은 도 아니면 모지 결코 개나 걸은 있을 수 없다는 생각을 가지고 있는 것이다. 바로 제로섬 게임이다.

6·25 한국전쟁 이후 한국인들은 미국의 영향으로 북한의 공산주의 빨갱이 잡기에 몰두한다. 붉은 색깔은 무조건 적으로 보는 사상이 1950년대 한국사회를 지배하였다. 이 시기에 한국 민주주의는 3명의 민주화와 산업화 주인공을 탄생시킨다. 민주주의 개척자 중 한 사람은 김영삼 전 대통령이다. 다른 한 명은 김대중 전 대통령이다. 이들이 바로 한국 개척기의 민주주의 혁명사의 역사 현장의 주인공들이다. 다른 한 사람은 김대중, 김영삼의 민주화 운동을 막으면서 한국 근대 산업화를 추진해 나간 박정희 전 대통령이다. 한국 민주주의 혁명사의 초기 개척기의 주인공들이 바로 김영삼, 김대중, 박정희다.

한국 정치발전사는 박정희, 김영삼, 김대중이 역사의 현장에 서서 한국 정치사를 이끌어 나간다. 결국 한국 민주주의 역사의 초기 개척기는 이들 3명이 중심이 된다. 중반기는 전두환, 노태우 두 전직 대통령이 중심이라고 할 수 있다. 후반기 한국 정치사는 노무현, 이명박, 박근혜가 역사의 현장에 있다고 할 수 있다.

한국 민주주의 개척기 시대에 중심에 있던 인물들부터 시작해서 중반기와 후반기로 넘어가고자 한다.

다음으로 민주주의 혁명사의 2기인 1960년부터 1979년까지의 역사를 살펴볼 수 있다. 민주주의 2기는 미국 서부개척사 2기에 비유할 수 있다.

미국인들에게 낭만주의는 존재하지 않는다. 미국인들에게는 유럽인들이 가지고 있는 낭만주의라는 말은 상실되었다. 미국인들은 자연을 낭만의 대상으로 보는 것이 아니다. 그들에게 자연은 극복해야만 하는 대상이다. 달 밝은 밤 콜로라도 강 언덕에 서면 유럽인들은 아름다운 강의 경관부터 본다. 하지만 미국인들은 강을 건너야만 한다는 생각으로 강의 물살부터 본다. 포장마차의 원조는 미국이다. 한국인들은 포장마차 하면 눈 오는 날 함박눈을 흠뻑 맞으면서 포장마차에 들어가 가장 친한 친구와 격식 없이 어묵 국물에 소주잔을 기울이며 정지용의 말마따나 '옛이야기 지줄대는' 생각부터 연상한다. 미국인들은 반대다. 포장마차 하면 포장마차 주변에 숨어서 이마에 짐승들의 끈을 두르고 포장마차를 향해서 총을 겨누고 옆에는 포장마차를 향해서 돌진해 오는 버팔로 물소부터 연상한다.

미국은 낭만주의 없이 바로 자연주의로 넘어간다. 미국 개척사 2기를 대표하는 소설은 《모비딕》이다. '모비딕'은 외눈박이의 산채만 한 크기의 괴물고래 백경이다. 미국은 서부개척을 위해서 목숨을 걸고서 자연과 싸우면서 자연을 극복해 나가야만 했다. 그 자연은 바로 바닷속에 있는 괴물고래 백경을 의미한다. 미국 서부개척기의 개척자들은 자연과 싸우면서 엄청난 희생을 감수해야만 했다. 인디언들과 싸움을 비롯해서 로키산맥 등 자연을 헤치고 서부로 서부로 진군해야만 했다.

한국 역시 60~70년대 민주화 개척사는 엄청난 희생을 요구하였다. 60년대는 전 세계가 암흑기였다. 전 세계는 상실의 계절로 들어서고 있었다. 그것은 문화 예술을 보면 알 수 있다. 60년대는 니체의 비합리주의, 로티의 반본질주의, 푸코의 권력, 데리다의 해체주의, 바흐친의 카니발, 그람시의 헤게모니 등에서 잘 나타나고 있다. 60년대 세계는 인권주의자들의 희생을 강요하였다. 미국 대통령 존에프 케네디의 암살, 케네디 동생 법무장관 로버트 케네디의 암살, 인권운동가 마르틴 루터 킹 목사 암살, 역시 인권운동가 말콤 X의 암살 등을 들 수 있다. 60년대 미국은 러시아 봉쇄정책에 실패한다. 러시아를 봉쇄하기 위해 1962년부터 월남전의 수렁에 빠져든다. 월남전은 엄청난 미국 젊은이들의 목숨을 앗아갔다. 버클리 대학을 중심으로 젊은이들은 월남전 반대시위에 휘말린다. 젊은이들은 히피를 비롯해서 미국 정부에 반감을 가진다. 미국은 패권국의 자리를 유지할 권위를 상실해가고 있었다.

일본은 '요시다 독트린'으로 이차대전 패망국으로 유럽을 제치고 미국의 경제 도전국으로 급성장 해버렸다. 이러한 시기에 나타난 주인공이 바로 박정희다. 일본식 모델을 답습하여 단시간에 한국을 후진 농업국에서 선진 공업국으로 근대화시키는 것이 박정희 정권의 희망이자 꿈이었다. 하지만 농업사회에서 공업사회의 근대화로 넘어가기 위해서 필요한 조건을 한국사회는 전혀 갖추고 있지 못했다. 단지 풍부하고 질 좋은 노동자들의 노동력 하나가 가장 좋은 자산이었다.

박정희는 산업화를 조속하게 달성하기 위해서 총력전을 기울인다. 압축경제 정책 추진을 위해서 개발독재가 시작된다. 희생되는 것은 노동자들의 노동력 착취와 인권탄압이었다. 희생양은 개발독재에 반대하는 학생, 재야인사, 정치인, 언론인 등 민주화 인사들의 인권탄압이었다. 60년대 민주주의 운동은 수면 아래에서 서서히 움직이고 있었다. 60년대 박정희의 산업화는 예상외로 크게 성공을 거두고 있었다. 그러나 70년대의 박정희의 산업화는 실패한다. 군의 경직성 때문이다.

일부 비교정치학자의 논리에 따르면 "군은 결단력과 추진력 때문에 초기에는 대부분 성공한다. 그러나 군 조직은 상하 명령계통을 토대로 한 경직된 조직이다. 군의 경직성이 발전의 한계성에 도달하도록 한다. 따라서 군의 정치개입을 반대한다."고 이야기한다.

70년대는 박정희 정권의 2기라고 할 수 있다. 이때부터 한국의 민주주의 역사는 새로운 두 개의 물줄기를 타게 된다. 한 줄기는 노동자들의 인권침해에 대한 민주주의 운동이 수면 위로 부상하였다. 다른 한 줄기는 재야와 정치권 인사들의 더욱더 강한 민주화 운동이다.

유신독재정권의 시작과 함께 박정희 정권의 강한 인권탄압이 시작된다. 김영삼, 김대중 두 민주화 투사와 함께 재야인사들의 목숨을 건 민주화 항쟁이 시작된다. 1970년을 기점으로 민주화는 저항을 넘어서 보다 체계적이고 대규모적 항쟁으로 번져 나간다. 노동계에선 1970년 전태일 청계천 피복노조 분신사건으로 보다 강한 노동운동이 시작된다. 동일방직, 반도상사 등의 노동자들의 인권민주화 노동운동이 전국적으로 번져 나갔다.

노동운동은 마침내 농민들의 민주화 운동으로 연계되면서 함평 고구마 사건과 안동 감자사건으로 농민민주화 운동으로 불씨가 번져 나간다. 불씨를 번지게 만든 것은 재야 종교계 인사들이었다. 박정희 정권의 탄압은 더욱더 거세지기 시작했다.

정치계와 재야인사들의 민주화 운동도 유신정권에 강하게 저항하였다. 1976년 3·1절 명동사건을 비롯하여 야당의 원내의 김영삼과 원외의 김대중이 정치계 민주화를 이끌어 나갔다. 1979년은 국가경제 침체로 인해 많은 기업들이 부도로 인해 문을 닫았다. 박정희의 경직성 경제개발정책이 한계에 도달한 것이다. 생필품 값은 폭등하였다. 노동자들의 반발은 마침내 폭발하였다. 그 결과 중앙정보부장 김재규가 박정희를 암살하는 10·26 사태가 발생하였다. 박정희 정권의 몰락은 경제정책 실패→ 중소기업 파산 및 노동자 해고 및 인권 유린→ 노동자의 폭동→ 야당총재 제명→ 엘리트 관료들의 권력투쟁→ 박정희 암살→ 박정희 정권의 몰락으로 시대적인 순서를 매겨 볼 수 있다.

다음 단계는 한국 민주주의 혁명의 제3기에 들어서게 된다. 이 시기는 1979년 12·12 사태부터 1987년 6월 29일의 6·29 직선제 개헌까지의 기간이다. 이 기간을 미국 개척기에서 마크 트웨인의 《허클베리 핀의 모험》에 비유할 수 있다.

이 소설은 서부개척에서 지친 미국인들이 안정을 찾고 정착을 원하는 시기에 있었다. 미국인들은 더 이상 개척을 원하지 않았다. 이러한 시기에 미국인들에 개척의 필요성을 일깨우고 끝까지 개척해 나갈 것을 호소하여 새로운 개척시대를 열었다는 데에서 이 소설은 당시 미국시대를 대표하는 소설이 될 수 있다.

박정희 정권의 몰락 이후 전문화되고 정치화된 군부가 쿠데타를 일으켜서 정권을 잡게 된다. 이 과정이 바로 박정희 정권의 몰락 후에 힘의 공백상태에서 나타난 전두환의 12·12 군사 쿠데타다.

전두환 정권은 무자비한 인권탄압을 시도한다. 그러나 이미 국민들의 의식 수준은 높아진 상태에 있었다. 학생과 노동자가 연계된 노학을 비롯하여 재야인사와 김영삼, 김대중의 끈질긴 투쟁은 결국 가장 중요한 직선제 개헌을 이끌어 내는 데 성공하면서 민주화 개척기는 성공적으로 끝을 내게 된다.

1988년 노태우 정권부터 2002년 김대중 정부까지의 기간을 민주주의 개척기의 정리기간인 제4기라고 명명한다. 이것을 미국 개척기의 제임스 페니모어 쿠퍼의 소설 《라스트 모히칸》 즉 《모히칸 족의 최후의 전사》라는 소설에 비유할 수 있다. 《라스트 모히칸》은 서부개척기가 끝나가던 시기에 적으로 싸우던 인디언을 동지로 맞아들인다. 그렇지만 동지애로는 한계를 벗어나지 못한다는 내용의 소설이다.

바로 노태우 정부는 《라스트 모히칸》이라고 할 수 있다. 노태우는 김영삼, 김대중 양 김씨의 분열로 인해서 어부지리로 헌정사상 최저의 지지율로 당선은 되었다. 그러나 노태우 정부는 이미 힘을 잃고 말았다. 여기에 민주화는 이미 성취되었다. 김영삼은 과거 적으로 싸웠던 노태우와 김종필과 동지로서 삼당합당을 한다. 그 후 김영삼 문민정부는 《라스트 모히칸》에서 인디언과 동지로서 한계를 느끼는 것과 같은 현상이 발생한다. 그래서 바로 '역사 바로 세우기'를 통해 전두환, 노태우 두 전직 대통령을 감옥에 보낸다. 그렇지만 사형은 하지 않는다. 또한 박정희 정권의 2인자인 김종필을 쫓아 버리고 만다. 다음에 나타난 김대중 정부도 김종필과 동지로서 DJP공조를 이루면서 공동여당을 구성하여 '라스트 모히칸 정신'을 발휘하게 된다.

민주주의의 혁명사의 마지막 단계인 제5기는 개척기의 후손들이다. 2003년 출범한 노무현 정권에서부터 박근혜 정권을 거쳐서 미래의 우리 한국의 정권까지의 기간을 말한다. 미국 개척사의 마지막 장에 해당되는 피츠 제럴드의 소설 《위대한 개츠비》를 한국 민주주의 혁명사의 마지막 단계와 연계시킬 수 있다. 《위대한 개츠비》의 시기는 미국 서부개척기가 지나서 미국인들에게 정체성의 확보의 안정성을 찾는 일이 가장 필요한 때였다.

일차대전과 미국 마피아 갱단의 출현과 밀주 판매 등 미국은 혼란 속에 있었다. 개츠비는 밀주 판매와 마피아와의 거래 등을 통해서 갑자기 많은 부를 축적한다. 자신의 어두운 과거의 신분을 숨기기 위해서 상류층 인사들에게 접근한다. 그리고 신분상승을 꾀한다. 그러나 결국은 밀주 판매업자에다 마피아와의 검은 거래, 자신의 과거의 신분이 하류층이었다는 사실이 밝혀지면서 자살로 인생을 끝낸다. 이 소설은 미국이 자신의 정체성을 찾아야만 한다는 것을 보여주고 있다.

이 소설에서와 같이 한국 민주화 운동 시대는 끝이 났다. 노무현 정부부터는 민주주의의 2기에 접어들면서 새로운 민주주의의 도약을 향해서 달려 나가는 시대를 맞이했다. 서양 민주주의 시대를 한국 민주주의 혁명의 역사와 비교해 볼 수 있다. 김영삼, 김대중은 개척기의 인물이다. 이들은 고대 플라톤의 사상에 비유될 수 있다. 노무현 이후의 민주주의는 아리스토텔레스 사상에 비유할 수 있다.

먼저 플라톤의 '동굴론'을 보자. 플라톤은 그의 동굴론에서 동굴 속 세상과 동굴 밖 세상으로 나누고 있다. 동굴 속 세상은 현실세계이며 동굴 밖 세상은 이상세계다. 많은 사람들이 캄캄한 동굴 속에서 쇠사슬에 묶여 앞만 바라보고 있다. 동굴 밖 세상은 환한 세상이다. 동굴 속은 하루 중 잠시만 햇볕이 들어온다. 동굴 속에는 독뱀과 박쥐 등 위험한 짐승들이 주변에 있다. 많은 사람들이 동굴을 탈출하는 데 성공한다. 대부분 사람들은 더 이상 위험한 동굴 속에 대해서 생각하기를 거부한다. 그중에 일부는 위험을 무릅쓰고 동굴 속에 다시 들어가서 쇠사슬에 묶여서 고통을 당하는 사람들을 구출하려고 한다. 그들은 위험한 동굴 속에 다시 들어가서 고통 속에 있는 사람들의 쇠사슬을 풀고 동굴 밖으로 끌어내는 데 성공한다. 이들이 바로 민주주의 개척시대의 선구자인 김영삼과 김대중이다.

그리고 그들의 후손인 노무현 이후는 아리스토텔레스 철학을 생각할 수 있다. 플라톤이 좋은 집을 짓기 위해서 집의 터와 기둥과 지붕과 뼈대를 만들었다. 이것이 바로 초기 김영삼, 김대중을 비롯한 초기 민주주의 선구자들의 역할이었다. 다음으로 필요한 것은 집 안에 들어갈 좋은 가구와 좋은 침대 등 잔잔한 것들을 만드는 일이 바로 노무현 이후의 세대들이 민주주의 혁명의 성공을 위해서 할 일이다. 동시에 개척기 민주주의 혁명의 시대는 고전적 자유주의 시대라고 할 수 있다. 토마스 홉스, 존 로크, 장 자크 루소의 계약론을 바탕으로 국민의 기본권인 생명권과 재산권, 존엄권 등 국민의 주권을 국가와 국민이 계약을 체결하여 국민의 주권을 국가에 이양하는 계약이다.

만일 국가가 국민과의 약속을 지키지 못하는 경우 국민은 혁명을 통해서 주권을 되돌려 받는다는 것이 고전적 민주주의 이론이다. 루소는 여기에 국가와 국민간의 계약이 아니라 주권계약은 국민들 모두가 각자끼리 한다. 국민들은 주권을 그대로 가지고 있다. 단지 국가를 위해서 일할 대표자를 선출하는 데 불과하다. 따라서 국가의 주인인 국민으로부터 대표자로 뽑힌 사람들은 단순히 국민들의 일꾼이며 국민의 하인에 불과하다. 서양의 민주주의 혁명을 영국의 명예혁명, 미국 혁명, 프랑스 혁명 등이 바로 주권을 되찾는 민주주의 혁명이었다. 결국 국민이 승리를 했으며 이것이 고전적 민주주의의 혁명의 성공이다.

다음 단계는 개인과 사회의 삶의 질을 향상시키는 민주주주의 단계에 들어갔다. 노무현 이후는 국민들의 삶의 질을 향상 시키는 공리주의 시대의 민주주의를 추구해 나가고 있다. 이제는 투쟁의 시대는 끝나고 '최대다수의 최대 행복론'을 추구하는 신민주주의 시대이다.

현대는 글로벌시대이다. 한국은 개인과 사회를 동시에 보호하는 민주주의 혁명 시대에 들어가고 있다. 개인과 사회를 동시에 보호해서 빈부격차를 줄이고 양극화 현상을 없애는 시대이다. 또한 사회를 보호하여 경쟁력을 강화하여 세계 초일류국가로 발돋움하는 것이 국가와 국민의 과제이다. 공리주의와 신공리주의 시대를 넘어서 국가가 국민의 행복을 위해서 적극적으로 개입하는 복지국가 시대에 돌입하는 민주주의가 필요한 시대이다.

제임스 밀의 공리주의와 존 스튜어트 밀의 신공리주의인 '최대다수의 최대행복론'을 넘어서 이상주의 사회복지론자인 토마스 힐 그리인의 '개인과 사회를 동시에 적극적으로 보호'하는 이상적 민주주의의 뉴 패러다임을 요구하는 시대에 돌입하고 있는 것이다. 따라서 김영삼 문민정부 이전의 인사 정책인 군부시대의 군화 인사, 김영삼의 등산화 인사, 김대중의 재야 중심인사, 노무현의 386과 진보적 시민단체와 운동권중심 코드인사, 이명박의 고소영 인사, 박근혜의 성시경 인사를 답습해서는 안 된다.

인사가 만사다. 그러나 과거의 인사를 답습하는 경우 인사가 망사가 되어서 국정운영은 실패하게 된다.

국정운영 철학도 노무현의 현실을 무시한 진보적 관념주의적 사고의 운영방식, 이명박의 관념을 무시한 지나친 현실주의적 실용주의 운영방식 역시 문제가 생긴다. 관념과 현실을 조화시킨 중용의 도를 향한 이상주의적 국정운영을 지향해 나가는 길이 선조들이 과거 실패한 정책을 성공시키는 전략이라고 본다.

이제 우리 경제는 세계 10위의 경제브랜드를 바탕으로 계속 도약해 나가고 있다. 우리가 세계 초일류국가로 탄생하기 위해서는 과거의 악습과 폐단을 과감하게 척결하고 뉴패러다임의 민주주의를 추구해 나가야만 한다. 영국에서 산업혁명이 가장 먼저 일어난 이유가 바로 영국이 세계에서 민주주의가 가장 발달된 나라였기 때문이다. 우리는 아직도 '수양산 그늘이 관동 70리'라는 악습에 젖어 있다. 과거 노태우 정부를 탄생시킨 월계수회, 김영삼 정부의 민주산악회, 김대중 정부의 연청 등이 그 예일 것이다. 이러한 당선을 위한 비선조직은 당선 후에는 비리에 연루되는 경우가 허다하다. 특히 한국과 같이 공맹사상을 바탕으로 공보다는 사를 중요시 여기는 사회에서 비선조직은 부정의 온실이 될 수 있다. 이것이 민주주의 도약의 발목을 잡을 수 있기 때문이다.

이 책에서는 광란의 역사 속에서 민주화를 위해서 국민이 주권을 되찾기 위해서 투쟁을 벌이기 시작한 1945년부터 국민이 얻어낸 6·29 직선제 개헌까지인 1987년까지의 한국 정치사를 다루고자 한다. 그리고 고전적 민주주의인 국민들이 주권을 회복하기 위해 흘린 고귀한 피를, 우리 후손들이 되새기기 위해 민주화 운동사의 역사를 중심으로 전개해 나가고자 한다.

이 책의 출간을 위해서 힘써주신 채륜 대표님과 담당 편집자님 이하 많은 분들께 감사를 드린다.

2016년 11월

낙엽이 쌓인 개화산 기슭 우거에서
유유히 흐르는 한강을 바라보며

덕산 조해경

오

멀어진 민주화의 꿈, 전두환 정권(1980~1987)

일,

혼돈 속 벌거벗은 임금님,

이승만 정권

(1945~1960)

김영삼, 김대중,
박정희 사상의
형성기

김영삼, 박정희, 김대중 세 명의 전직 대통령들은 1920년대부터 1950년까지 무엇을 하였던가? 이 문제는 그들의 출생 배경과 그들의 유아기와 소년기와 청년기의 삶을 통해서 형성된 사상에 대한 역사적인 설명이 필요하다.

김영삼은 1927년 생으로 거제 섬에서 출생하였다. 부친인 김홍조 옹은 김녕김씨 집안의 독실한 기독교 신자이다. 멸치잡이 어선을 17척이나 가지고 있는 졸부이며 마을 유지였다. 박정희는 김영삼보다 10년 위인 1917년 생으로 경북 선산군 구미면 금오산 기슭의 가난한 농가에서 출생하였다. 박정희의 부친인 박성빈 옹은 고령박씨 집안의 몰락한 양반이다. 농사를 지으며 가난하게 살아가는 선비 출신이었다. 동학혁명에도 가담한 경력이 있다. 김대중은 1924년 목포 앞바다에서 좀 떨어진 신안군의 하의도에서 출생하였다. 농사를 짓는 전형적인 선한 농민인 김해김씨 집안의 김운식 옹의 차남으로 출생하였다.

하나의 공통점은 거제도와 하의도와 경북 선산을 풍토적인 관점에서 생각해 볼 필요성이 있다. 법 풍토설을 제창한 법 철학자 이항령 박사는 법과 주변의 풍토의 연관성을 강조하고 있다. 이것은 인간의 의지와 풍토와는 밀접한 관련을 가지고 있다는 것을 의미한다. 대부분 바닷가 사람들이 산속의 사람들보다 생활력이 강하며 추운 지방의 사람들이 더운 지방의 사람들보다 성격이 더욱더 강하다는 주장이 있다. 이것은 인간이 적응하기 힘든 척박한 지역에서 생활하는 사람들이 살아남기 위해서 성격이 강해질 수밖에 없었던 것으로 볼 수 있다. 제임스 스콧, 로벗 베이츠, 가브리엘 알몬드 등 대부분의 비교정치학자들은 정치와 문화는 밀접한 관련성을 가지고 있다는 주장을 펴고 있다.

김영삼과 김대중의 민주화에 대한 사상은 척박한 생활 터인 섬이 출생지이며 성장지라는 점도 어느 정도 작용을 하고 있다고 할 수 있다. 박정희는 산골 출신이어서 바다보다는 나은 풍토이기 때문에 보수 온건 노선을 걸어온 것으로 추정된다. 박정희 출생지인 경북 선산은 고려 말기에 이성계의 조선창건에 반대하다 낙향한 야은 길재 선생의 고향이기도 하다. 따라서 세 인물은 모두 저항기질을 가지고 있다는 점이 공통점이 될 것이다. 군부 내 박정희의 정화운동을 비롯하여 김영삼과 김대중의 민주화는 정치문화적인 관점에서 반골기질 내지는 저항적인 성격이 이러한 풍토에서 길러졌다고 할 수 있다.

김영삼은 거제의 장목초등학교를 졸업하고 그 주변인 통영중학교에 입학한다. 당시는 중고등학교 과정이 지금처럼 6년제가 아닌 5년제였다. 일제강점기였기 때문에 일본인 교사로부터 일본식 교육을 받던 시절이었다. 6남매의 장남이자 아래로 전부 여동생들이었기 때문에 집안에서는 매우 귀한 자손으로 여겼다. 가정이 부유하면서 아들이 귀한 집안의 아이들은 대부분 야망이 없는 성격의 소유자지만 김영삼은 달랐다.

그가 정치에 관심을 가지고 꿈을 키운 것은 중학교 시절에 '미래의 대통령 김영삼'이라는 글씨를 책상머리에 항상 써 붙여 놓고서 공부를 한 것을 보면 알 수가 있다. '대도무문'의 정치철학 사고는 아마 이 시기에 형성된 것으로 간주된다. 통영중학교에서 부산의 경남중학교로 학교를 옮긴 것은 당시 '명문학교 출신'이라는 타이틀의 필요성 때문이라고 생각된다. 부산의 경남중학교는 부산에서 가장 명문학교이다. 해방 전에는 부산에서는 경남고등학교가 가장 명문이고 해방이 된 후에는 경남고와 겨룰 수 있는 학교로 부산고등학교를 들 수 있다. 부산에서는 서부 방면의 김해를 포함해서 주변의 마산과 진주 등의 지방의 수재들은 부산중학에 동부의 수재들은 경남중학으로 나누어지면서 지금도 동서로 갈라져 있다.

김영삼은 최고의 명문학교인 경남고를 거쳐서 서울대학교 문리과 대학 철학과로 진학한다. 김영삼의 서울대 입학연도는 해방 이후인 1947년도이다. 당시의 국내정세는 남북으로 분단되어서 친탁과 반탁의 갈등으로 나라가 무척 혼란스러운 상황이었다. 당시 한국 사회는 대학생들이 거의 없는 시대였기 때문에 김영삼은 가장 엘리트 그룹에 속하는 신분이었다. 당시 서울대에서도 문리대가 학문적으로 가장 낭만적인 학구파들이 몰려 있었다. 김영삼이 왜 정치에 야망을 가지고 있으면서도 정치학과가 아닌 철학과를 택하였는지는 확실치가 않다. 철학과는 당시로서는 현실과 동떨어져서 순수하게 인간을 연구하고 학문을 연구하는 학자가 되는 학과였기 때문이다.

당시 서울대 문리대의 분위기는, 대부분 현실주의적인 사고를 가진 사람들이 간 곳이 아니고 이상을 추구해 나가는 학생들의 집합소였다. 특히 당시는 마르크스의 공산주의 사상이 젊은 엘리트들에게는 가장 이상주의적인 사상이었다. 누구나 다 같이 평등하게 분배하고 계급이 없는 사회인 공산주의 사상에 매료되었던 시대였다. 친탁과 반탁으로 나누고 공산주의와 자유주의가 양분되었던 시절에 똑똑하고 수재로 여겨지던 서울대의 젊은 인재들은 대부분 마르크스 사상에 심취되어서 북한으로 월북하는 사례가 허다하였다.

김영삼이 대학시절에 친탁을 하였는지 반탁운동을 하였는지는 분명하지 않지만 서울대 총학생 회장으로 학생운동을 열렬히 하였다는 것은 분명한 사실이었다. 왜냐하면 그의 이러한 학생회장과 학생운동 경력이 그가 대학을 졸업하고 당시 정계의 거물이었던 창랑 장택상과 인연을 맺게 하면서 장택상의 비서로 발탁이 되었기 때문이다. 장택상과의 인연은 그가 전국 대학생 웅변대회에서 2등을 하여 당시 외무부 장관이었던 장택상 외무부 장관상을 수상하면서 시작되었다.

그러면 김영삼을 정계에 입문시킨 장택상은 누구인가?

장택상은 경북 칠곡 최고 갑부 만석꾼이자 경상도 관찰사 장승원의 아들로 태어나서 나중에 대통령이 된 윤보선과 함께 영국의 에든버러대학에 유학을 하고 독립운동을 하였다. 해방 후 귀국하여 이승만 정권하에서 외무장관과 가장 중요한 수도 서울의 치안을 맞는 수도 청장으로 일하다가 국회에 들어가서 국회부의장과 국무총리를 역임한다.

김영삼은 장택상 국무총리의 총무담당 비서로 정계에 진출한다. 김영삼이 발탁된 이유는 학창시절부터 정치에 관심을 가지고 웅변을 비롯하여 학생운동을 열심히 하면서 정계인사들과 교류를 가졌기 때문이다. 또한 국무총리를 역임한 고건 총리의 부친인 고형곤 교수가 당시 서울대 철학과 교수로 재직을 하고 있었던 시절이다.

1950년 6·25가 일어나면서 김영삼은 국방부 정훈국의 군인으로 군복무를 한다. 6·25가 터지면서 대부분의 젊은이들은 군 입대를 기피하면서 숨어서 살았다. 군에 가면 거의 대부분 장병들이 죽음을 당하였기 때문이다. 그런 반면에 김영삼이 국방부 정훈국에 군인으로서 군 복무를 한 것을 보면 애국자이기는 하다.

1948년 대한민국 정부가 수립된 이후 대통령제하에서 정국은 매우 불안정하였다. 여순반란 사건을 비롯하여 제주 4·3 사건 등 나라가 매우 불안정하게 돌아가고 있었다.

자, 그렇다면 박정희는 어떻게 청소년기를 보냈는가?

박정희는 김영삼보다 10년 정도 연상으로서 육 남매의 막내둥이로 탄생한다. 당시 사회 풍습은 집안이 대부분 장남 중심이었다. 대개의 시골의 농민들처럼 박정희 역시 시골 농민 집안의 막내이기 때문에 형들의 영향을 크게 받고 자랐다. 당시는 대가족제도이기 때문에 집안 식구들의 영향이 매우 컸다. 그가 자주 어릴 적을 회상하면서 가난에서 벗어나는 일이 가장 필요하다는 말을 어릴 적 경험담에 비추어서 이야기 하는 것을 보면 알 수가 있다. 박정희가 구상하고 시행한 보릿고개 없애기, 새마을운동, 조국 근대화, 산업화, 수출 정책 등은 모두 어린 시절의 경험담을 바탕으로 한 아이디어라고 할 수 있다.

형제 많은 집안에서 태어난 박정희는 그의 둘째 형인 박상희로부터 많은 영향을 받는다. 박상희의 딸이 김종필 전 총리의 부인인 박영옥 여사다. 박상희는 이상주의자로서 동아일보 기자와 구미지사장을 역임한 언론인 출신의 지식인이었다. 박정희는 구미초등학교를 졸업하고 당시 수재들만 들어가는 대구사범학교에 입학한다. 이때는 일본군이 창씨개명을 비롯하여 조선을 정치적으로는 식민지 국가로 합병을 하였지만 문화적으로는 한국을 합병하지 못하였다. 그 이유는 한국의 문화가 일본보다 앞선 역사와 전통을 가지고 있었기 때문이다.

　이러한 일본의 한국 문화의 흡수와 말살정책으로 가장 필요한 것이 바로 초등학교 선생님을 통해서 국민들의 정신을 개조시키는 정책이었기에 이를 추진해 나갔다. 초등학교 선생님이 국민들과 가장 가까이에 있기 때문이다. 당시는 초등학교를 보통학교라고 불렀다. 가장 대중적이며 기본교육을 시키는 곳이라는 의미에서 일본인들이 만들어낸 이름이다. 국민들이 초등학교 선생을 존경하고 높이 받들도록 만든다. 그다음 국민들과 가장 가까이 있는 초등학교 선생들을 통해서 일본문화를 조선인들에게 전수하여 조선의 문화를 일본문화와 동화시키려는 정책이었다.

　일본은 이러한 정책을 추진하기 위해서 조선의 백성들이 가장 무서워하는 일본군 순사보다 초등학교 선생이 더 높은 사회적 지위를 가지도록 하는 정책을 추구해 나갔다. 다시 말하면 일본군 순사가 큰 칼을 차고 말을 타고 지나가다가 초등학교 선생님을 보면 말에서 내려서 90도의 큰절을 하도록 하였다. 그 결과 당시 일제강점기에 초등학교 선생님은 가장 존경받는 직업이었다. 초등학교 교사 양성소인 사범학교에는 전국의 수재들이 모여들었다. 박정희가 입학한 대구사범은 대구와 경북 일대에서는 가장 우수한 두뇌의 학생들만 입학하였다. 박정희가 졸업한 구미보통학교에서는 6명이 대구사범에 응시했으나 박정희 혼자만 합격하였다.

　대구사범에 입학한 박정희의 어릴 적부터의 꿈은 교사가 아니라 군인이었다. 박정희는 김영삼이 미래의 대통령 김영삼이라는 글귀를 써 붙여 놓은 것과는 대조적으로 항상 영웅 나폴레옹이 말 타고 알프스 산맥을 넘는 영웅의 사진을 책상머리에 붙여 놓았다고 한다. 머리 좋고 가난한 집안 출신인 박정희가 사범학교에 간 까닭은 등록금 같은 학비와 기숙사 비용 등 모든 비용이 무료이기 때문이었다.

다시 말하면 박정희의 꿈은 군인이었으며 그의 마음속에는 나폴레옹과 같은 영웅이 되는 꿈이 자라고 있었다. 대구사범학교에 다니는 동안 그는 학교공부에는 큰 관심이 없어서인지 성적이 그리 우수하지를 못하였다. 작은 체구에 내성적이면서 자존심이 강한 박정희는 교우들 간에 친화력이 없는 조용한 학생이었다.

대구사범을 졸업한 박정희는 고향에서 가까우며 두메산골인 문경초등학교의 교사로서 3년간 근무를 한다. 그가 재직하는 동안 그는 일본인 장학사들과 학생들 교육 문제로 마찰이 매우 잦았던 것으로 알려져 있다. 그런 다음 그는 교사를 그만두고 바로 만주신경군관학교로 간다. 만주군관학교에 입학할 당시 그의 나이는 동료들에 비해서 많았기 때문에 입학이 나이제한에 걸려서 힘이 들었으나 자신의 군인으로서 성공에 대한 야망을 보임으로서 가까스로 입학을 허가 받게 된다.

만주군관학교는 일본인들이 만주국을 멸망시킨 후 중국을 정복하기 위한 전초기지로서 활용하고 있었다. 만주군관은 4년제였다. 만주군관의 2년 과정을 마친 박정희는 바로 일본육사에 편입 지원한다. 당시 만주군관에서 공부한 대부분 사람들의 다음 코스는 바로 일본육사 입학이었다. 당시 박정희와 만주군관 동기생들이 해방 후에 한국군에 입대하여 한국군을 이끌고 나갔다. 박정희는 동기생들보다 나이가 몇 살 위였다. 그 이유는 그가 사범학교를 졸업하고 3년간의 교사생활을 하였기 때문이다. 일본육사에 입학해서 2등이라는 우수한 성적으로 졸업한 박정희는 일본군 소좌인 소위로 임관을 하고는 근무지가 만주 쪽이었다.

당시 일본제국주의 목표가 정복국인 만주국을 발판으로 하여 중국과의 전쟁을 목표로 하고 있었기 때문에 대부분 젊은 엘리트 사관학교 생도들은 근무지가 만주였다. 다시 중좌인 중위로 진급을 한 후 얼마 있다가 해방이 되었다. 해방이 될 당시 박정희의 나이는 28세였다. 해방과 동시에 대부분 만주군관의 전신인 봉천군관과 일본육사 출신들은 국방경비대 소속의 군사영어학교에 입학하였다. 이들이 그 후에 한국의 군을 주도해 나간다. 하지만 박정희는 해방 후에 고향인 경북 선산에 돌아와서 무위도식 하면서 아무것도 하지 않았다.

군사영어학교는 미군과 국방경비대가 설립한 학교로 해방 전에 광복군과 만주군, 일본군에 근무한 경력을 가진 전직 엘리트 군인들을 소집하여 이들에게 영어와 미국식 군사훈련을 받게 한 후에 군의 간부로 채용하였다. 1945년에 설립하여 그 이듬해에 폐교되었다. 군사영어학교의 학생들의 나이는 평균 23~24세 정도였기 때문에 박정희보다 대부분 5년 정도 연하의 군인들이었다. 박정희는 해방 후 1946년 미군의 신탁통치하에 설립된 육군사관학교에 2기생으로 입학하게 된다. 입학을 할 수 있었던 원인은 바로 만주군관과 일본육사의 경력이 인정되었기 때문이다.

해방 후 가장 빨리 군의 최정상까지 올라간 군인들의 대부분이 봉천군관(만주군관의 전신)과 일본육사를 거쳐서 미군이 설립한 군사영어학교 출신들이 대다수를 이루었다. 군번 1번의 이형근, 군번 5번이며 백마고지의 영웅 김종오, 32세의 참모총장인 백선엽, 또한 30세에 참모총장을 역임한 정일권, 합참의장의 장창국, 국방장관의 민기식 등이 모두 만주군관, 일본육사, 군사영어학교 출신들이다. 군사영어학교 출신이 제일 빨리 진급을 한 이유는 바로 미군 통치하에서 미국이 한국군을 친 미국화하기 위한 전략이라고 할 수 있다. 박정희는 군사영어학교의 출신은 아니었다. 그래서 군에서는 그리 빨리 진급을 하지 못하였다.

군사영어학교 출신들은 6·25 동란 시 한국군을 지휘하여 국가를 수호하는 데 결정적인 역할을 하였다. 동시에 해방 후 한국군을 이끌어 나갔으며 한국정치사에서 가장 중요한 역할을 하였다. 군사영어학교는 미국이 신탁통치 후 한국에 정권 이양 후의 한국과의 관계를 고려해서 1945년 12월 5일 지금의 냉천동 감리신학교 자리에 설립하였다. 초대 교장은 미군 소령 리즈이며 부교장은 한국군 소령인 원용덕이었다.

입학자격 조건은 만주군, 일본군, 광복군 중에서 각 20명씩 60명을 정원으로 하였다. 그러나 좌익 사상을 가진 사람들이 응시하지 않았다. 그 결과 만주군, 일본군, 광복군에 관계없이 추천을 받아서 200명을 선발하였다. 교육과목은 주로 영어였다. 국방경비대는 그 후 현 육군사관학교의 자리인 태릉으로 이전하여 다음에 1946년 4월에 폐교되었다. 200명의 입학생 중에서 110명이 졸업하였다. 남아있던 생도들은 육사 1기로 편입되었다.

군사영어학교 출신들 110명 중에서 68명이 장성으로 진급을 하였다. 그중에서 대장 출신이 8명, 중장이 20명, 참모총장 출신이 13명이나 되었다.

박정희가 왜 군사영어학교에 입학하지 않았는지에 대한 이유는 확실치 않다. 단지 군사영어학교 후신인 육사의 2기로 입학한다. 당시 육사 2기 동기생들의 나이는 박정희보다 상당히 아래의 사람들이 대부분이었다. 박정희를 암살했던 전 중앙정보부장 김재규가 바로 육사 2기의 동기생으로 김재규의 나이는 박정희보다 9년이나 연하였다. 한국에서 군 생활을 시작한 박정희는 한국 정부가 수립된 지 2개월 만인 1948년 10월 19일 국방경비대 14연대의 여수·순천에서 발생한 여순반란사건에 연루되어서 사형선고를 받는다. 이때가 박정희에게는 인생에서 가장 힘든 시기였다. 박정희가 여수·순천반란사건에 연루된 것은 당시 남한의 정치를 비롯하여 군내부 등에서 부패로 혼탁한 사회에 대한 반감과 사회정화 차원에서 가담한 일이 아닌가 생각된다.

박정희의 둘째 형인 박상희도 1946년 10월 1일에 대구에서 발생한 대구폭동사건에서 경찰의 총에 맞아서 죽음을 당하였다. 박상희 역시 당시 한국의 부패와 혼탁한 사회에 대한 불만에서 항거 운동권 사상을 가진 것과 같은 맥락에서 이해를 하면 될 것 같다.

박정희가 개입하여 사형선고를 받은 여순반란사건은 한국 현대 정치사에서 제주4·3사건과 함께 가장 중요한 사건으로 기록되고 있다. 한국 정부 수립 후 2개월 만에 발생한 여순반란사건의 역사적 의미는 무엇인가?

이 사건은 남한만의 단독 정부 수립에 대한 불만에서 발생하였다. 당시는 좌익과 우익으로 나누어져 있었다. 현재의 보수와 진보라고 쉽게 생각할 수 있다. 좌익사상은 현재의 진보이며 우익사상은 현재의 보수에 해당된다. 여순반란사건의 원인은 제주4·3사건이다. 1947년 3월 1일 3·1절 행사는 좌파진영이 주도하였다. 좌파진영이 주도하는 기념행사에 경찰의 개입과 같은 여러 가지 원인으로 인해서 제주도민들에 의해 일어난 민중봉기가 바로 제주4·3사건이다. 정부에서는 좌파가 민중을 선동하였다는 명목으로 무차별 사살을 감행한다. 1948년 4월 3일을 기해 민중폭동으로 번지면서 진압과정에서 많은 어려움을 겪는다.

정부는 경찰의 힘으로는 주민폭동을 진압하는 것이 불가능하다고 판단하였다. 그 결과 여수에 주둔하던 국방경비대 소속 14연대를 동원하여 군과 경찰의 군경합동 작전으로 제주 사태를 무력으로 진압하려고 시도하였다. 여기에서 당시 군과 경찰 서로간의 감정대립이 발생하였다. 군은 경찰의 대부분이 친일파라는 명목으로 경찰을 무시한 반면 경찰은 군을 자신들의 수하에 있는 하부기관으로 무시하면서 갈등이 심화되었다.

10월 19일 국방경비대 소속 1개 대대가 제주사건 진압을 위해서 집결하였다. 그중에서 상당수가 좌익사상을 가지고 있었다. 그들은 정부의 제주 폭동에 대한 무력진압에 대해서 불만을 가지고 반란을 일으켰다. 즉시 주변의 지역들을 무력으로 점령하고 정부군에 대항하였다. 정부는 광주에 반란군토벌사령부를 두고서 군을 총동원하여 10월 24일 반란군을 진압하는데 성공한다. 여순반란사건은 1948년 8월 15일에 남한 단독 정부 수립에 대한 좌익들의 불만으로 터진 사건이라고 규정할 수 있다. 북한은 9월 9일에 김일성 북한정부를 수립하였다. 앞에서도 언급한 것처럼 박정희는 당시 사회에서는 매우 개혁적이고 진보적인 사고를 가졌다고 할 수 있다. 그 결과 박정희가 여순반란사건에 연루된 것으로 사료된다. 그러나 박정희의 사상은 근본적으로 좌익을 바탕으로 한 친북이나 종북적인 사고는 아니라고 본다.

박정희는 자존심이 매우 강하고 말수가 적은 인물로 평가 되었다. 군 장교 시절부터 군에서 동료들이 매우 어려워하고 존경 받는 인물로 평가하고 있다. 박정희는 여수·순천반란사건에서 만주군관 출신들인 백선엽, 정일권 등의 도움으로 사형에서 풀려나게 된다. 그러나 반란에 연루되면서 군에서 제대하였기 때문에 민간인 신분인 문관으로서 근무한다. 여기서 우리가 알 수 있는 것은 박정희가 자존심이 강하고 사교성이 별로 없는 전형적인 군인이라는 것이다. 후에 나타나는 정치군인들인 전두환 일파들과는 성격이 매우 다른 인물이라는 것을 알 수 있다.

얼마 후 1950년 6·25사변이 일어나면서 군의 동료들이 그를 추대하여 소령으로 군대에 복직을 하게 된다. 특히 만주군관의 전신인 봉천군관 출신이자 당시 참모총장이었던 정일권과 백선엽의 도움이 컸다. 그 당시 그와 만주군관 출신들이 상당한 자리에 올라 있었지만 그는 진급이 더욱더 늦어지게 되었다. 박정희는 1953년 11월에야 겨우 장군인 준장으로 진급을 하였다.

그러면 김대중은 한국이 혼탁한 시기에 무엇을 하였던가?

김대중은 1924년 목포에서 좀 떨어진 섬인 신안군 하의도에서 태어났다. 부친은 김해 김씨 집안으로 농사일을 하는 김운식 옹으로 가난하지만 반듯하게 살아가는 전형적인 농민이었다. 세간에서는 김대중의 나이나 출신 성분 등에 대해서 말들이 많았다. 김대중이 김해 김씨가 아닌 파평 윤씨라던가 제갈 씨라는 헛소문이 나돌았다. 이것은 정치권에서 그를 험담하기 위해서 풍문을 만들어낸 조작이다. 또한 김대중의 나이가 1924년생인데 호적에 1925년으로 된 것으로 알고 있다. 당시는 대부분 사람들의 호적을 1년 정도 늦게 신고하는 경우가 많았다. 동서고금을 막론하고 정치권이란 남의 말을 확대해석하는 경향이 매우 강한 집단이다. 앞에서도 언급한 것처럼 인류의 스승인 공자가 사람을 죽였다는 말을 당시 중국 정치권에서 헛소문을 퍼트린 것과 같은 맥락에서 김대중에 대한 헛소문을 이해 할 수 있다.

초등학교를 마친 후 어머니의 자식에 대한 교육열 덕분에 중학교부터는 목포로 나가게 된다. 모친은 목포에서 여관을 운영하면서 아들 교육을 뒷바라지 한다. 둘째 아들인 김대중은 목포상업학교에 수석 입학한다. 일제강점기에는 상고에 우수한 학생들이 몰려들었다. 목포상고는 전남북도일대의 수재들만 들어가는 학교였다. 김대중이 후에 보여준 공부에 대한 애착과 뛰어난 웅변과 논리적인 사고를 보면 머리가 비상하다는 것을 목포상고 수석 입학의 예가 잘 보여주고 있다.

목포상고를 졸업할 즈음에는 비교적 우수한 성적인 39등으로, 수석이었던 입학 당시보다는 많이 떨어진 것으로 기록되어 있다. 아마 그의 청소년기를 지배한 시대적 배경, 일제 치하에서의 많은 생각들이 학창시절 공부에 집중하는 것에 대한 방해를 받은 것 같다. 목포상고에 다니면서 줄반장을 하였다는 것은 그의 정치적 성향이 강한 것을 보여주고 있다. 김대중이 국회에서 경제통으로 이름을 날리고 그의 대표적 저서인《대중경제론》저술을 비롯한 경제적인 관심은 아마 목포상고 때 형성된 사고라고 간주된다.

목포상업학교를 졸업한 김대중은 만주의 건국대학에 합격하였으나 그만두고 대부분의 상고 출신들이 선택하는 사업가의 길로 들어섰다. 사업을 시작하면서 상고 출신답게 사업에 수완을 드러낸다. 바다와 관련된 해운업에 손을 대면서 흥국해운 선박회사를 인수하여 사장의 자리에 오른다. 젊은 사업가로 성공적인 삶을 살아간다. 1940년대 남북이 혼탁되고 친탁과 반탁 운동이 치열한 사회에서 김대중은 정치에 관심을 가지기 시작한다. 김대중이 친탁을 하였는지 반탁운동을 하였는지는 확실하지가 않다. 다만 그가 독립운동가인 여운형과 함께 조선건국위원회에서 활동을 하였다는 설이 있으나 분명하지가 않다.

김대중은 언론기관인 목포일보를 인수하여 사장으로 언론인이
된다. 당시 언론인은 사회를 이끌어 나가는 지도자의 역할을 하고
있었다. 또한 언론인은 정치와도 밀접한 관련을 가지고 있었다. 당
시 남북한의 어수선한 분위기 속에서 여수·순천반란사건 등이 김
대중의 고향인 목포의 바로 옆 지역에서 발생하였기 때문에 김대중
의 사상에 대해서 의문을 가지고 문제를 제기한 경우가 있었지만
김대중을 정치적으로 매도시키기 위한 방법에 불과하였다. 6·25 당
시 나라가 혼란스러운 시기에 김대중은 당시 해운회사의 사장으로
해운업에 손을 대고 있었기 때문에 해상자위대원으로 해군에서 군
복무를 하였다.

한국동란

1945년 해방이 되면서 북쪽은 구소련인 러시아(이후부터 소련을 러시아로 명명하고자 함)가 김일성을 내세워서 배후 조종하였다. 남쪽에서는 미국이 배후 조종하였다. 이러한 미·러 간의 한반도 쟁탈전이 심화되는 가운데 한반도에 대한 신탁통치를 찬성하는 파와 반대하는 파로 갈려서 한국사회는 더욱더 혼란이 지속되고 있었다. 그 와중에 민족지도자인 백범 김구와 고하 송진우, 설산 장덕수 등이 괴한으로부터 암살당하는 사태가 발생하였다. 이들은 남북한 분단의 국가 수립에 대해서 반대하는 민족주의자들이었다. 남북한의 단일 정부에 대한 국민들의 희망은 사라지고 우선적으로 남한만의 단독 정부가 1948년 8월 15일, 해방된 지 3년 만에 수립되었다. 초대 대통령에 친미주의자인 이승만이 당선 되었다.

북한은 남한의 단독 정부 수립 후 다음 달인 1948년 9월 9일에 김일성 주도하의 북한 단독 정부를 수립하였다. 북한의 김일성은 실제 독립운동가이면서 명망가인 김일성 장군의 이름을 빌린 가짜 김일성이며 본명은 김성주다. 1912년생으로서 1945년 러시아의 허수아비로 정권을 잡을 당시는 겨우 삼십대 초반의 아주 젊은 애송이였다. 따라서 젊고 위험한 성격의 소유자인 김일성은 러시아를 등에 업고서 남한을 침략하여 적화통일 계획을 세웠다. 1950년에 발생한 6·25 한국동란 이전에 남한에는 이미 상당수의 남한인과 북한에서 내려온 사람들이 공산당 사상을 가지고 적화통일의 사상에 사로잡혀 있었다. 따라서 김일성은 남한에서의 통일이 불가능하지 않다는 생각을 가지고 남침을 준비하고 있었다.

그런데 문제는 미국이었다. 만일 북한이 남침을 하는 경우 미국이 가만히 있을 리 없었다. 따라서 김일성은 미국의 눈치만 보고서 기회를 엿보고 있었다. 드디어 김일성에게 기회가 찾아왔다. 미국 국무장관 애치슨의 동북아에서 한반도를 배제시키는 외교 정책을 추진하겠다는, 소위 애치슨라인 발표에, 미국이 군사적으로 남한에서 손을 떼겠다는 전략으로 오인한 것이다.

애치슨라인은 당시 국무장관 애치슨이 1950년 1월 12일 태평양에서의 극동방위선을 '알류산 열도-일본-오키나와-필리핀'으로 획정하고 한국과 타이완은 방위선에서 배제한다는 내용의 선언이다.

한반도 전쟁의 직접적인 동기가 된 애치슨라인에 대해서 김일성은 왜 오판을 내렸을까? 당시 국무장관 딘 애치슨이 동북아 전략에서 가중 중요시 여기는 지역은 중국과 필리핀이었다. 필리핀은 동북아로 들어서는 길목에 있었다. 또한 중국은 아시아에서 가장 넓은 영토를 가지고 있었기 때문에 중시했다. 일본 역시 미국이 태평양의 군사적 요지로 가장 중요시 여기는 지역이었다. 따라서 미국 정부는 한반도나 타이완과 인도차이나 반도를 군사적으로 중요시 여기지 않았다.

미국이 타이완을 중요시 여기지 않은 것은 1949년 10월 10일 중국을 지배하던 장개석 국민당 정부가 공산당인 모택동에게 중국 대륙을 빼앗기면서 미국은 큰 충격 속에 빠져 있었다. 따라서 미국은 타이완을 배제시키려고 했다. 한국 정부는 당시 임병직 외무장관을 시켜 애치슨라인에 대한 해명을 요구하였지만 미국 정부는 뚜렷한 답변을 하지 못했다. 당시 국제적 상황을 보면 동북아에서는 1943년부터 1949년까지 6년간 지속된 중국의 국민당과 공산당의 내전에서 공산당인 중공이 승리를 거두었다. 국민당의 장개석은 1949년 10월 10일 대만에 임시정부를 수립하였다. 북한과 형제국인 모택동의 공산당이 승리를 거둔 것은 동북아에서 공산주의 도미노 현상이 발생할 가능성을 보여주었다. 이러한 상황에서 김일성은 천군만마를 얻게 되었다. 그 이유는 바로 형제국인 중공이 북한을 도와 줄 것이 명백하기 때문이었다.

김일성은 러시아의 사주를 받아서 움직이고 있었기 때문에 한국전쟁은 러시아와 김일성의 합작품이라고 생각할 수 있다. 당시의 국제정세를 살펴보면 왜 러시아가 김일성이 한국동란을 일으키는 데 사주를 하였는지에 대한 이해를 할 수 있다.

이차대전 이후 전 세계의 역사는 소용돌이 속으로 휘말리기 시작했다. 우리 한반도 역시 세계사의 도가니 속으로 빨려 들어가기 시작했다. 이차대전 이후 전 세계는 새로운 패권국으로 등장한 미국과 미국에 도전하는 도전국 구소련인 러시아의 양분화 현상이 나타났다. 미국은 세계 물자의 거의 절반에 가까운 43퍼센트를 생산하고 전 세계 영토의 3분의 2를 미국의 동맹국으로 만들어 내었다. 반면 이차대전 이후 처음으로 갑자기 미국의 도전국으로 등장한 러시아는 마르크스의 공산주의 사상을 이념으로 하여 전 세계의 3분의 1을 러시아 편으로 만들었다. 이러한 미·러 양국의 대결구도 속에서 전 세계는 모 아니면 도라는 제로섬게임을 시작해 나갔다.

미국은 도전국 러시아를 견제하기 위한 외교전략으로 '봉쇄 정책'을 추진하였다. 사실상 러시아와 새로운 전쟁인 냉전의 시대를 열었다. 이차대전 당시 적으로 싸웠던 독일과 일본, 이탈리아 등의 국가들을 자국의 편으로 끌어들였다. 이러한 미·러 양국의 대결 구도 속에서 한반도 역시 이분화 현상이 나타났다. 남한은 자유 진영의 미국 편으로 들어가고 북한은 러시아 진영으로 편입되었다. 이차대전이 끝나면서 우리 국민들이 기대했던 한반도의 독립은 무산되었다. 또다시 이차대전의 패전국인 일본으로부터 승전국인 미국과 러시아 양국의 종속국으로 탈바꿈하게 된 것이다.

5천 년의 역사를 가진 배달민족은 20세기에 들어서면서 이웃 열강국인 일본의 통치하에 들어가고 다음에는 승전국인 미국과 러시아의 속국으로 들어가게 되면서 현재 지구상에서 유일한 냉전국이며 남북분단국으로 남아 있게 되었다. 대러시아 봉쇄 정책을 쓰면서 러시아와 냉전관계를 유지하던 미국은 점차적으로 러시아와 힘의 역학관계에서 서서히 밀리는 현상이 나타나기 시작하였다. 무엇보다도 러시아가 1949년 미국만이 보유하던 원자탄인 핵무기를 개발하는 데 성공하면서 미국을 바짝 긴장시켰다. 동시에 자유주의 국가로서 미국과 가장 가까운 동맹관계를 유지하면서도 세계 5대 강대국에 들어가는 중국이, 공산당인 모택동 손에 넘어간 것이 미국에게 엄청난 타격이었다. 이러한 사건이 바로 한국동란이 발발한 수개월 전에 발생한 사건이었다.

미국은 이제 도전국 러시아에게 다급하게 몰리는 위기에 처하게 되었다. 반면에 러시아는 미국과 싸워도 이길 수 있다는 자신감을 가지게 되었다. 바로 이러한 시기에 김일성은 중국 대륙이 공산화됨에 따라 한반도의 무력통일이 가능하다는 사고를 가지고 러시아제 탱크와 러시아산 비행기를 가지고 전쟁을 치를 준비를 하고 있었다.

바로 이때 미국 트루먼 정부의 국무장관 딘 애치슨이 위에서 말한 동북아 전략을 발표한 것이다. 애치슨독트린은 북한이 남한을 침공한 직접적인 계기가 되었다. 그리고 1950년 6월 25일, 마침내 북한 김일성은 러시아의 사주를 받고 러시아제 탱크와 비행기를 몰아서 남한을 침공하였다.

시카고 대학의 브루스 커밍스와 한국의 일부 급진적 학자들은 한국동란을 일으킨 쪽이 남한이라 주장한다. 남한에서 북한을 먼저 침략했다는 주장은 무엇을 의미하는가? 이를 주장하는 학자들의 논리는 전쟁의 원인을 남한에서 제공하였다는 것, 그러니까 미국 국무장관 애치슨라인의 발표 전략 때문이라는 것이다. 전쟁론에서 제기되는 전쟁유인설을 인용하여, 북한이 전쟁을 일으키도록 미국이 남한을 시켜 먼저 북한의 뺨을 때렸다고 주장한다. 그렇기 때문에 김일성이 전쟁을 일으켰다는 것이다.

한국동란은 근본적으로 보면 이차대전 이후 처음으로 발생한 미국과 러시아의 패권국과 도전국간의 대리전이라고 할 수 있다. 미국은 한국전쟁으로 인해서 도전국 러시아의 추격으로부터 한숨 돌릴 수 있는 여유가 생기게 되었다. 결국 이 전쟁은 미국과 러시아 간의 힘겨루기였다. 전쟁은 현재까지 휴전상태인 무승부로 끝이 났다.

1954년의
제3대
민의원 선거

1948년 8월 15일 한국 정부가 수립되기 전 같은 해 5월 제헌국회 의원 선거를 치렀다. 제헌의원의 임기는 2년이었다. 그리고 1950년 2대 국회의원을 거치면서 정당의 필요성을 느끼면서 제3대 민의원부터는 정당의 공천을 필요로 하였다. 이때부터 여당인 자유당과 야당인 민주당이 탄생된 것이다. 김영삼은 당시 만 26세의 나이로 제3대 선거에서 여당인 자유당의 공천을 받아서 고향인 거제에서 출마하여 당선되었다. 그가 여당인 자유당의 공천을 받은 이유는 장택상 국무총리의 총무비서관 출신이기 때문에 여당의 공천을 받아 출마한 것이다.

이보다 앞서서 김영삼은 대학교 4학년 시절인 1951년 마산여고와 이화여대 약대를 나온 손명순 여사와 결혼하였다. 손명순 여사는 마산에서 고무신 공장을 하는 부잣집 딸이었다. 당시는 국민소득이 매우 낮은 시절이라 이러한 고무신 공장을 운영할 정도라면 현재로 말하면 상당히 큰 중소기업을 운영하는 부자라고 할 수 있다. 당시 국회의원에 출마하기 위해서는 상당한 돈이 들기 때문에 재력가가 아니면 출마가 불가능하였다. 젊은 김영삼에게 돈을 대준 사람은 부친과 장인이었다. 장인 공장의 고무신을 거제도 지역 사람들에게 돌리면서 선거운동을 하였다. 그 결과 김영삼은 헌정사상 26세의 최연소 국회의원에 당선되었다. 지금도 그의 최연소 국회의원 당선기록은 보유되고 있다. 김영삼은 정치적으로 행운아이며 정치적 운은 타고난 인물이다.

그러면 김영삼과 후에 정치적으로 라이벌 관계에 있었던 김대중은 어떠했는가?

김대중은 목포에서 해운업으로 성공하여 언론기관인 목포일보를 인수하여 사장이 되었다. 당시 언론사를 가지고 있다는 것은 엄청난 영향력을 가진 것이다. 김대중은 재력과 영향력을 바탕으로 1954년 실시된 제3대 민의원 선거에 고향인 목포에서 출마하였다. 그러나 김대중은 낙선하고 말았다. 당시는 앞에서도 언급한 것처럼 국회의원 선거에서 한 번 떨어지는 경우에는 물질적으로 엄청난 손실을 입기 때문에 정신적인 고통과 함께 경제적인 고통이 바로 따르게 된다. 졸지에 잘 나가던 사업가에서 정치낭인 신세로 추락한 김대중은 사업을 그만두고 남산 밑에서 웅변학원을 운영하면서 다시 재도전할 준비를 하였다. 이 기간에 김대중은 나중에 정치적 동지가 된 김상현 등을 만나게 된다. 이처럼 김대중의 정치입문은 첫 단추를 잘못 꿰면서 순탄치 못했다.

그러면 박정희는 이 기간 동안 무엇을 하였는가?

앞에서도 언급한 것처럼 박정희는 48년 여순반란사건에 연루되어 사형선고를 받고서 군에서 해직된다. 박정희의 첫 번째 부인 김호남 여사와 박정희는 대구사범 졸업 1년 전에 결혼한다. 부인 김호남은 박정희가 사형선고를 받고 나서 절로 들어가 여승이 되어 버린다. 그러나 박정희는 한국동란인 6·25가 발생하게 되어 군에 다시 소령으로 복직된다. 만주군관과 일본육사 동료들의 도움으로 군에 복직하면서 1953년 11월 준장인 장군으로 진급한다. 박정희의 능력을 보아서는 매우 늦은 장군 진급이었다. 대부분 자신의 만주군관 동료들은 중장 아니면 소장 계급장을 달고 있었다.

여순반란사건에 연루되었음에도 그가 사형에 처해지지 않은 것은 봉천군관(만주군관의 전신) 출신 백선엽 덕분이었다. 백선엽은 박정희보다는 나이가 연하이기는 하지만 군사영어학교 출신이라는 점이 높이 평가되어서 한국전쟁 때에 군의 중요한 자리에 있었다. 1950년 한국동란이 발생하자 군에서는 능력과 경력이 있는 군인이 필요하였다. 당시 사형을 면제받고 군에서 해임되어서 민간인 신분인 무급 문관으로 근무하였다. 얼마 후에 한국전쟁이 일어나자 군에서 경력자 지휘관이 필요해졌다. 박정희는 일부 라이벌 군인들의 반대를 무릅쓰고 군에 복직되었다. 복직 당시 계급이 소령이었다.

1951년 박정희는 배화여고 출신인 육영수 여사와 결혼을 하였다. 육영수 여사의 부친 육종관은 충북 옥천 출신으로 옥천 일대의 대지주였다. 그 후부터 박정희는 비교적 순탄하게 군 생활을 하게 된다. 이 기간 중에 박정희는 육사 8기로서 박정희가 주도한 5·16 군사정변을 도운 김종필을 부관으로 두게 되면서 두 사람은 아주 가까운 사이가 되었다. 얼마 후 박정희는 자신이 가장 존경하는 둘째 형인 박상희의 딸이자 조카인 박영옥을 김종필과 결혼시킨다. 그 결과 김종필은 박정희의 처조카가 되었다.

앞에서도 언급한 것처럼 박정희 형제들 중에서 가장 지식인인 둘째 형 박상희가 1946년 10월 1일 대구 폭동사건에 연루되어서 공산당으로 몰려 경찰진압과정에서 총에 맞아서 사망하는 일이 발생하였다. 박정희 역시 여순반란사건에 연루되어서 사형선고를 받는다. 이런 저런 일로 인해서 박정희는 이승만의 독재정권에 대한 불만이 싹트기 시작하였다. 또한 군 자체 내에서의 부정부패에 대해서도 매우 불만을 가지고 있었다. 박정희는 군내부에서의 숙청을 하여야만 한다는 군의 정화운동을 주장하였다.

군에서 청렴한 박정희는 김종필 등 육사 8기생 후배들을 비롯하여 많은 군인들로부터 존경의 대상이 되었다. 그리고 원래 말수가 적을 뿐 아니라 연령적으로 나이가 많았기 때문에 박정희 보다 계급이 높은 장군들도 박정희를 두려워하였다. 초창기의 김영삼, 박정희, 김대중 3인의 초년기 생활을 보면 김영삼 홀로 비교적 정치적 행운이 따랐다고 할 수 있겠다. 김대중과 박정희는 어려운 고비를 겪게 되었다.

제4대
민의원 선거와
김영삼, 김대중,
박정희

제4대 민의원 선거는 1958년에 있었다. 이미 최연소 현역 국회의원인 김영삼은 여당의원으로 활동했다. 1954년부터 시작된 3대 국회에서 이승만 대통령은 자유당을 사유화하는 독재정치를 했다. 1954년 제3대 국회에서 민주주의 체제의 대통령 중심제에서 여당인 자유당은 이승만의 3선을 위해서 소위 4사5입 개헌안을 상정하여 통과 시킨다. 그 내용을 보면 이승만의 장기집권을 위해 초대 대통령에 한해서 중임제를 없앤다는 내용이었다. 총 203명의 의원 중에서 1표가 모자라는 135표로서 개헌안은 부결되었다. 그러나 다음날 여당의원들은 이것을 수학방식인 4사5입의 방법을 사용하면 3분의 2가 된다는 것으로 개헌안을 통과시켰다.

이에 대해 국회에서 26세의 최연소 국회의원인 김영삼은 국회의원에 당선된 지 얼마 되지 않아서 이승만의 당 사유화에 대해서 큰 실망감을 가졌다. 그리고 여당 내의 야당으로서 활동하였다. 그는 나중에 대통령이 된 민주당 구파인 윤보선과 대통령 후보가 된 조병옥, 신익희, 유진산 등 야당인사들과 매우 가까운 사이가 되었다. 이 과정에서 이들과 함께 이승만 반독재 투쟁 연대를 결성하여 독재투쟁에 앞장섰다. 그리고 4년 후인 제4대 민의원 선거에서는 여당을 탈당하여 야당인 민주당의 공천을 받아서 선거구는 거제에서 부산으로 옮겨서 출마하였다. 하지만 여당 후보자의 부정선거로 인해서 낙선의 고배를 마신다.

그러면 김대중은 무엇을 하였는가? 김대중 역시 4대 민의원 선거 때 목포에서 출마하려고 하였으나 이미 목포에는 후보자들이 있었기 때문에 선거구를 목포에서 강원도 인제로 옮겨서 출마하게 된다. 김대중이 인제에서 출마하게 된 것은 목포에서 사업하던 시절, 사업상의 일로 인제 지역과 인연을 맺고 한동안 생활한 적이 있기 때문이다. 그때 인제 주민들을 비롯한 나이 많은 노인들을 잘 공경한다는 소문이 나서 지역 주민들의 추천을 받아 국회의원 후보지를 목포에서 인제로 옮길 수 있었다. 당시는 해당 지역구 사람들의 추천서를 제출해야 출마할 수 있던 시절이었다.

그런데 김대중 역시 여당 후보의 부정선거와 무더기표 및 금품 살포 등으로 결국 또다시 낙선하게 되었다. 김영삼, 김대중 모두 다 이번 선거에서 낙선의 고배를 마셨다. 당시는 선거 자체가 부정선거였다.

이 시기에 박정희는 무엇을 하였는가? 앞에서 언급한 것처럼 박정희는 군에서 파면되어서 민간인 신분으로 무급 문관으로서 군 생활을 하였다. 그런데 50년 6·25가 발발하자 소령으로서 복직을 하게 된다. 그 후부터 박정희는 비교적 순탄한 군 생활을 계속한다. 1953년 11월 군의 별이라는 육군준장으로 진급을 한다. 곧바로 6개월간 미국으로 건너가 육군포병학교 고등군사교육반에서 군사 훈련을 받고 귀국한다. 그 후 1954년 제2군단 포병사령관을 거쳐서 다음 해인 1955년에는 제5사단장에 임명된다. 1957년에는 제6군단 부군단장을 거쳐서 제7사단장에 임명된다. 1958년 3월 박정희는 소장으로 진급한 뒤 1군 참모장으로 임명된다. 1959년에는 제6관구 사령관으로 부임하는데 6관구는 영등포 지역에 위치한 매우 중요한 보직이었다. 1960년 4·19 혁명이 일어나던 해에는 군수기지 사령관과 제1관구 사령관을 거쳐서 육군본부 작전참모부장을 거쳐서 제2군 부사령관이 되었다.

이승만 독재정권에 수족 역할을 한 집단은 경찰수뇌부와 군수뇌부들이었다. 6·25 동란 이후 국가는 공산당 없애기만 주력하여 정치 관련사건은 공안사건과 관련하여 초점을 맞추어 나갔기 때문이다. 그 대표적인 인물은 경찰을 대표하는 치안국장 김종원과 방첩대장 김창룡을 들 수 있다. 그중 특히 경찰이 중요한 역할을 하였다. 김종원은 거창 양민 학살 사건을 비롯하여 많은 양민을 학살한 주범이었다. 당시 치안국장이면서 백두산 호랑이라 불리는 일본군 하사 출신의 신분이었다. 한국군에서 김종원은 대령으로 제대하였다. 그 후 경찰에 입대하여 이승만의 신임을 바탕으로 하여 무소불위의 권력을 휘둘렀다. 일개 대령 출신인 치안국장의 권력은 이승만 다음가는 권력을 휘두르고 있었다. 김종원은 장면이 부통령 후보로 나와서 유세를 하던 중에 총을 쏜 테러범의 배후 세력으로 감옥에 있다가 죽었다.

또한 육군 소장이면서 군에서 이승만에게 신임을 받고 있던 방첩대장 김창룡 역시 이승만의 오른팔 역할을 하였다. 당시는 한국이 미국의 절대적인 영향력 하에 있었기 때문에 미국의 대러시아 봉쇄정책으로 빨갱이 색출작업에 몰두하고 있었다. 김창룡은 자신과 파가 다르고 각을 세우는 군인들은 무조건 빨갱이로 몰아서 감옥에 보내거나 제대시켜 버렸다. 따라서 김창룡에 대해서 많은 군인들이 두려워하였으며 군에서 김창룡의 권력은 당시 가장 서열이 높은 참모총장보다도 훨씬 막강한 권력을 휘둘렀다. 결국 김창룡은 그의 부하인 허태영 대령에게 암살되고 말았다. 이승만은 김창룡의 죽음에 대해서 눈물을 흘릴 정도로 매우 슬퍼하였다.

　　이처럼 군부 내에서도 독재정권에 대해서 줄을 대고 아부를 하는 군인만이 생존할 수 있었다. 이승만의 독재와 부정선거에 대해서 협조하는 파와 반대하는 파로 갈라져 있었다. 박정희는 이승만 독재에 대해서 비협조적이고 군대 내의 비리를 숙청하자는 숙군파에 속하였다. 그는 군에도 부정선거 지침서와 함께 부정 투표함이 오는 경우 부하들이 보는 앞에서 부정 투표함을 발길로 차버렸다. 박정희는 부정을 하지 않았기 때문에 많은 부하군인들이 그를 따랐다. 그가 5·16 군사정변을 일으키는 명목을 내세울 수 있었던 것은 부정부패가 없는 곧은 행동과 깨끗한 이미지 때문이었다. 박정희의 의견은 부하들을 동인하게 만들었다. 결국 군사정변을 성공할 수 있는 계기가 되었다.

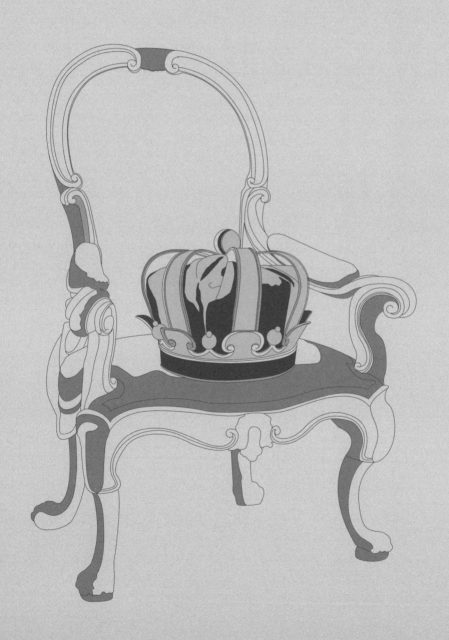

이,

데모 또 데모,

장면의 단명 내각

(1960~1961)

3·15
부정선거

1960년에 들어서면서 한국 사회는 더욱더 혼란스러운 사회로 변모되기 시작하였다. 1960년 3월 15일에 실시된 정·부통령 선거에서 여당인 자유당의 대통령 후보는 이승만이었다. 부통령 후보는 이기붕이었다. 야당인 민주당에서는 대통령 후보에 조병옥, 부통령 후보에 장면이 후보로 선출되었다.

그런데 그해 2월 5일 야당 대통령 후보인 조병옥은 암으로 치료를 받기 위해 미국 월터리드 병원으로 떠나서 얼마 있다가 사망하였다. 지난번 1956년 대통령 선거에서 야당 대통령 후보인 해공 신익희 선생이 갑자기 뇌일혈로 서거하였다. 마찬가지로 이번에도 조병옥 후보가 선거도 치르기 전에 사망하자 국민들의 야당에 대한 동정은 극도에 달했다. 국민들은 조병옥 후보의 서거소식을 듣고서 슬퍼한 나머지 당시에 유행하던 노래 유정천리에 가사를 바꾸어서 노래를 불렀다. 대통령 후보 조병옥의 러닝메이트인 장면을 불쌍히 여긴 노래이다. 노래가사는 '장면 박사 홀로 두고 조 박사는 떠나가네'였다.

야당에서 대통령 후보가 없는 마당에 이승만의 당선은 확실시되었다. 그러나 문제는 부통령 선거가 가장 중요한 이슈로 떠올랐다. 당시 이승만의 나이는 85세의 고령으로 국가를 통치하기 힘든 나이였다. 따라서 국민들의 모든 관심은 부통령이 누가되느냐에 따라서 다음 정권을 인수받을 것이라는 중요성 때문에 전 국민들이 현 여당에 대한 심판을 기다리고 있었다. 정부에서는 모든 수단과 방법을 동원해서 공무원 이하 관련 사람들에게 부정선거를 하는 지침을 하달하였다. 이 지침서는 당시 한 하위직 경찰관이 이 문서를 공개하면서 알려지게 되었다.

3·15 부정선거의 결과 이승만은 86퍼센트 그리고 이기붕은 79퍼센트의 높은 득표율로서 압도적으로 당선이 되었다. 그런데 이들이 저지른 부정선거에 항의하는 데모가 전국적으로 퍼지면서 3·15 부정선거는 후에 이어지는 4·19 혁명의 도화선이 되었다.

데모 또 데모, 혼란의 단명 내각(1960~1961)

제1공화국의
허와 실:
벌거벗은
임금님 1대손

1948년 8월 15일에 시작된 제1공화국은 초기부터 많은 문제점을 가지고 출발하였다. 한국은 미국의 절대적인 영향권에 있었다. 미국은 미국 편에 설 수 있는 친미주의자를 대통령으로 선택하고자 하였다. 당시 미국이 주목하는 인물은 민족주의자인 김구와 친미주의자인 서재필 및 이승만을 들 수 있다. 이 중에서 이승만이 서재필보다 적격인 이유는 이승만이 서재필보다 친미적 성향이 강하기 때문이다. 이승만은 권모술수를 소유한 인물로서 의사 출신인 서재필보다 정치적 성향이 강했다.

미국은 처음부터 김구를 대통령의 대상에서 제외시켰다. 그 이유는 김구가 영어도 못하고 민족주의적 성향이 강했기 때문이다. 미국은 김구를 교육을 받지 못한 무식쟁이로 여겼다. 미국의 사고는 만일 김구에게 정권을 맡기는 경우 반미주의 국가로 돌아설지도 모른다는 생각에 두려워하였다. 초대 대통령인 이승만은 1875년 황해도 평산에서 세종대왕의 형인 양녕대군의 16대손인 아버지 이경선과 어머니 김해 김씨 집안에서 셋째 아들로 태어났다. 위의 두 형들이 일찍 사망하자 집안의 장남 노릇을 하였다.

어릴 적에 서울로 이사와 서당에서 한문공부를 하였다. 과거에 수차례 응시하였으나 낙방하였다. 1894년 갑오경장으로 과거제도가 폐지되자 배재학당에 입학하여 신학문을 배운다. 당시로서는 매우 선각자이다. 1899년부터 고종황제 폐위문제와 관련하여 5년

7개월간 감옥생활을 한다. 이후 사면되어 1905년 특사자격으로 미국을 방문하게 된다. 그가 감옥에서 쓴 글인 '독립정신'은 그 후 책으로 출간된다.

1905년 조지워싱턴대학에 편입학하여 학사학위를 받았다. 다시 하버드대학에서 1907년 석사학위를, 1910년 미국 프린스턴대학에서 국제정치학 박사학위를 받았다. 이승만이 받은 정치학 박사학위는 한국인으로서는 정치학 박사 1호에 해당된다. 몰락한 양반 가문임에도 불구하고 미국에서는 전주 이씨를 대표하는 왕족으로 행세를 하였다. 후에 대통령이 된 우드로 윌슨이 프린스턴 대학의 정치학 교수 출신으로 이승만의 스승이었다.

미국 역사상 유명한 대통령 중의 한 명인 윌슨은 프린스턴대학 교수와 동 대학 총장을 거쳐서 뉴저지주 지사를 거쳐서 미국의 대통령이 된다. 윌슨은 국제연맹을 창설하고 약소국 민족자결주의를 주창하여 한국의 독립운동에 영향을 주었다. 특히 1919년에 일어난 3·1독립운동은 윌슨의 식민지 국가들의 독립운동 주창에 큰 영향을 받았다. 이승만은 스승인 윌슨의 도움을 크게 받아서 독립운동의 범위를 넓혀 나갔다. 이후 이승만은 미국에서 독립운동을 하면서 해방이 될 때까지 고국으로 돌아오지 못한다. 1919년 상해의 임시정부 수립 후에는 임시정부의 대통령으로 선출된다.

1925년 임시정부의 회원들의 탄핵으로 대통령직을 박탈당했다. 그러나 구미위원회를 구성하여 활동했다. 구미위원회는 후에 정계 거물이 된 조병옥, 장택상, 허정 등이 속하여 이승만을 도왔다. 1933년 제네바 협상에 참석하는 과정에서 오스트리아인 이혼녀 프렌치스카 여사와 만나 1934년 뉴욕에서 두 번째 결혼한다. 이승만의 첫 번째 결혼은 배재학당시절 박승희와 결혼하여 아들을 한명 두었으나 곧 병으로 사망하였다.

　1945년 해방 이후 우익을 대표하는 인물로서 1948년 제헌국회 의장을 거쳐서 초대 대통령에 당선된다. 1951년 자유당을 창당하고 1952년 대통령 직선제를 추진하여 대통령에 당선되었다. 또한 4사5입 개헌안을 발제하여 초대 대통령에 한해서 연임을 허용하는 개헌안을 통과시켰다. 이후 1960년 4·19 학생 혁명으로 인해 물러났다.

　이승만과 함께 미국이 관심을 가진 인물은 민족주의자 김구였다. 김구는 이승만보다는 1년 늦게 1876년 황해도 해주에서 탄생하였다. 어릴 적에 서당에서 한문공부를 하였다. 그 후 동학교에 입교하여 접주가 되었다. 동학란에 참전하다 만주로 피신하였다. 만주에서 안악으로 돌아가다 일본인을 살해한 죄로 중형을 선고 받았으나 고종의 특사로 나왔다. 1919년 3·1운동에 참가하고 상해로 피신하여 독립운동을 하였다. 이봉창, 윤봉길 등의 사건을 뒤에서 진두 지휘하였다. 또한 지청천을 독립군 대장으로 임명하였고, 두 차례 임시정부의 주석을 맡았다. 해방 후에는 이승만과 함께 우익의 거두로서 활동하였다. 미군정하의 남한만의 단독 정부 수립에 반대는 입장이었다. 또한 이승만과는 대조적으로 미군정하에 수립된 남한 정부에 참여하지 않고 중립으로 남아있었다. 그러다가 1949년 6월 안두희에 의해서 암살 되었다.

　이승만은 재임 12년 동안 친미주의적 외교와 반일 및 반공주의적 노선을 걸었다. 특히 1953년 반공포로석방과 평화선 설정 문제 등에 있어서 미국과 마찰을 일으켰다. 1953년 휴전협정 후에는 한미동맹조약을 체결하였다. 북한과의 관계에서는 무력으로 진군하여 통일시키겠다는 북진통일 정책을 추진해 나갔다. 권모술수가 그의 정치스타일이라고 할 수 있겠다. 그의 정치철학은 '일민주의'이다. 모든 국민은 법 앞에 평등하다는 사상을 바탕으로 한다. 그가 쉽게 권좌에서 물러난 이유가 바로 국민이 원하지 않으면 물러난다는 사고를 그의 평소 정치철학으로 삼았기 때문이다.

그는 집권 12년 동안 많은 업적을 남겼다. 경제적으로는 초대 농림부 장관인 조봉암을 시켜 농지개혁을 성공시켰다. 대통령 직선제 도입을 비롯하여 대미관계에서도 미국에 대해서 종속관계에서 벗어나서 약소국이기는 하지만 대등한 위치에서 미국과 외교관계를 수립하려고 노력했다. 일본과의 관계에서도 리라인 즉 평화선 라인을 구축하였다. 일본과의 협상을 시도하였다. 북한과의 관계에서는 한반도에서 북한을 정부로 인정하지 않았다. 또한 통일문제에 대해서 평화적 방법이 아닌 무력으로 한반도를 통일하는 북진통일 정책을 추진하였다.

이승만은 집권 12년 동안 일제강점기에서 해방된 신생국으로서 힘든 시기에 중책을 맡아 국가의 틀을 확립하는 데 크게 기여하였다. 따라서 한국 정치발전에 기여한 점이 크다고 할 수 있으며 초대 대통령으로서의 자격이 있다. 반면 이승만 정권이 만들어 놓은 실책은 바로 독재정치와 장기집권이다. 이승만이 만들어 놓은 신생국형 대통령제는 대통령이 왕권에 해당할 만큼 강화된 대통령 중심제형 정치체제를 형성하였다. 따라서 그 후에 나타난 대통령들은 대부분 원칙을 무시하고 월권을 행사하는 나쁜 전통을 만들어 놓았다. 대통령제는 입법, 사법, 행정의 삼권분립주의의 원칙을 준수하여만 한다. 그러나 이승만은 행정부 중심의 일인권력형 중심의 정치체제를 구축하여 권력을 행사하였다.

영국의 역사학자 존 액튼 경은 "절대적 권력은 절대적으로 부패한다. 또한 절대적 권력은 결국 혁명을 초래하여 종말을 고한다"고 말한다. 한번 권력의 맛을 본 사람은 권력에서 손을 떼기 힘이 든다. 그 이유는 인간은 불완전한 존재이기 때문이다. 그러나 훌륭한 인물로 역사에 기록되기 위해서는 가장 적시에 물러날 줄 아는 용기가 필요하다. 현대 프랑스의 영웅이 된 드골 대통령은 자신이 더 이상 자리에 있을 필요가 없다는 것을 알고는 적시에 물러났다. 그 결과 드골은 프랑스 국민들로부터 지금도 영웅대접을 받고 있다.

이승만 대통령은 결국 혁명에 의해서 물러나는 불행한 대통령으로 전락하고 말았다. 이승만의 장기집권 전통으로 인해서 후임 대통령들과 가족들의 상당수가 뇌물죄를 비롯한 월권행위로 인해서 불운을 겪었다. 이승만의 정치스타일은 마키아벨리즘인 권모술수론이라고 할 수 있다. 마키아벨리즘은 르네상스시대 현대 국가가 형성될 시기에 이탈리아 정치학자 마키아벨리가 군주의 권한을 강화하기 위해서 만들어 놓은 왕의 권력유지 방법을 말한다. 즉 왕은 여우와 사자의 이중성격을 감추고 다녀야만 한다는 논리다.

이승만은 1945년 해방 후 자신의 정치적 적들은 거의 대부분 암살이나 사형을 통해서 제거해 버렸다는 의혹을 받고 있다. 그리고 자신에게 아첨하는 예스맨들을 주변에 두고서 정치하였다. 자신에게 바른말을 하는 인물들이 없는 상황에서 정치는 일인 카리스마적 독재 정치 형으로 변하게 되는 것이다. 이승만이 정치적으로 암살 또는 사형시킨 인물들을 보면 다음과 같다. 우선 민족주의자인 김구를 들 수 있다. 철저한 민족주의자인 김구가 1949년 안두희에게 암살된다. 그런데 정부에서는 안두희의 처벌에 대해서 소극적이었다. 안두희의 배후세력이 결국 미궁에 빠졌다. 얼마 후 안두희는 석방되었다. 이것은 분명히 안두희의 배후 세력이 이승만을 중심으로 한 일당이라는 의혹을 면할 수 없게 한다.

다음으로 서재필 박사를 들 수 있다. 서재필은 김옥균의 갑신정변에 참여한 개혁적 인물로서 갑신정변 이후 미국으로 망명해, 의학공부를 하여 의사가 되었다. 서재필은 이승만이 1925년 임시정부 당시 회원들에 의해 임시정부대통령직에서 실각된 후 미주위원회를 설립할 당시 이승만을 도왔다. 국내와 해외에서 독립운동하던 시절 서재필은 이승만의 스승으로서 각별한 관계를 유지하였다. 서재필은 국내에서 독립협회와 독립신문 등을 창간하여 독립운동을 펼쳤다. 결국 국외로 추방되어서 미국에서 독립운동을 하였다. 해방 후 미군정청의 고문으로 추대되었다. 그러나 이승만의 방해 등으로 인해서 결국 한국정치에 혐오를 느껴서 미국으로 이주하였다.

다음으로 죽산 조봉암을 들 수 있다. 조봉암은 인천 강화 출신으로 이승만 정권하에서 초대 농림부 장관을 역임하였다. 조봉암은 농림장관으로서 농지개혁을 성공적으로 수행하여 이승만의 신임을 얻고, 국회에 진출하여 국회부의장을 역임하였다. 그 후 이승만의 독재정치에 항거하는 제3당인 진보당을 창당하여 대통령에 출마하였다. 그 결과 이승만과는 근소한 차이로 석패하고 말았다. 이후 이승만에게는 조봉암이 정치적으로 가장 큰 정적이 되었다. 정치적으로 이승만은 조봉암에게 위협을 느꼈다. 그리고 조봉암을 사상적으로 공산주의자로 몰아붙였다. 조봉암이 모스크바 대학에서 공부하였다는 것이 구실이었다. 결국 조봉암을 북한 간첩과 접선하고 정치자금을 받았다는 명목으로 1959년 사형에 처했다. 그러나 그 후 대법원에서 과거 판결의 번복으로 그의 무죄가 입증되었다. 조봉암은 무죄로 명예가 회복되었다. 조봉암은 단순히 이승만의 정치적으로 라이벌이라는 이유로 사형을 당하고 말았다.

다음으로 제1야당인 민주당의 거물급 정치인들이 불의의 죽음을 당한 의혹을 제기할 수 있다. 1956년 대통령 선거에서 제1야당인 민주당 대통령 후보인 신익희 선생은 유세 도중에 뇌일혈로 갑자기 사망하였다. 만일 신익희가 서거하지 않았더라면 이승만은 대통령 선거에서 낙선할 가능성이 매우 컸다. 그 이유는 앞에서 언급한 제3당인 진보당의 조봉암이 이승만에게 근소한 차이로 패하였기 때문이다. 또한 당시 수도권 유권자들의 상당수가 무효표나 기권표를 던졌다. 이것은 신익희 후보에 대한 동정 내지 이승만 정권에 대한 저항을 의미한다. 신익희 후보가 선거를 얼마 앞두고 유세 도중에 왜 갑자기 서거하였는지에 대해서 의문을 제기하지 않을 수 없다. 물론 의학적으로는 뇌일혈이라고는 하지만 하필 그 시점에서 서거한 것은 정치적으로 의혹을 가지지 않을 수 없다.

다음으로 자유당에 맞서서 실시된 3·15 부정선거에서 민주당 대통령 후보였던 조병옥 박사의 죽음이었다. 자유당에 맞설 수 있는 유일한 야당 후보였던 조병옥 박사는 미국 월터리드병원에서 암으로 갑자기 사망하였다. 민주당 후보인 조병옥 박사의 갑작스런 죽음 역시 정치적 의문을 가지지 않을 수 없다. 이처럼 이승만 재임기간 동안 정치적으로 라이벌 관계에 있던 인물들이 의문의 죽음을 당하였다.

이승만의 자유당 정권이 붕괴된 데는 고령으로 인한 민심을 파악하지 못한 탓이 컸다. 동시에 주변의 정책집행자들이 이승만에게 왜곡 보고를 함으로써 이승만의 눈과 귀를 막아버렸다. 이승만은 한국의 정치 및 경제실정에 대해서 전혀 알지 못했다. 가령 서민들의 경제사정을 알기 위해 이승만이 시장에 직접 나가게 되는 경우에도, 미리 주변 공무원들이 사람들을 시켜서 서민들이 걱정 없이 잘 산다는 것을 허위로 말하도록 꾸몄을 정도이니, 제대로 민심을 파악할 수 없음이 당연하다.

4·19 학생혁명의 도화선이 된 3·15 부정선거조차도 이승만 자신은 모르고 주변의 측근들이 선거를 조작한 사건이었다. 1960년 4·19 혁명 당시 이승만의 나이는 85세의 고령이었다. 당시는 국민들의 평균수명이 60세도 안 되는 시대였다.

결국 이승만의 국정운영은 안데르센의 동화인 〈벌거벗은 임금님〉에 비유할 수 있다. 벌거벗은 임금님에게 다가간 한 사기꾼 재봉사는 자신이 만드는 세상에서 가장 멋진 옷은 세상에서 가장 훌륭한 성품과 깨끗한 마음을 가진 사람의 눈에만 보인다고 임금님과 신하들을 속였다. 그리고 그 사기꾼 재봉사는 임금을 벌거벗기고서 세상에서 가장 멋진 옷을 입고 있다고 말했다. 신하들은 벌거벗은 임금에게 가장 멋진 옷이라고 말했다. 결국 임금에게 바른말을 한 사람은 백성들뿐이었다. 백성들은 임금님이 벌거벗고 다닌다고 사실을 말하였다. 이승만 대통령은 결국 벌거벗은 실패한 대통령이 되고 말았다.

4·19 학생혁명과
제2공화국의
장면 내각제 등장

3·15 부정선거에 항의하는 운동이 전국적으로 확산되면서 정부는 사태를 진압하기 위해서 깡패와 같은 집단을 동원하여 무력시위를 진압하려고 하였다. 우선 마산상고학생인 김주열 군이 4월 10일 눈에 최루탄이 박힌 채 시체로 물 위에 떠오르면서 마산을 중심으로 한 데모의 시위가 일어나기 시작하였다. 또한 3·15 부정선거 이전에 이미 대구에서는 후에 6·3 사태로 이름을 날린 김중태 등이 대구 경북고의 2·28 데모를 주도 하였다.

마산에서 일어난 시민폭동은 부산으로 번지면서 전국적으로 확산되었다. 서울의 대학생들은 물론 나중에는 동대문 시장의 상인과 서울시민들이 들고 일어났다. 거기에 더해서 고등학생과 중학생, 심지어는 초등학교 학생들까지 데모에 합세하였다. 이러한 관점에서 보면 당시 사회에서 가장 엘리트 그룹인 대학생들이 중심이 되어서 국가정치 변화를 요구하고 나선 것이다. 이어서 전 국민이 합세하여 국가를 전복시켰다는 의미에서 4·19 학생혁명은 국민혁명이라고 규정지을 수 있다.

이에 이승만 정권은 발포명령을 내려 많은 사람들이 총에 맞아서 죽음을 당하였다. 국민들은 국가의 강압과 폭력에 굴하지 않고 정부를 전복시켰다. 이승만은 대통령직에서 하야함과 동시에 하와이로 도주하였다. 부통령 당선자이자 가장 실세였던 이기붕은 이승만의 양자이자 자신의 맏아들인 이강석이 가족들을 총으로 쏴서 자살하면서 혁명은 끝을 맺게 되었다.

　　그러면 자유당의 실세이면서 부통령인 이기붕 그리고 그의 장남이자 이승만의 양자인 이강석은 누구인가? 이기붕은 충북 괴산 출신으로 보성학교와 연희대학을 중퇴하고 미국으로 건너가 고학으로 오하이오의 데이버 주립대학을 졸업했다. 미국에 있으면서 과도정부의 수반을 맡은 허정 등과 함께 독립신문을 발간했다. 해방 후 우익계에 참여하고 이승만의 비서가 되었다. 서울시장과 국방장관을 거쳤다. 4사5입 개헌을 민의원 의장으로서 주도하였다. 1956년 이승만의 러닝메이트로서 부통령에 출마하였으나 야당인 장면 후보에게 패배하였다. 자유당 정권의 2인자로서 1960년 3·15 부정선거에서 부통령에 당선되었으나 4·19 학생혁명으로 가족과 함께 자살하였다.

　　이강석은 서울고등학교를 졸업하고 서울대학교 문리과대학 정치학과에 응시하였으나 낙방 하였다. 그러나 이승만의 지시로 서울대 법대에 편입하여 다녔다. 그러자 서울법대생들의 입학거부 운동으로 인해서 자퇴하고 육사에 입학한다. 다른 학생들은 육사 안 기숙사에서 거주했는데 이강석은 집에서 통학한다. 어머니인 박마리아가 대통령 영부인 프란체스카에게 부탁하여 이승만의 83회 생신인 1957년에 양자로 입적하였다. 육사생도시절 육사교장을 비롯하여 모두들 황태자로 모셨다.

　　이강석은 서대문 집에서 태릉 화랑대 육사까지 큰 백마를 타고서 학교에 등교하였다. 이강석이 학교에 갈 때는 모든 경찰관들이 동원되어서 그의 등굣길을 도왔다. 이처럼 이강석의 권한은 대단했다. 육사를 졸업한 이강석은 육군 소위로 임관한다. 그러나 4·19 혁명이 발생하고 더 이상 버틸 수가 없다는 것을 알고 1960년 4월 28일 아버지 이기붕과 어머니 박마리아, 동생 강욱을 권총으로 쏴서 죽이고 자신도 자살하였다. 가짜 이강석 사건 등 이강석 스캔들이 끊이지 않은 것은 당시 대통령 이승만의 양자인 이강석의 권력이 얼마나 셌는지 입증하는 사건이다.

이승만의 제1공화국은 12년간 이승만 독재와 장기집권으로 이어지다 결국 학생혁명으로 인해서 무너지고 말았다. 《혁명의 해부》의 저자로 유명한 크레인 브린톤은 혁명의 원인은 '정부의 재정적자에서 시작된다'고 말했다. 사실상 프랑스혁명을 비롯한 대부분의 혁명은 정부의 재정적자로 인해 국민들로부터 세금을 더 많이 거두어들이면서 시작되었다. 루이 16세 때의 프랑스혁명을 비롯하여 영국의 명예혁명, 미국혁명, 러시아혁명 등은 모두가 다 국가의 재정적자에서 시작되었다.

이승만 독재에서 시작된 한국의 4·19 혁명이 일어났을 당시 우리나라는 재정적으로 세계 최하위의 후진국으로 국민들의 생활은 말이 아니었다. 특히 이승만은 80세가 넘은 고령으로 당시의 나이로서는 정치를 하기에는 너무 많은 나이였다. 그럼에도 불구하고 왜 자유당 정부는 이승만의 장기집권을 노렸는가? 이는 당시 이승만을 둘러싼 이기붕 일당의 공작이었다. 고령의 이승만에게 아첨을 떨고 이승만을 허수아비화 시켜서 권력을 휘두르기 위해서였다.

국민들의 불만은 1954년 4사5입부터 시작되었다. 1954년 제3대 국회에서 4사5입 개헌안을 통과시킨 후 이승만을 장기집권 시키기 위해 1956년에 실시된 제3대 정대통령 선거와 부통령 선거에서 이승만은 겨우 504만 표로서 가까스로 당선되었다. 이승만이 당선된 이유는 당시 대통령 후보였던 신익희 후보가 유세 도중 갑자기 뇌일혈로 서거하였기 때문이다. 그 결과 제1야당의 대통령 후보가 없었기 때문이다.

당시 신익희에 대한 인기도는 한강 백사장 유세에서 백만 명이 넘는 인파가 몰려들었다는 것을 보면 짐작이 간다. 또한 개표 결과 신익희 후보에게 표를 몰아줄 사람들이 대부분 무효표를 찍는 바람에 무효표가 185만 표가 넘었다. 더구나 서울에서는 이승만이 20만 표를 얻은데 비해서 무효표가 28만 표나 나왔다. 여기에 더해서 제3당의 후보로 나선 진보당의 대통령 후보인 조봉암은 약 30퍼센트의 표를 얻어 돌풍을 일으켰다. 이러한 투표결과에 잔뜩 겁을 먹은 이승만 정권은 조봉암을 북한으로부터 정치자금을 받았다는 누명을 씌워서 결국 1959년 7월 사형을 집행했다.

1956년 대통령 선거에서 여당인 자유당에서 대통령 후보인 이승만이 당선되었으나 부통령 당선자는 야당인 민주당 후보 장면 후보가 당선되었다. 장면 부통령은 그 후 갖은 고초를 겪게 되며 선거에서는 유세 도중 손에 관통상을 입는 테러를 당하게 된다. 1956년 국민들은 정치에 많은 관심을 가지고 있었다. 그 이유는 바로 국민들의 경제생활이 힘들었기 때문이었다. 그 당시 국민들의 슬로건은 '못살겠다 갈아 보자'였다.

이러한 상황에서 이승만을 허수아비로 세운 이기붕 일당은 장기집권을 위해서 1960년 3·15 선거에서는 필승의 전략을 세웠다. 그 전에 이미 청년단체 등의 어용단체들과 정치깡패 등을 조직화하여 국민들에게 선거운동을 하고 다녔다. 정치깡패 중에서 임화수는 영화와 예술 등을 활용하여 이승만 정권을 옹호하는 정치깡패였다. 동대문 시장과 남대문 시장 등을 무대로 상인들을 위협하여 돈을 갈취하는 정치깡패들로서는 이정재와 유지광 등을 들 수 있다. 특히 임화수는 경무대의 이승만의 경호과장이며 경찰총경인 곽영주가 가장 아끼는 정치깡패였다. 당시 곽영주의 권력은 부부통령이라는 말까지 나오면서 경기도 이천의 동향인 정치깡패 이정재와 유지광 등을 비호하였다. 이들은 깡패 조직을 동원하여 야당의원들의 선거유세 방해 등을 비롯하여 정치에 관여하였다.

대통령제 독재에 대한 폐단을 막기 위해서 6월 5일 내각제로 정치체제를 바꾸는 헌법개정안이 국회에서 발의 통과되면서 제2공화국의 내각제 제도가 채택되었다. 그리고 7월 29일 양원제인 상원인 참의원과 하원인 민의원을 뽑는 선거가 실시되었다. 투표율은 84.7퍼센트의 높은 투표율을 보였다. 내각제 실시의 제2공화국의 탄생이라는 의미와 1960년대에 진입한 새로운 시대의 개막이라는 의미를 가지고 있었다. 우선 60년대가 시작되면서 김영삼, 박정희, 김대중이 정치적 행보가 두드러지기 시작하였다.

김영삼은 제5대 민의원 선거에서 민주당 후보로 부산에서 출마하여 무난히 당선되었다. 그리고 김영삼은 이제 초선이 아닌 2선의 중진으로 자리를 잡게 되었다. 다행히 자유당을 탈당하였기 때문에 대부분 민주당 후보들은 국민들의 동정표를 받아서 당선이 되었다.

김대중은 앞에서도 언급한 것처럼 고향인 목포가 아닌 강원도 인제에서 제4대 민의원에 출마를 하였으나 낙선하고 이번 5대 민의원 선거에서 다시 인제에서 출마하였다. 그러나 이번에도 낙선의 고배를 마셨다.

선거에서 1번만 떨어져도 정신적으로나 경제적으로 재기가 불가능한 시대였다. 김대중은 경제적으로 가장 힘든 시기를 맞게 되었다. 앞에서도 언급한 것처럼 잘나가는 성공한 사업가에서 정치가로 변신을 하면서 거듭된 낙선은 경제적으로 궁지로 몰아넣었다.

또한 그의 부인인 차용애와 사별하는 힘든 시기를 맞이하게 된다. 김대중은 1945년 목포에서 인쇄업을 하는 부잣집 장녀인 차용애와 결혼하여 1959년까지 14년간 결혼생활을 하면서 장남인 홍일과 차남인 홍업을 낳는다. 그 후 김대중의 거듭된 낙선으로 인해서 가족들에게는 엄청나게 힘든 생활의 연속이 계속되었다. 본인 스스로도 인생에서 가장 힘든 고비를 맞으면서 부인까지 낙선의 충격으로 사별하는 불운을 맞게 된다.

죽음에 이를 정도로 힘들고 팍팍한 현실 정치세계에서 김대중은 이번에도 낙선하였다. 김대중이 강원도 인제 토박이가 아니라는 점 때문에 낙선한 것은 아니고 상대방이 부정선거를 감행하였기 때문이었다. 얼마 후 당선자가 당선무효가 된 것을 보면 알 수 있다. 김대중의 정치입문은 김영삼과 비교하여 매우 힘들었다. 김영삼은 26세의 최연소 의원에다 벌써 2선의 중진으로 국회에서 자리매김하였다. 반면 김대중은 3대와 4대 5대 모두 낙선의 고배를 마시면서 3번 연속 낙선하였다. 당시 민주당은 신파와 구파로 나누어져 있었다. 우선 내각책임제이기 때문에 국무총리가 대통령보다 훨씬 실권이 강했다. 대통령은 명예직 비슷한 형식상 국가를 대표하는 힘없는 대통령에 불과했다.

당시 민주당에서는 형식상 대통령인 윤보선이 대통령에 당선되었다. 집권당인 민주당은 신파와 구파로 나누어져 있었다. 구파는 윤보선을 비롯하여 신익희와 조병옥 대통령 후보를 중심으로 유진산 등 거물급 인사들이 주류를 이루고 있었다. 반면 신파는 장면, 박순천을 중심으로 하는 인물들이 주류를 이루고 있었다. 허정 내각수반의 과도정부를 거쳐서 윤보선이 대통령으로 당선되면서 내각을 책임질 국무총리 지명전에서 일차적으로 윤보선은 자신과 같은 구파의 김도연을 지명하였다. 그런데 김도연은 국회의 동의를 얻지 못하였다. 2차로 윤보선은 자신과 다른 신파의 장면을 지명하면서 장면은 국회를 무난히 통과하였다.

곧 이어서 장면을 국무총리로 하는 내각이 구성되었다. 처음 실시되는 내각제는 많은 잡음을 일으키게 되었다. 김영삼은 민주당의 구파에 속하였으며 특히 윤보선과 가까운 계열이었다. 곧 이어서 김영삼은 민주당 대변인을 맡았고 그 후 최연소 원내총무 자리를 차지하였다. 이처럼 김영삼의 정치행보는 탄탄대로를 걸어가게 되었다. 또한 당내에서 젊은 나이에 이미 상당한 비중 있는 인물로 성장하고 있었다. 이 정도라면 김영삼은 머지않은 날에 한국의 최고의 지도자가 될 것이라고 누구나 예상하였다.

반면 김대중은 이미 세 번의 실패로 인해서 정치적인 좌절감을 맛보고 있었으며 아직도 원내에 진출을 하지 못한 상태에 있었다. 그런데도 불구하고 김대중의 뛰어난 웅변과 논리적인 언변이 장면 총리로부터 인정을 받았다. 김대중은 가톨릭 신자로 같은 극진한 가톨릭 신자인 민주당의 장면파인 신파에 속해 있었다. 이때부터 김영삼과 김대중은 같은 민주당이지만 신파와 구파로서 서로 파가 갈렸다. 장면 내각에서 장면은 김대중을 당 대변인으로 발탁하였다. 김대중이 비록 원내진출은 못하였지만 뛰어난 웅변 실력을 인정받은 것이다. 그다음 해 김대중이 출마해서 낙선한 강원도 인제 지구의 국회의원이 부정선거로 인해서 당선이 무효처리 되었다. 그 결과 인제 지역에서 보궐선거를 치르게 되었다. 김대중은 이미 민주당 대변인으로서 이름을 날렸기 때문에 보궐선거에서 쉽게 당선 되었다.

이번 보궐선거에서 김대중은 4번의 국회의원 선거에 도전하여

4번째 당선증을 받게 된 것이다. 훗날 김대중은 대통령 선거에서도 4번 만에 당선된 것과 같은 맥락에서 이해할 수 있다. 그런데 김대중이 국회의원에 당선되고 3일 만에 박정희에 의한 5·16 군사정변이 일어나는 바람에 그가 원내에 진출한 지 3일 만에 국회가 해산이 되고 말았다. 5·16 군사정부는 모든 입법, 사법, 행정기관을 해산하고 국가재건최고회의라는 비상위원회를 만들었기 때문이었다. 또한 모든 구 정치인들은 자동케이스라는 정치정화법의 정치금지법에 묶여서 정치활동을 할 수 없게 되었다. 얼마 후 박정희의 산업화 과정에서 거치는 인권유린 등과의 싸움에서 박정희와 김대중 두 사람 사이의 악연은 이때부터 시작되었다고 할 수 있다.

그러면 박정희는 이 기간 동안 무엇을 하였는가? 박정희는 60년 이승만 정권의 3·15 부정선거 당시 참모총장 송요찬으로부터 지시를 받은 군의 부정선거 동조 등에 대해서 강력하게 반기를 들었다. 참모총장 송요찬은 박정희의 인품을 잘 알기 때문에 여순반란사건으로 인해서 고통을 겪은 박정희를 도왔다. 박정희도 6관구 사령관 등 중요한 보직을 거쳤다. 따라서 군의 최고 수뇌부도 함부로 건드리지는 못하였다. 부정부패에 연루되거나 부정선거 등에 연루된 군인들을 숙청하자는 정풍운동을 박정희가 주도해 나갔다. 박정희의 강경한 정화운동에 박정희와 송요찬은 갈등상태에 있었다.

박정희가 육군본부에서 내려온 부정투표함을 군화발로 걷어 차 버렸다는 일화가 있다. 박정희의 강한 정풍운동과 관련되어 군이 쿠데타를 일으키려 한다는 소문이 나돌고 있었다. 박정희와 만주 군관학교와 일본육사 동기인 이한림, 당시 1군 사령관은 그의 자서전에서 군이 4·19 이후에 쿠데타를 음모하고 있다는 설이 나돌았으며 대충 누가 쿠데타의 주역일 것이라는 것은 알고 있었으나 장면 정권은 4·19이후 국정이 혼란스러웠기 때문에 그냥 넘어갔다고 밝히고 있다. 이한림은 박정희와 남산에 올라가서 박정희가 동남아식 특히 태국식 군사 쿠데타를 일으켜야 한다는 주장과 거사 계획에 대해서 절대적인 반대를 하였다고 했다.

　사실상 당시 장면 정권 9개월 동안 군사 쿠데타가 일어날 것이라는 소문 그리고 그 주역들이 바로 박정희를 중심으로 한 신진 세력이라는 것까지 소문이 나돌 정도였으니 군에서는 만일 쿠데타가 일어난다면 박정희 중심의 쿠데타일 것이라는 것을 모두 알고 있었다. 송요찬은 박정희가 위험인물인 줄 알고서 예편시키려는 생각까지 가졌으나 국정이 혼란한 가운데 박정희와의 우정을 생각하고 박정희의 전력을 감싸줄 정도의 인연으로 인해서 그냥 넘어가 버렸다. 송요찬 참모총장은 4·19 혁명 당시 군의 정치적인 개입을 반대하며 군사적 중립을 지켰다. 그 후 제2공화국의 허정과도 내각이 들어서면서 군에서 물러났다. 만일 군이 4·19 혁명에 개입하여 발포명령을 내렸더라면 더욱더 많은 희생자가 났을 것이다.

데모로 해가 떠서
데모로 해가 지는
9개월 단명 내각과
5·16 군사정변

1961년 5월 16일에 발생한 군사정변은 한국 현대사를 바꾸는 가장 획기적인 역사적 사실이라고 할 수 있다. 5·16 군사정변이 정변인가 쿠데타인가에 대해서 많은 논란이 일고 있으며 확실한 결론을 내리지 못하고 있는 상황에서 일반적으로 사용하는 용어인 정변으로 사용하고자 한다.

5·16이 일어난 원인을 대내적인 요소를 가지고 분석할 수 있다. 대내적인 요소로서는 국내정세의 불안정을 들 수 있다. 1961년 5월 16일에 일어난 군사정변의 가장 큰 원인은 무엇인가? 내적으로는 장면 내각의 불안정에 있었다. 1960년 8월 12일에 시작된 장면 내각은 겨우 9개월 만에 1961년 5·16 군사정변에 의해서 붕괴되고 말았다. 장면 내각이 단명하게 된 것은 바로 신파와 구파간의 갈등이 가장 큰 원인이라고 할 수 있다. 신파와 구파의 갈등은 1955년 이승만 정권의 야당 시절부터 시작되었다. 민주당은 1955년 이승만 정권에서 야당으로 출범하면서 신파와 구파간의 갈등이 시작되었다.

1956년 대통령과 부통령 선거에서 대통령 후보는 구파의 신익희, 부통령 후보는 신파의 장면으로 결정되었다. 그런데 대통령 후보인 구파의 해공 신익희 선생이 뇌일혈로 유세 도중 갑자기 사망하자 부통령 후보인 신파의 장면에 대한 구파의 지원이 약해졌다. 그 이유는 대통령 당선자인 이승만이 고령으로 사망하는 경우 신파의 장면이 대통령직을 자동 승계하기 때문에 구파에서는 신파의 장면이 당선되는 것을 방해하였다. 그러나 신파의 장면이 부통령으로 당선되었다. 또한 1960년 대통령 선거에서 구파인 대통령 후보 조병옥이 사망하자 구파의 김도연은 신파의 부통령 후보인 장면이 이승만 사망 시 승계받는 것을 두려워해서 이승만을 지지하는 성명을 낼 정도로 민주당 내의 신파와 구파간의 갈등은 매우 심각한 수준이었다.

이러한 민주당 내의 신·구양파벌 간의 갈등은 점차 심각해져, 신파의 장면이 정권을 잡자 명예직에 가까운 형식상의 대통령인 윤보선이 사사건건 시비를 걸어 장면이 정국을 운영할 수 없도록 방해하기에 이른다. 특히 윤보선은 공무원과 내각의 장관들의 임명권에 구파의 지분을 강력히 요구하고 동시에 정부정책에 관여하려하는 와중에 장면과 윤보선 간의 심각한 갈등을 초래하였다. 구파인 윤보선의 요구에 응해서 장면은 내각의 30퍼센트를 구파당원으로 충당하여 내각을 구성하였다. 또한 중요한 군의 인사에서 참모총장의 인선을 야전군 사령관으로 박정희와 사적으로 가장 가까운 친구이자 박정희의 군사정변을 끝까지 막았던 이한림 1군 사령을 임명하려고 하였으나, 구파와 신파의 갈등으로 인해서 이한림의 임명이 좌절되고 말았다.

만일 이한림이 참모총장으로 임명되었더라면 박정희의 군사정변은 실패로 돌아갔을 것이다. 그런데 신파와 구파의 모두가 반대하는 장도영이 임명되었다. 장도영은 군 내부에서 문제가 많은 사람으로 이미 낙인이 찍힌 군인이었다. 그 이유는 장도영은 모든 것이 불분명한 군인으로 소문이 나 있었기 때문이다. 이한림이 거절되자 어부지리로 문제가 있는 사람을 참모총장으로 임명해 버린 것이다.

처음에는 장면도 장도영이 흐리멍덩한 인물이라는 것을 알고서 반대하였으나 워낙 윤보선계의 구파들이 밀어붙이는 바람에 고심 끝에 장면도 같은 인동 장씨 종친인 장도영을 임명하는 실수를 저지르고 말았다.

장면 총리는 5·16 군사정변이 일어나기 일주일 전인 5월 9일 군에서 쿠데타가 일어날 것이라는 소문을 국방장관 현석호로부터 보고 받았다. 장면은 곧바로 참모총장 장도영을 불러서 그 사실 진위를 확인하고 보고하도록 하였다. 그러면서 장면은 장도영에게 군의 동향을 가장 잘 알고 있어야 할 하급자인 참모총장이 당연히 총리에게 군의 동향을 알려야할 것이 원칙인데 왜 총리가 먼저 쿠데타설을 참모총장에게 알려야만 하느냐고 호통을 쳤다고 한다.

며칠 후 장도영은 장면에게 "쿠데타 설은 헛소문이고 그냥 그전부터 나오는 군대 내부의 유언비어에 불과합니다"라고 하면서 아무 문제가 없다고 보고를 하였다. 그러나 장도영은 박정희 군사 쿠데타가 일어난다는 것을 정확히는 몰라도 대강은 눈치를 챘지만 그냥 묵인하고 말았다. 5·16이 일어나자 이틀 만에 장도영은 박정희 쪽으로 돌아서서 임시정부인 국가재건최고회의 의장이 되었다. 당시 사회에서 가장 중요한 자리인 참모총장 임명부터 신파와 구파의 갈등으로 인한 잘못된 인선이 제2공화국을 붕괴시켜 장면 내각을 단명으로 만든 가장 큰 요인이라고 할 수 있다.

그러면 이처럼 장면 내각을 9개월 동안 혼란에 빠뜨린 총리 장면과 대통령 윤보선은 어떤 인물인가? 제2공화국이 의원내각제이기 때문에 가장 중요한 인물은 바로 신파인 장면이고 그다음이 명예직에 가까운 구파인 대통령 윤보선이다. 따라서 장면부터 설명하면 그는 1899년 인천에서 일제강점기 당시 부산세관장을 지낸 장기빈의 아들로 출생하였다. 그 후 수원농림학교와 미국의 맨해튼 가톨릭대를 졸업하고 천주교 계통의 학교인 서울동성중고등학교에서 교편을 잡고서 13년 동안 교장으로서 활동을 하였다. 또한 가톨릭 관련 사회활동을 하였다.

해방 후 정계에 투신하여 이승만 정권하에서 주미대사와 국무총리를 역임하였다. 그 후 야당으로 돌아서서 조병옥, 신익희 등과 함께 이승만 반독재투쟁에 앞장섰다. 1955년 민주당에 입당하여 1956년 정부통령 선거에서 당선되었다. 유세 도중 당시 치안국장이며 백두산 호랑이 김종원이 배후에서 사주한 괴한에게 손에 관통상을 입는 테러를 당하였다. 1960년 구파인 조병옥의 러닝메이트로 부통령에 출마하였으나 부정선거로 당선된 이기붕에게 180만 표의 큰 차이로 낙선하였다. 그 후 1960년 4·19 혁명을 거치면서 신파의 대표로서, 의원내각제의 국무총리로서 실질적인 정국을 운영하였다. 그러나 정국은 윤보선이 속한 구파와의 갈등으로 혼란에 빠지게 되며 결국 5·16 군사정변으로 인해서 9개월의 단명으로 끝을 맺게 된다.

장면은 정치가이면서 우유부단한 성격의 교육자였다. 독립운동의 경력보다는 교육자로서의 경력이 대부분이었다. 특히 그의 우유부단한 성격으로 인해서 4·19 이후에 나타난 힘의 공백상태로 인해서 정국은 거의 무정부 상태에 빠져 들었다. 따라서 장면은 혼란한 정국을 운영할 카리스마적 리더십이 부족하였다.

그러면 민주당 구파의 대표적 인물인 윤보선은 누구인가? 해위 윤보선은 충남 아산의 파평 윤씨 명문집안에서 태어난다. 얼마 후 영국의 에딘버러 대학에 유학하여 졸업하고 해방 후 정계에 투신하여 이승만 정권하에서 초대 서울시장을 거쳐 상공부 장관 등을 역임한다. 제3대 민의원에 당선되면서 야당인 민주당에서 구파인 신익희, 조병옥 등과 함께 이승만 독재에 맞서서 반독재운동을 전개해 나간다. 4·19 혁명 후 제2공화국 대통령에 출마하여 당선되었다. 그러나 얼마 후 박정희가 이끄는 군사정권에 밀려서 1962년 3월 대통령직에서 사임하고 1963년 11월 야당 후보로서 대통령에 출마하고 다시 1967년 대통령에 출마하였으나 낙선하였다. 박정희 독재에 맞서서 반독재 운동을 하였으나 크게 행동하지 못하였다.

국무총리 장면과 대통령 윤보선의 갈등은 정치, 경제, 사회, 외교 안보 전반에 걸쳐서 불협화음을 초래하게 만들었다. 또한 여기에 가세해서 4·19 당시 시위에 참가해 이승만 정권을 무너트린 학생들을 비롯하여 사회의 압력단체들의 기득권 요구와 독재체제를 도운 인사들의 처벌 등을 놓고서 정부와 사회단체 간의 갈등은 더욱더 심화되었다. 여기에다 가장 중요한 국민들의 일자리 창출과 같은 민생 문제를 도외시하여 실업자가 늘어나면서 사회는 혼란 속으로 빠져 들었다. 당시는 '데모로 해가 떠서 데모로 해가 진다'는 말이 유행할 정도였다. 남북 관계와 한일 관계는 기존의 이승만이 추구하던 북진통일의 반공사상과 반일사상과는 달리 평화적 통일과 일본과의 외교 관계의 정상화 추진 등 유화적인 제스처를 취하면서 경제적인 성장을 위한 경제플랜도 함께 짜기는 하였다.

이러한 불안정한 정국 운영은 결국 5·16 군사정변이 일어나는 도화선이 되고 말았다. 결국 구파와 신파의 대결구도 속의 갈등은 신·구파 모든 정치인들이 박정희 군사정권에 의해서 정치정화법에 묶여서 정치활동이 금지되는 불운의 연속을 초래하고 말았다.

그러면 5·16 군사정변의 요인들은 위에서 언급한 장면 내각 운영의 불안정 이외에 또 무엇이 있는가? 가장 중요한 요인의 하나가

군부의 불만을 들 수 있다. 특히 군사정변의 주역들인 육사 8기들의 진급에 대한 불만에서 비롯되었다. 당시 육사 8기생들은 대부분 중령에만 7~8년 이상 머물러 있었기 때문에 진급에 굉장한 불만을 가지고 있었다. 8기 이전의 기수들은 이미 진급하여서 많은 동기생들이 별을 달고 있었다.

1945년에 국방경비대라는 이름으로 시작된 육사 중에서 가장 인원이 많은 기수가 육사 8기이며 그 숫자가 1,263명 정도였다. 또한 이 기수들은 1948년 8월 정부가 수립된 이후에 발생한 제주 4·3 사태와 여순반란 등으로 군인 수가 많이 필요하였기 때문에 1948년 처음으로 순수한 민간인들을 모집하여 6개월간 정규교육을 받은 사관생들이었다. 대부분의 다른 기수들은 경찰이나 과거 일본군이나 중국군의 경력을 바탕으로 잠시 훈련을 받고서 소위계급장을 달았다. 따라서 육사 8기생들은 다른 기수에 비해서 자부심이 강하며 또한 인원이 많다보니 군대 내에서 제일 강하게 세력화된 집단이었다. 또한 1950년 6·25 동란에 가장 많은 인원이 전사하였으며 6·25 사변은 육사 8기가 막았다는 말이 있을 정도로 군인으로서 강한 자부심을 가지고 있었다.

그런데 문제는 군대 내에서의 진급이었다. 초기의 육사 졸업생들이 빨리 진급하여 제대하지 않고 있었고 전쟁도 끝이 났으니 군 계급의 적체현상이 나타나기 시작하였다. 그중에서 가장 피해를 본 기수가 바로 육사 8기생들이었다. 육사 8기생들이 가장 많은 공을 세우고도 군 인사에서 가장 큰 불이익을 당하고 있다는 피해의식이 육사 8기생들 간에 팽배해져 있었다. 또한 육사 8기생들은 더 이상 군에서 희망이 보이지 않았다. 5·16 군사 정변 당시 그들은 대부분 중령이었다. 그중에서도 선두주자인 김종필은 육군본부 등

주로 정보계통에서 일하였다. 육사 8기생들은 숫자가 많다 보니 뛰어난 인재들이 가장 많았으며 군부대 내에서 주로 야전병이 아닌 정보계통의 두뇌집단에서 종사하였다.

군사정변을 일으키는 실무적인 일은 그보다 높은 대령들이 주로 맡아서 하였다. 그 기수가 바로 육사 5기생들이었다. 따라서 5·16 군사정변은 육사 8기와 5기의 기수들이 맡아서 하였으며 그후에 8기생들에 의해서 5기생들은 제거 당했다. 육사 8기생들은 대부분 김종필 중령을 중심으로 하여 김형욱 등이 민간정부로 이양된 후에도 많은 활동을 하였다. 반면 육사 5기는 김재춘, 문재준, 박치옥 등의 대령으로서 정변의 주역으로 실무를 보았으며 차지철 대위가 바로 박치옥 대령 부대의 행동대원이었다.

중앙정보부장을 역임한 김재춘과 같은 많은 5기생들이 장도영파로 분류되어서 후에 제거되고 말았다. 다시 말하면 군사정변의 주역인 육사 8기생은 박정희 최고회의 부의장파로 분류되고 육사 5기생들은 당시 최고회의 의장이자 참모총장인 장도영파로 분류되어서 결국 박정희 파에 의해서 대부분 제거되고 말았다.

군사정변의 주역들의 성향을 보면 장도영을 따르는 대부분 5기생들은 장도영과 같은 이북 출신으로 머리가 부족했으며 실지로 행동하는 돌격대원들이었다. 반면 박정희를 따르는 8기생들은 이남 출신으로 머리가 좋은 정보통들이었다. 따라서 결과적으로 머리가 좋은 육사 8기가 승리하였다. 결국 군사정변은 군에서 인사 적체현상에 소외감을 느끼고 불만을 품은 엘리트 군인들의 인사 불만이 가장 큰 요인이라고 할 수 있다. 군사정변의 주인공인 박정희 역시 능력에 비해서 진급이 늦었으며 특히 여순반란의 꼬리표가 따라다니면서 군대 내부와 사회에 대해서 불만을 가지고 있었다.

삼,

대한민국 산업화의 주역,

박정희 정권

(1963~1972)

호남 덕분에
당선된
박정희 후보

5·16 군사정변은 1961년 5월 16일 장교 260명과 3,500명의 군인이 성공시킨 무혈 군사정변이었다. 정변에 성공한 박정희는 국가재건최고회의를 만들어 입법, 사법, 행정을 총괄하고 헌법을 중단시켰다. 그리고 모든 정치인들을 정치정화법에 묶어서 정치활동을 하지 못하도록 만들어 버렸다. 이 기간 동안 김영삼과 김대중 등은 정치 활동을 할 수가 없었다. 1962년 12월 7일 내각제에서 대통령 중심제로 바꾸는 헌법이 통과되고서 1963년 2월이 되어서야 대부분 정치인들은 정정법에서 해금 되어서 정치 활동을 할 수 있었다.

야당인 민주당은 민정당과 민주당으로 갈라졌다. 과거의 신파에 해당되는 박순천 등은 민주당에 잔류하고 장면은 정치정화법에서 해금되지 않았다. 그러나 윤보선 전 대통령은 탈당해서 민정당을 만들었다. 따라서 민주당은 민주당과 민정당으로 분열되었다. 김영삼은 민주당을 탈당하여 윤보선이 만든 민정당에서 대변인을 맡는다. 반면 장면이 없는 신파의 민주당은 비주류의 정당이 되어 버렸다. 김대중은 신파이기 때문에 민주당에 잔류하였다. 김영삼, 김대중은 같은 야당이면서 서로 다른 계파를 가지고 출발을 하였다.

1963년 11월 26일에 실시된 제6대 국회의원 선거에서 전체의석 175석 중에서 여당인 민주공화당이 전국구를 포함하여 총 110석을 확보하여 62.8퍼센트로 과반수 안정득표를 할 수 있었다. 반면 김영삼 소속의 민정당은 제1야당으로서 41석을 확보하였다. 김대중의 민주당은 13석을 얻는데 그쳤다. 제6대 국회의원 선거에서 투표율은 72.4퍼센트로서 역대 국회의원 투표율 중에서 가장 낮은 투표율을 나타내었다. 그 이유는 아직까지 국민들이 박정희 군사정권이 헌정질서를 파괴한 군사적인 집단으로 생각하고서 아예 선거 자체를 기피하였기 때문이다. 이것은 군사정권에 대해서 국민들이 불신감에 사로잡혀 있다는 것을 의미하였다.

김대중은 제6대 국회의원 선거에서는 지역구를 강원도 인제에서 고향인 전남 목포로 옮겨 출마하여 압도적으로 당선되었다. 3일 뿐이었지만 제5대 국회의원 경력에 이어서 재선 의원에다 이미 대변인의 경력이 있었기 때문에 이제 당에서는 중진으로 자리를 잡았다. 김영삼 역시 부산에서 출마하여 무난히 당선되었다. 이제 김영삼은 대변인과 최연소 원내총무를 역임한 당내 3선의 중진의원이 되었다.

김대중은 1962년 사회운동가인 이희호 여사와 재혼한다. 주례는 초동교회의 목사로 당시 한신대에서 교수직에 있던 조향록 목사였다. 이때부터 김대중은 부인 이희호 여사의 도움으로 안정적인 생활을 하면서 정치에만 전념하면서 정계에서 두각을 드러내기 시작하였다. 김대중은 신파인 비주류에 해당되는 민주당에서 정치활동을 하였다. 반면 김영삼은 구파이자 주류인 민정당의 대변인으로 활동을 하였다. 그 후 김영삼은 민정당 원내총무로서 최연소 원내총무가 되었다.

이보다 조금 앞서 1963년 10월 15일에 실시된 대통령 선거에서 구파인 김영삼 소속인 민정당의 후보로서 윤보선이 나왔으나 신파인 장면이 정정법에서 풀리지 못했기 때문에 김대중의 정당인 민주당에서는 후보를 내지 못했다. 제5대 대통령 선거는 민주공화당의 박정희 후보를 국민들이 심판하는 선거였다고 할 수 있었다. 선거 결과는 박정희 후보가 겨우 1.5퍼센트 앞선 15만 표 차이로 당선되는 것으로 끝났다. 한국 역대 대통령 선거 역사상 가장 근소한 차이로 당선자가 나온 선거였다. 이 선거는 중부권인 서울과 경기 및 강원에서는 윤보선이, 남부인 영남과 호남에서는 박정희가 압도적으로 승리하는 바람에 겨우 당선이 된 것이다. 선거는 결국 남북의 지역적 대결이 일어나게 된 결과이다.

현재 영남 후보와 호남 후보 간의 갈등 원인인 지역감정 문제는 이 당시는 나타나지 않았다. 박정희 후보는 호남 덕분에 대통령에 당선된 것이다. 만일 영남 다음으로 많은 인구를 가진 호남에서 압도적으로 박정희 후보를 밀어주지 않았더라면, 역대 대통령 선거사상 가장 근소한 표차인 겨우 15만 표인 1.5퍼센트로 승리한 박정희 후보가 당선될 수 있었을지 의문을 제기할 수 있다. 문제는 야권의 분열이 선거 패배의 가장 결정적인 요인이었다는 점이다. 여당 후보인 박정희에 대항하여 야당 후보는 허정 전 과도정부 내각수반, 변영태 전 국무총리, 오재영 추풍회 대표, 장이석 후보와 송요찬 전육군참모총장 등 여러 명이 나왔다.

그중에서 허정과 송요찬은 중도에 포기하고 나머지 세 명은 끝까지 사퇴하지 않았다. 이들이 얻은 표는 오재영 4.2퍼센트, 변영태 2.2퍼센트, 장이석 2.0퍼센트로 합치면 8.2퍼센트나 되어서 야권단일화 실패가 선거의 패배의 가장 큰 요인으로 작용하였다. 더구나 후보를 내지 않은 장면의 신파의 민주당은 구파의 민정당 후보인 윤보선을 별로 지지하지 않았다. 이처럼 한국에서 항상 야권이 정권교체를 이루지 못하는 원인은 바로 야권 분열 때문이라고 할 수 있다.

한일협정

1961년 5·16 군사정변이 일어나자 가장 먼저 박정희 최고회의 의장이 미국과 약속한 것은 바로 한일관계 정상화였다. 그 이유는 미·일 동맹관계를 바탕으로 하여, 동북아에서 안보적 차원에서 일본은 전적으로 미국의 우산 속에 들어있었기 때문에 한·미·일 동맹이 절대적으로 필요한 시기였다. 미국은 동북아에서 가장 중요한 요새는 일본과 한국이며 이미 한미동맹이 체결되기 전 1951년 샌프란시스코 동맹을 바탕으로 미일동맹을 체결하였다. 또한 한국과는 1953년 7월 27일 한국동란 휴전 직후에 한미동맹을 체결하였다. 따라서 미국은 한미동맹과 미일동맹을 바탕으로 동북아에서 대러시아와 대중국정책을 추진해 나가고 있었기 때문에 한국과 일본의 관계 정상화가 가장 중요한 과제였다.

한국의 군사정변을 인정하지 않으려는 미국에 대해서 박정희가 꺼내놓은 카드는 이승만 정권 이후 성사되지 못한 한일관계 정상화 카드였다. 박정희 당시 국가재건최고회의 의장은 군사정변 직후에 한국을 방문한 미국 국무장관 딘 러스크를 통해서 조속한 시일에 한·일 국교 정상화를 약속하였다. 그해 가을 박정희 당시 국가재건최고회의 의장은 미국 방문에 앞서 일본을 방문해 당시 이케다 하야토 수상을 방문하여 양국 간의 국교정상화를 제의하였다. 이러한 박정희의 한·일 국교 정상화 카드에 미국의 존 에프 케네디 대통령은 한국의 군사정변을 인정하게 되었다.

대한민국 산업화의 주역, 박정희 정권(1963~1972)

미국에서 돌아온 박정희는 당시 중앙정보부장이던 김종필을 시켜 1962년 일본외상인 오히라와 비밀리에 회담을 가지고 조속한 시일 내에 한일협정을 맺을 약속을 하였다. 한일관계 정상화에 대한 논의는 이승만 정부가 수립되면서 미국의 강력한 압력 속에서 시작되었다. 그러나 배일 감정이 매우 강한 이승만과 정부 관료들은 대부분 일제강점기간 동안 고통을 당한 독립운동가 출신들로서 그들은 미국의 압력에도 불구하고 한·일 국교 정상화를 반대하였다. 그러나 미국이 1951년 샌프란시스코 조약인 미일동맹을 맺고부터는 할 수 없이 1951년부터 한일협정을 위한 회담에 들어갔다. 우리 측의 요구에 대해서 일본은 터무니없는 요구라고 하면서 회담은 계속해서 결렬되었다. 그 배후는 이승만과 한국 관료들의 반일감정 때문이다.

제2공화국인 장면 내각이 들어서면서 한국과 일본의 국교 정상화가 좀 더 잘 진행되는 듯이 보였다. 그 이유는 강한 반일 감정을 가진 이승만이 없어졌기 때문이다. 그러나 장면 내각은 9개월의 단명으로 끝났기 때문에 한일관계는 별 진전이 없었다. 박정희 정권이 들어서면서 가장 시급한 일이 바로 한·일 국교 정상화의 한일협정이었다. 이미 박정희는 미국에 대해서 한·일 국교 정상화 약속을 하였다. 또한 한국의 산업화 모델로 일본을 보고 있었기 때문에 일본으로부터 경제기술을 배워야만 했다. 따라서 박정희는 일본과의 협정조약을 가장 조속한 시일 내에 타결하려고 결심했다.

당시 일본의 사정을 보면 일본 역시 안보는 완전히 미국의 우산 속에 있기 때문에 미국의 강요에 의해서 한일협약이 필요하였다. 1960년에 들어서면 일본은 1945년 패전의 잿더미 속에서 불과 10여 년 만에 유럽의 선진국들을 제치고 미국 다음의 경제대국이 되었다. 바로 박정희가 원하는 것은 한국도 수년 내에 일본과 같은 경제대국으로 도약하는 것이 목표였다. 일본이 추진한 '요시다 독트린'을 바탕으로 한 일본의 경제정책의 모델과 기술을 제공받기 위해서였다.

박정희 정권에서 일본과의 협상 대상들은 대부분 일본육사 출신이거나 일본식 교육을 받은 사람, 혹은 일본 고등문관 시험에 합격한 사람들로서 일제강점기에 독립운동을 한 인물들이 아니었다. 따라서 이들은 일본에 대해서 훨씬 친근감을 가지고 있었다. 박정희 역시 일본육사 출신이어서 일본에 대해서 친근감을 가지고 협상에 임하게 되었다.

박정희 정권에서 1962년에 시작된 제1차 경제개발 5개년 계획에 한국은 개발도상국으로 발전에 필요한 기본적인 투자와 종잣돈이 필요하였다. 따라서 박정희는 당시 초대 중앙정보부장이던 김종필에게 오히라 외상과의 접촉을 시도하여 빨리 일을 마무리 하도록 지시하였다. 그 결과 김종필은 한국의 채널을 통해서 당시 일본외상 오히라와 둘만의 사전 협약을 맺었다. 그 후 1964년 2월 박정희가 민정이양을 하고 대통령 선거에 당선되자마자 곧바로 한일관계의 협상과 비준동의안을 3개월 내에 마무리한다는 성명을 냈다.

그러자 야당의원인 자유민주당의 김준연 의원은 박정희 정권이 일본 정부로부터 1억 3천만 달러를 받아서 공화당의 정치자금으로 썼다고 폭로하였다. 정부는 즉시 김준연 의원의 체포 동의안을 국회에서 받아내려고 했다. 여기에 김대중은 원고 없이 장장 5시간 19분 동안 국회에서 발언을 하여 결국 그날 이효상 국회의장이 상정한 체포동의안이 부결되고 말았다. 물론 다음에 김준연 의원은 구속되기는 했지만 김대중의 이러한 필리버스터 방해공작을 위한 기네스북에 오르는 연설은 김대중을 스타 국회의원으로 만들었다.
기네스북에 오를 정도의 장시간 연설로 박정희 정권은 김대중을 주
시하면서 다음 선거에서는 김대중을 낙선 대상 1순위의 타깃으로
삼았다.

그러나 이 일은 김대중 개인의 정치적인 비중은 전국적인 거물
급 정치인으로 몸값이 크게 올라가는 계기가 되었다. 박정희의 김
대중에 대한 경계가 강화되면 될수록 김대중의 정치적 비중은 점차
적 상승세를 타게 되었다. 그런데 문제는 1964년 박정희의 한일협
상이 야당의 강력한 반대에 부딪치게 되었다는 데 있다. 1964년 6
월 3일을 기해 한일회담 반대는 극에 달하였으며 이것을 6·3 사태
라고 한다. 특히 서울 문리대 학생들이 주동이 되어서 일어난 한일
회담 반대운동은 정권 위협을 초래하게 되었다.

왜 박정희는 그토록 한일회담을 성사시키려고 노력을 하였는
가? 그것은 국내외적 요인에 기인하고 있었다. 미국은 월남전에 너
무 깊이 빠져 들었기 때문에 한국에 대한 재정적인 지원을 감소시
키려 했는데, 미국과의 공조를 통해서 북한의 무력도발에 대응하겠
다는 전략이다. 사실상 미국이 가장 원하는 것은 한·미·일 방위조
약을 바탕으로 하여 월남전과 같은 전쟁이 한반도에서 다시 일어나
는 것을 방지하겠다는 의도에서였다. 다음으로 중요한 것은 일본으
로부터 경제적 도움을 받아 제2의 일본과 같은 경제대국을 이루겠
다는 의도이다. 막 시작된 제1차 경제개발 5개년 계획에서 가장 필
요한 것은 바로 산업화에 필요한 자금이었다.

그러면 일본은 왜 한일 협상을 조기에 달성하려고 하는가? 일
본은 당시 미국으로부터 상당한 미움을 받고 있었다. 일본은 이차
대전 이후에 요시다 시게루 수상의 소위 '요시다 독트린' 정책으로

경제대국의 꿈을 이루게 되었다. 요시다 독트린 정책에 의해서 안보
는 전적으로 미국에 의존한 채 경제성장에만 몰두하고 한국동란과
월남전에서 군수물자를 비롯하여 모든 물자를 공급해 사실상 미국
다음의 세계 2위의 경제대국으로 성장할 수 있었다. 그럼에도 미국
의 방위비 분담 증가정책에 대해서는 반대의 입장을 표명하였기 때
문에 미국과의 갈등 상태가 계속되고 있었다.

일본은 이러한 미국의 방위비 분담 증가분을 줄이기 위해 그리
고 동북아에서 한·미·일 공조를 강화하기 위해서 조속한 시일 내
한일관계 정상화가 필요하였다. 1964년에 시작된 한일협정은 야당
과 학생들의 강한 반대에 부딪쳐서 좌절되는 듯싶었다. 그러나 박
정희 정권은 위수령을 발동하여 각 학교를 휴교조치하고 비상사태
를 선포하여 군대를 동원하여 무력으로 시위를 진압하였다. 특히
야당에서 반대를 하는 인사로는 윤보선, 유진오, 박순천, 장택상,
장준하, 함석헌 등을 들 수 있다. 그중 윤보선은 제1야당인 민정당
의 당수로서 지난번 대통령 선거에서 아쉽게 패배한 전력으로 한
일회담 반대에 강성 중의 강성으로 절대반대자였다. 반면 박순천은
반대는 하지만 중도적인 입장을 취하였다. 장택상 역시 강성의 입
장을 고수하였다. 장준하는 언론인으로 박정희의 친일행적을 들고
나오면서 사상계 등을 통해서 강력한 반대 입장을 고수 하였다.

한일굴욕외교반대의 범국민위원회가 결성되면서 위원장인 윤
보선 전 대통령이 강경한 반대자세로 나오자 장택상은 '한일협정은
1910년의 한일합방'이라고 몰아붙였다. 1964년 6월 3일을 기해서
학생들이 들고 일어나면서 학생 1만 2천명과 민간인 등 약 3만 명
이 청와대를 향해서 경찰의 저지선을 뚫고서 자하문까지 돌진하였
다. 이것은 1960년 4월 19일 발생한 학생운동의 수위로 다가가고

있었다.

　당시 서울문리대가 중심이 되었으나 고려대와 타 대학에서도 동시에 일어났다. 김영삼의 비서로 정계에 입문한 서울대 총학생회장인 김덕룡과 당시 고려대 상대 학생회장이었던 이명박 전 대통령 등도 6·3 사태의 주역으로 등장하게 된다. 정부는 박정희가 원고 없이 직접 육성을 통해서 강력한 학생시위를 규탄하였다. 정부는 6월 3일 자정을 기해서 비상계엄을 선포하려던 계획을 앞당겨서 오후 8시에 비상계엄을 선포하고 4개 사단을 각 대학과 방송사 등 필요한 지역에 배치하고 일체의 집회와 시위를 금지시켰다. 동시에 관련인사와 학생들을 무더기 체포하고 구금하였다. 이 비상계엄령은 7월 29일에 해제하였다.

　그러면 한일회담에 김영삼, 김대중은 어떠한 대응조치를 하였는가? 김영삼은 윤보선 소속의 제1야당인 민정당 소속의원으로서 윤보선, 장택상 등과 합세하여 한일회담에 대해서 절대적인 반대의 강경 노선의 투쟁을 시작하였다. 당시 대변인인 김영삼은 윤보선, 장택상과 같은 강성중의 강성인 반대노선을 걸어가고 있었다. 당시 서울문리대 학생들이 시위를 하고 있던 동숭동의 문리대 교정을 직접 윤보선과 방문하여 위로와 격려를 하였다. 또한 김영삼이 서울문리대 출신이기 때문에 많은 후배 데모 대원들로부터 인사를 받았다. 김덕룡 학생회장을 후에 자신의 비서로 발탁하는 인연은 6·3 한일회담 반대 시위에서 김덕룡과 인연을 맺게 되면서부터 시작되었다.

　반면에 김대중은 한일회담에 중도적인 입장을 취한다. 김대중은 강경노선을 취하는 윤보선과 장택상의 노선에 반대하였다. 물론 개인적으로 신파와 구파라는 파가 다른 정치적 노선을 걷고 있기는 했지만 김대중의 입장은 절대반대가 아닌 한일회담의 성사가 필요하다는 입장이다. 단 조건을 걸고서 협상을 성사시키자는 것이다. 현재 정부에서 받으려는 3억 달러의 배상을 포함해서 2억 달러 정부의 차관과 1억 달러의 상업차관 등을 포함해서 평화선 해제 등의 협정내용을 수정하여 협정을 맺자는 내용이었다. 이러한 내용을 담은 김대중의 사고는 당시 강경파들로부터 특히 김대중과 다른 노선을 걷고 있는 윤보선과 장택상 등의 강경파들에게는 눈에 몹시 거슬렸으며 일부에서는 사쿠라라고 몰아붙이기까지 하였다.

김대중의 아이디어는 반대를 위한 반대만 하는 야당의원들의 사고와는 약간 다른 점에서 진보적인 사고라고 할 수 있었다. 그러나 박정희 정부는 한미관계와 국내에서 이미 시작한 경제개발 목표를 달성하기 위해서 한일관계 협약을 1965년 6월에 당시 외무장관 이동원과 일본외상 오히라 간의 협상과 타결과 비준조약을 체결하였다. 이 조약체결은 1965년 6월 22일로 체결되면서 1951년 미국의 압력에 의해서 예비협상이 시작 된 지 총 7차의 결렬사태를 거치고 8번째 협상이 타결을 보게 된 것이다.

월남 파병과
제1차 경제개발

박정희 정부의 월남 파병은 1964년부터 시작되었다. 앞서 언급한 것처럼 미국의 한국에 대한 지원감축 방안에 대한 우려와 월남파병의 대가로 외화를 벌어들여서 한국이 추진하고 있는 경제개발사업의 자금으로 활용하려는 의도에서 시작되었다. 그러면 왜 미국은 월남전에 개입을 하였을까? 월남전의 시작은 1960년부터 시작되었다. 1960년 월남이 우리나라처럼 남북이 분단되어 싸우면서 북쪽인 월맹에 러시아와 중국이 지원을 먼저 하였다. 1962년부터 미국은 월남전에 개입하고 1964년 8월 4일에 발생한 월맹의 미군함정 침공사건인 소위 통킹만 사건을 시작으로 미국은 월남전에 깊숙이 개입하면서 수렁에 빠지기 시작하였다.

당시 러시아와 대치국면에 있던 미국은 인도차이나 지역의 공산화를 막고 러시아를 견제하기 위한 수단으로 전쟁에 개입하게 되었다. 이미 미국과 러시아는 1962년 쿠바 미사일 사건을 계기로 관계가 악화되었다. 케네디 대통령의 쿠바 미사일 봉쇄 사건을 계기로 미국의 러시아에 대한 우월성을 보여주었다. 동시에 월남전에서 러시아보다 미국이 우월하다는 것을 보여주기 위해서 월남전에 개입을 하게 되었다.

1961년 5·16 군사정변 후 당시 국가재건최고회의 의장인 박정희는 미국을 방문하여 케네디와의 협상에서 월남전 파병의사를 밝혔으나 당시 케네디는 즉답을 회피하였다. 그러나 케네디가 1963년 암살을 당하고 린든 존슨이 들어서면서 존슨과 박정희의 회담에서 월남 파병을 약속하면서 파병 대가로 받은 돈으로 경제개발계획의 자금으로 사용할 계획을 세웠다. 따라서 한국의 월남 파병은 1964년부터 시작되었다. 미국은 월남전의 깊숙한 개입으로 인해서 약 6만 명이 사망하였다. 또한 한국도 약 5천 명이상의 사상자를 내었다. 미국의 버클리대학을 비롯하여 캘리포니아에서는 반전시위가 일어나서 미국을 혼란 속으로 빠뜨렸다.

월남전에 한국은 1964년부터 1973년까지 파병하였다. 월남전으로 외화를 벌어들여서 경제개발에 도움은 되었지만 많은 젊은 이들의 생명을 앗아가는 참극을 일으키게 되었다. 또한 월남전은 1975년 미국이 역사상 초유의 패전이라는 세계 패권국의 위신을 추락시키는 결과를 초래하였다.

박정희 정권이 추진한 제1차 경제개발 계획은 이승만 정권부터 계획하였으나 장면 정부에서 실시하고자 확정하였다. 그러나 5·16 군사정변으로 계획은 무산되었다. 박정희 정권은 1962년부터 1966년까지를 제1차 경제개발 5개년 기간으로 정하고 경제발전에 주력하여 예상외로 큰 성과를 거두었다. 제1차 경제개발 5개년 계획은 초기에는 난항을 겪고 좌초에 부딪치는 듯 했다. 그러나 한일협정을 통해서 일본으로부터 무상원조를 비롯하여 미국이 독일에게 지시한 한국의 차관 등을 비롯하여 세계 각국으로부터의 차관 등을 얻어서 60퍼센트 이상을 외국자본의 의존도로 시작하였다. 결과는 처음 예상했던 경제성장률 7.1퍼센트보다 높은 8.5퍼센트의 성공률을 보였다. 또한 GNP 역시 83달러에서 123달러로 끌어올리는 성공을 보였다.

제1차 경제개발 5개년 계획에 힘입어 1967년부터 1971년까지 화학, 철강, 기계공업 등과 가족계획에 의한 인구 억제 정책 및 식량자급자족과 7억 달러 수출을 목표로 하여 경제개발에 박차를 가하였다. 그 결과 경제성장률은 목표치인 7퍼센트를 훨씬 상회하는 10.5퍼센트까지 이르렀다. 그러나 외자도입의 증가와 국제수지의 만성적자라는 문제점을 안게 되었다. 제1차 경제성장은 민간이 주도하는 경제성장정책이 아니었다. 대부분 미국을 비롯한 선진국들의 경제정책은 민간 주도의 경제개발정책이다. 그러나 당시 한국의 실정은 민간이 주도할 만큼 성장한 민간기업이 없었다. 따라서 국가가 외국에서 원조나 차관을 얻어서 금융기관을 통해서 낮은 이자로 민간에게 빌려주는 개발정책을 추진해 나갔다.

또한 국내시장이 워낙 열악하였기 때문에 해외시장을 파고드는 정책을 추진하였다. 처음에는 신발과 섬유, 가발 등 경공업 위주의 해외수출정책을 목표로 하였다. 특히 한국의 저렴한 인건비가 수출상품 생산에 크게 기여하였다. 동시에 사회간접자본인 인프라 구축을 위해서 경부고속도로와 포항제철 등의 건설도 국가경제발전에 크게 기여 하였다. 이러한 국가 주도의 집약적인 경제성장은 빈부 격차와 농어촌과 도시간의 지역적인 불균형 발전 등을 초래하는 현상이 나타났다. 처음 경제개발 5개년 계획은 국민들의 불신임 속에서 추진되었으나 결과가 예상외의 성공을 거두면서 박정희 정권은 국민들로부터 신임도를 크게 높였다. 동시에 박정희 정부 역시 자신감을 가지고 경제정책을 추진해 나가기 시작하였다.

제6대
대통령 선거

제6대 대통령 선거에 앞서서 야당의 분열과 통합을 살펴볼 수 있다. 1963년 이래 제1야당인 민정당과 제2야당인 민주당은 과거의 제1야당인 민주당으로 합쳐야 한다는 데 의견을 모았다. 그 결과 민정당과 민주당은 1965년 5월 3일 민주·민정당은 하나의 당인 민중당으로 합쳐졌다. 그러나 구파의 윤보선과 신파의 박순천의 경선에서 박순천이 대표최고위원이 되면서 계파간의 갈등은 계속되었다.

한일협상과 월남 파병 문제 등에 있어서 계파 간의 심각한 갈등이 생기게 되었다. 당수인 박순천계는 보수 온건 노선을 강행하여 한일협상과 월남 파병에 소극적인 저지를 추진하고 반면에 윤보선이 속한 강경노선을 추진하는 계파는 월남 파병과 한일회담 반대를 적극적으로 추진해 나가야만 한다는 의견을 가지고 있었다. 그런데 월남 파병과 한일협상이 국회를 통과해 버리면서 야당의 온건파와 강경파 간의 갈등은 최고조에 달하게 되었다. 결국 강경파의 윤보선이 탈당하여 신한당을 만들었다. 동시에 많은 강경파 의원들이 합세를 하면서 당은 결국 분열되고 말았다. 그러나 정권교체를 위해 1967년 2월 7일 다시 윤보선의 신한당과 민중당이 합쳐서 신민당으로 탈바꿈하여 여당인 공화당에 대항해 제6대 대통령 선거와 제7대 국회의원 선거를 치르게 되었다.

제6대 대통령 선거는 여당인 공화당이 한일협정과 제1차 경제개발 5개년 계획과 월남 파병 문제 등에 대해서 국민의 심판을 받는 선거였다. 먼저 공화당의 대통령 후보는 박정희 현직 대통령이었다. 반면에 야당의 후보는 신한당의 윤보선 후보와 민중당의 유진오 후보가 경합하였으나 유진오 후보가 양보하고 윤보선 후보를 추대하였다. 민주사회당의 서민호 후보가 출마를 선언하였지만 윤보선 후보를 밀기로 하고 후보를 포기하였다. 결국 선거는 공화당의 박정희 후보와 신민당의 윤보선 후보 간의 대결구도로 변했다. 선거 결과는 박정희 후보가 51.4퍼센트, 윤보선 후보가 40.9퍼센트를 얻어 압도적인 표 차이로 박정희 후보가 승리를 거두었다.

지난번 선거에서 박정희 후보가 겨우 1.5퍼센트 차이로 윤보선 후보를 이긴 것과는 너무나 대조적이었다. 즉 국민들은 박정희 정권을 신임하며 경제개발 5개년 계획을 차질 없이 잘 진행하였으니, 동시에 앞으로 남은 기간도 잘 해달라는 뜻을 선거를 통해 보인 것이다. 표의 성향을 분석하면 지난번 1963년 선거에서는 남과 북의 대결이었으나 이번 선거에서는 동서의 대결구도가 되었다. 동서란 영남과 호남으로, 대결 구도가 완전히 변해버렸다. 지난 선거에서는 영남 출신의 박정희 후보가 호남인들의 도움으로 당선이 되었다. 그런데 이번 선거에서는 호남 민심이 완전히 돌아서 버렸다. 그 이유는 제1차 경제개발 5개년 계획에서 영남권 중심의 개발계획이라는 점 때문이었다.

제7대
국회의원 선거

제7대 국회의원 선거는 1967년 5월 3일에 치러진 대통령 선거 이후 1달만인 1967년 6월 8일에 실시되었다. 여당인 민주공화당은 대통령 선거 압승의 여세를 몰아서 나아가려는 반면 야당인 신민당은 여당의 독재를 막기 위한 견제 가능성을 유권자들에게 호소하였다. 결과는 여당인 공화당이 전체의 73.7퍼센트인 전국구를 포함하여 129석을 확보하게 되었다. 반면 제1야당인 신민당은 전국구를 포함하여 45석을 얻는 데 그쳤다. 나머지는 소수정당인 대중당에서 1석을 얻음으로써 양당제가 구축되었다.

또한 이번 선거에서 나타난 특징은 '여촌야도' 현상이라고 할 수 있다. 특히 김영삼 지역인 부산에서 야당이 5석을 확보한 반면 여당은 단 2석을 얻는 데 그쳤다. 제7대 국회의원 선거 결과를 보면 아직까지 현재 암적 존재로 남아있는 영·호남의 지역감정은 심화되지 않았다는 증거이다. 제7대 선거에서 김영삼과 김대중 모두 이미 당에서 뿐만 아니라 전국적인 인물로 유명세를 타고 있었다. 원내 총무 출신의 김영삼은 부산에서 출마하여 부산지역 7개 지역구에서 5개 지역에서 야당을 당선시키는 돌풍을 일으켰다. 반면 김대중은 목포 지역에서 공화당의 전략지구로서 상당한 견제를 받게 되었다. 상대방은 공화당의 김병삼 후보로 진도 출신이며 육사 3기 출신이었다. 또한 박정희 내각에서 체신부 장관을 역임한 육군 소장 출신이었다. 사실상 '제7대 국회의원 선거는 부정선거 자체'라는 말이 나돌 정도로 여당과 야당 모두가 진흙탕 싸움 속에서 치러진 선거전이었다.

공화당의 전략지구 중에서 가장 중요한 지구가 바로 목포였다. 목포는 대도시이며 광주 다음으로 큰 도시로 교통상 요충지였다. 김대중은 한일협정과 월남 파병 문제에 있어서 윤보선 계파가 아니었기 때문에 강경노선을 택하지 않고 야당 내의 박순천과 같은 온건파로서 중도적인 입장을 택하였다. 앞에서도 언급한 것처럼 강경파들로부터는 사쿠라라는 말을 들을 정도였다. 그럼에도 왜 박정희 정권이 김대중을 견제하고 낙선을 시키려 전략지역으로 택하였던 것일까?

그 이유는 김대중이 이미 야당 내에서 두각을 드러내고 앞으로 박정희의 라이벌로 등장할 인물이라는 것을 예측하고 있었기 때문이었다. 김대중은 이미 거물급 정치인 대열에 들었고 또한 여당과 야당 모두로부터 견제를 당하기 시작하였다는 것은 제7대 국회의원 선거 당시 공화당 내에서 '김대중 죽이기 전략'을 추구한 것을 보면 이해가 간다. 반면 김영삼은 이미 최연소 국회의원, 최연소 대변인, 최연소 원내총무 등 모든 면에서 최연소라는 수식어가 붙어 다녔기 때문에 이미 미래의 대통령감 으로 인정받고 있었다.

삼선개헌
저지운동

1969년 여당은 박정희 정권의 연장을 위해서 대통령은 재임에 한해서 3기까지 할 수 있도록 하는 내용의 개헌안을 만들었다. 이러한 박정희의 개헌안에 대해서 야당인 신민당 당수인 유진오 총재는 재야단체를 포함해서 개헌저지운동을 펼쳤지만 신민당 의원수가 44석에 불과해서 개헌저지선이 불가능하였다. 그해 7월에는 서울대학교를 비롯하여 서울과 지방의 많은 학생들이 데모대에 참석 하였으나 조기 방학을 하여 학교가 문을 닫고 데모에 참석한 학생들은 제적시키고 군에 보내 버리는 강경태도를 보였다.

야당은 유진오 총재를 중심으로 7월 17일 개헌반대추진위원회를 구성하였으며 7월 19일 김영삼은 미국의 뉴욕타임즈와 유력 정치인들에게 삼선개헌을 저지하도록 성명을 발표하였다. 그러나 여당은 9월 9일 여당의원 122명의 명의로 개헌안을 국회에 발의하여 우여곡절 끝에 14일 여당의원 122명 전원의 만장일치로 개헌안과 국민투표안을 통과시켰다. 야당은 국민투표에서 국민들을 설득하여 부결을 노렸으나 국민투표 결과 찬성 65퍼센트와 반대 31퍼센트로 개헌안이 통과되었다.

1969년의 삼선개헌은 박정희의 정권연장과 다음에 계속되는 유신정치체제를 여는 기회를 제공하게 되었다. 삼선개헌 저지운동에 가장 적극적으로 관여한 인물은 김영삼이다. 김영삼은 반개헌

추진위원회의 중심에서 미국 등 국외에 성명을 발표하였다. 또한 신민당의 원내총무로서 적극적으로 개헌저지운동을 전개해 나갔다. 그런데 개헌저지운동이 극한상황에 이르던 1969년 6월 19일 저녁 신민당 원내총무 김영삼은 당시 총재인 유진오 총재와 한정식집에서 식사를 마치고 집으로 귀가하던 길에 상도동 자택에서 조금 떨어진 곳에서 정체불명의 괴한에게 초산테러를 당하게 된다. 다행히 차 문이 닫혀 있어서 피해는 없었다. 범인이 누구인지 확실히 밝혀지지는 않았지만 아마 중앙정보부의 소행이라고 간주된다. 이처럼 김영삼은 당시 개헌 반대에 목숨을 내걸고 박정희 정권에 대항하였다. 비록 삼선개헌 반대운동이 실패로 돌아가기는 했지만 삼선개헌 반대운동은 나중에 일어난 민주화운동의 도화선이 되었다고 할 수 있다.

40대 기수론과
김대중의 급부상

1967년 대통령 선거와 국회의원 선거로 인해 신민당으로 통합된 야당인 구민주당은 신파와 구파간의 갈등이 완전히 봉합되지 못했다. 1955년부터 시작된 민주당은 그때부터 신파와 구파간의 파벌싸움이 있었다. 그동안 신익희, 조병옥 등이 구파를 주도하면서 사실상 구파가 주류를 이루었다. 그 후 신파의 장면이 의원내각제 총리로 정권을 잡으면서 신파가 주도권을 장악하면서 구파의 수장인 윤보선과의 갈등이 심화되었다.

5·16 군사정변 이후 장면이 정정법(정치정화법)에 묶여서 정치활동을 할 수가 없게 되자 다시 구파가 주류로서 당을 장악하였다. 그후 윤보선은 1967년 6대 대통령 선거에서 패한 후 정치 일선에서 물러나면서 당시 당수였던 박순천은 건강상의 이유로 총재직을 유진오에게 넘겨주었다. 유진오는 1969년 삼선개헌반대 저지 실패 등으로 인해서 총재직에서 물러나고 1970년 1월에 구파인 유진산이 총재직을 물러 받았다. 구파이자 주류인 유진산은 자신이 당수이면서 차기 대권에 도전할 의사를 가지고 있었다.

그런데 문제는 유진산의 이미지가 문제였다. 우선 총재직을 사퇴한 유진오는 누구인가. 유진오는 1906년 서울 출생으로 지금의 경기고를 수석 졸업하고 경성제국대학인 지금의 서울법대를 수석 입학 및 수석 졸업한 당대의 보기 드문 수재였다. 지금도 경기고에서 유진오 점수를 넘은 사람이 없을 정도로 경기의 3대 천재로 통했다. 그런 천재 유진오는 당시의 고등문관 시험인 사법고시에는 실패하였다. 그 이유는 유진오가 서울법대 입학 후 문학계로 돌아섰기 때문이다. 해방 전에는 메밀꽃 필 무렵으로 우리에게 알려진 이효석과 같은 작가들과 함께 문학작품활동을 하였다. 해방 후에는 고려대에서 교편을 잡고 초대 법제처장과 고려대 총장 등을 역임하였다. 사회적으로 존경을 받기는 하였지만 한국과 같은 험난한 정치적 풍토에서는 리더십이 부족한 상황이었다.

유진오가 정계에 입문한 것은 박순천의 권유에 의한 것으로 당시 신파는 장면 이후에 마땅한 인물이 없었기 때문이었다. 마침 박순천이 건강상의 이유로 총재직을 유진오에게 물려주면서 신파의 대통령 후보로 올랐으나 구파인 윤보선 후보에게 대통령 후보직을 양보하였다. 얼마 후 박정희의 삼선개헌반대위원회를 구성하여 강력한 반대투쟁을 하였으나 결국 삼선개헌안이 통과되면서 당은 유진오의 리더십에 대해서 실망하였다.

이것은 이승만 정권 이후에 나타난 장면 내각에서 보여준 장면의 약한 리더십으로 인해서 정권과 정치의 혼란을 초래한 것과 같은 맥락이라는 것을 알 수 있다. 장면과 유진오 모두 교육자 출신의 카리스마가 부족한 리더십의 소유자들이었다. 유진오는 1969년 삼선개헌 저지운동 실패 후 건강상의 이유로 총재직에서 물러나면서 사실상 정치 일선에서 손을 뗐다. 1970년 1월 신민당은 부총재직을 역임하고 당내 주류인 구파의 유진산이 신민당 당수로 당선 되었다.

그러면 유진산은 어떤 리더십의 소유자인가? 유진산은 1905년 충남 금산 출신으로 경성고보에 재학 중 독립운동을 하다 자퇴하고 보성고를 졸업하였다. 이후 일본 와세다대학을 졸업하고 해방 후에는 제3대 민의원에 당선된 이후 구파인 신익희, 조병옥 등과 함께 이승만의 반독재투쟁 운동에 참여하였다. 그 후 박정희 군사정변에 항의하다 투옥되기도 했으며 신파인 장면 내각에 도전한 정통 구파를 대표하는 인사였다. 1965년 통합야당인 민중당에 참여하여 부총재를 역임하고 1967년 야권통합으로 이루어진 신민당의 부총재를 지내면서 오랫동안의 정치 경력을 바탕으로 당내에서의 지지기반이 확고하였다. 그러나 유진산에 대한 이미지는 마키아벨리의 권모술수자의 대명사로서 불분명한 이미지를 나타내고 있었다.

1970년 유진산이 총재로 당선되자 신민당은 곧 1년 후에 있을 대통령 선거에서 정권 교체를 할 수 있는 인물이 필요하였다. 이미 유진오 등 외부인사를 영입해 보았지만 별 진전을 보지 못하였으며 당은 심한 좌절과 내홍에 시달리고 있었다. 그런데 삼선개헌안이 통과되고 1969년 11월 8일 김영삼은 기자클럽에서 '40대 기수론'을 꺼냈다. 김영삼은 이제 야당이 정권 교체를 위해서 투쟁하여 성공할 수 있는 길은 오직 40대의 젊은 인물로 후보를 내세워 박정희 정권과 경쟁하는 길밖에 없다는 주장과 함께 자신이 1971년에 실시하는 대통령 선거에 신민당 후보로 출마하겠다는 의사를 내비쳤다.

당시 김영삼은 신민당 원내총무를 역임하고 대변인 등 주요당직을 거쳤으며 정통주류인 구파로서 당내에서는 어느 누구도 그의 의견을 무시할 수 없었다. 또한 그는 출마 선언을 할 당시 44세의 패기가 있고 유화적인 성격의 소유자였다. 젊은 동안의 얼굴에다 유연성을 가진 김영삼은 유진산과는 완전히 다른 참신한 이미지를 가진 노련한 정치인이었다. 따라서 다음 대선 후보로 김영삼을 지명할 때에 정권 교체의 가능성이 높아짐을 알 수 있었다. 김영삼이 기자들과의 간담회에서 발표한 40대 기수론은 순식간에 상당한 파장을 일으켰다. 1970년 총재직에 오른 유진산은 김영삼과는 초기의 3대 민의원 시절부터 이승만 반독재투쟁 노선을 걸어온 같은 구파의 친근한 동지였다.

유진산은 자신이 '사쿠라'라는 이미지로서 불분명한 정치철학을 가진 인물로 평판된 점을 변화시켜서 차기 대권에 도전할 마음을 품었다. 유진산은 자신의 주류 직계인 김영삼에 대해서 내심 염려하였다. 그런데 1970년 4월, 김대중이 함께 40대 기수론을 주장하면서 대통령 후보 경선에 도전하겠다는 의사를 밝혔다. 그러면 당시 김대중의 당내 입장은 어떠하였는가? 김대중은 앞에서도 이미 언급한 것처럼 1960년 신파인 장면에 의해서 대변인으로 활동한 경력이 있기는 하다. 이것도 국회의원 선거에서 강원도 인제지구에서 낙선하여 원외로서 대변인을 맡고 있었던 것이다. 물론 얼마후 인제지구의 부정 선거로 인해서 보궐선거에서 당선되긴 했다.

그 후 김대중은 야당의 대변인을 맡아서 이름을 날렸다. 하지만 구파에 밀리는 신파에 가담하였으며 신파의 수장이자 그의 정치 선배인 장면이 정정법에서 해금되지 않은 상태에서 김대중의 입지는 매우 약할 수밖에 없었다. 또한 그는 구파들과는 다른 정치노선을 고수하였다. 가령 구파들이 주장하는 한일협정과 월남 파병 문제 등에 대해서는 강경노선이 아닌 중도적인 노선을 걸었다. 따라서 현 야당의 주류세력인 구파에 대항하여 대통령 선거에서 승산이 역부족하였다.

1970년 김영삼의 '40대 기수론'에 이어서 김대중의 '40대 기수론'은 한층 더 당을 활성화된 분위기로 이끌었다. 특히 김대중의 대통령 후보 경선은 당의 세대교체라는 의미를 부여하고 있었다. 당시 김대중의 나이는 45세로서 65세인 유진산과는 20년 정도의 나이 차이가 있었다. 김대중은 이미 경제에 눈이 밝은 정통 경제전문가이며 정책가라는 이미지를 부각시켰으며, 정책대결로 여당과 승부수를 띄우자는 주장을 하였다.

유진산은 비주류로서 당내 기반이 약한 김대중을 향해서 '구상유취'라는 고사성어를 사용하여 반박하고 나섰다. '구상유취'란 젖비린내가 나는 애송이로서, 아무것도 모르고 정치경험도 없는 애송이들이 세상물정을 모르고 덤빈다는 말이다. 다시 말하면 노련한 정치경력을 가진 자신에 빗대어 하룻강아지 범 무서운 줄 모른다고 김대중을 간접적으로 비난하였다. 당시 김대중계의 30대 젊은 김상현 의원은 유진산을 향해서 총재직으로서 만족해야 하며 대통령 후보는 40대에게 양보해야만 한다고 유진산의 구상유취란 말을 강하게 비판하였다.

김영삼과 김대중의 40대 기수론에 힘을 실어준 인물은 바로 이철승이었다. 이철승 역시 당시 47세로, 71년 대선 후보로서 경선에 참여할 의사를 보였다. 그러자 신민당의 분위기는 완전히 40대 기수론 쪽으로 가닥이 잡혀가기 시작하였다. 그러면 이철승은 누구인가? 이철승은 1922년 전북 전주의 전주이씨 정통 양반귀족 가문에서 태어났다. 이미 선조들이 높은 벼슬을 하였기 때문에 전주에서 많은 지지기반을 가지고 있었다. 또한 인촌 김성수와의 인연으로 보성전문학교에 입학하여 졸업하였다.

해방 후에는 반탁운동에 가담하여 극우의 성향을 보여 주었다. 제3대 민의원 선거에 당선되어서 당시 민주당 신파인 장면, 박순천, 곽상훈 등과 함께 반이승만 독재노선을 걸어왔다. 5·16 군사정변 이후 한동안 정정법에 묶여서 정치활동을 금지당하고 미국으로 건너가 펜실베이니아대학에서 정치학 석사학위를 받았다. 이철승은 신파의 수장인 장면이 정정법에 묶였을 뿐더러 박순천, 곽상훈 등은 야당이지만 이미 여당인 박정희 정부의 고문 같은 직책을 맡으면서 정부의 원로대접을 받았기 때문에 신민당에서의 입지가 매우 약했다. 또한 1970년 당시 이철승은 원내의 국회의원이 아닌 상태에 있었다. 이러한 조건 속에서 이철승의 대권 경선 도전은 더욱더 40대 기수론에 신바람을 불러 일으켰다.

김영삼, 김대중, 이철승이 40대 기수론을 내세워 야당인 신민당이 돌풍을 일으키자 유진산은 당황하였다. 서둘러 유진산은 이미지 쇄신을 위해서 해외 순방길에 올라서 각국의 수뇌들을 만났다. 또한 그해 8월에는 박정희와의 양당 영수회담을 성사시켜 박정희·유진산이라는 여야 영수회담을 끌어내면서 유진산의 입지는 사뭇 나아지는 듯하였다. 그러나 당시 중앙정보부장 김계원이 유진산의 집을 들락거린다는 소문이 나돌면서 유진산의 이미지는 또다시 흐려지면서 당의 분위기는 40대 기수론으로 쏠렸다. 결국 유진산은 40대들에게 대통령 후보 자리를 양보하기로 하고 그 대신 자신이 지명하는 사람을 대통령 후보로 하자고 주장하였다. 여기에 대해서 당은 유진산계의 김영삼을 대선 후보로 지명할 것임을 알고서 경선을 하자고 주장하였다. 결국 후보 경선에 들어가게 되었다.

1970년 9월 신민당 전당대회에서 총재인 유진산은 김영삼을 지지하면서 후보 경선에 들어갔다. 그런데 투표 결과 김영삼 421표, 김대중 382표, 이철승 82표로 세 사람 모두 과반수의 득표를 달성하지 못하였다. 그래서 다시 2차 투표로 들어가게 되었는데 총재인 유진산은 이철승에게 후보자 사퇴를 요구하여 이철승이 물러났다. 결국 김영삼과 김대중의 양파 대결로 들어가게 되었다. 김대중은 이철승계의 82표에 집중적인 공략을 하였다. 결국 이철승은 김대중에게 손을 들어주었다. 2차 투표 결과 김영삼 421표, 김대중 485표로서 김대중이 대통령 후보로 결정되었다. 이것으로 김영삼과 김대중의 첫 대결에서 김대중의 승리가 이루어진 셈이다.

40대 기수론이 한국 정치에 미치는 영향은 엄청나다고 할 수 있다. 그 후 이인제를 비롯하여 최근의 나경원, 오세훈, 원희룡 등의 40대 기수론은 김영삼·김대중의 40대 기수론에서 시작되었다고 할 수 있다.

그러면 당내 주류로서 당내 원내총무를 역임한 김영삼은 왜 김대중에게 패하고 말았는가? 가장 큰 원인은 이철승이 김대중을 지원했기 때문이라고 할 수 있다. 이철승은 신파로서 구파인 유진산과는 다른 노선을 걸어왔다. 유진산이 총재로서 중립을 지켜야 할 입장임에도 불구하고 자신과 같은 계파인 김영삼을 공식적으로 지원하는 말에 강한 반감을 가지게 되었다.

또한 유진산이 이철승을 1차 지명 후 후보 사퇴를 종용하는 바람에 더욱더 심기가 불편하였다. 여기에 더해서, 이것은 물론 큰 원인은 아니지만, 김대중과 이철승은 같은 호남권인 목포와 전주의 지역구를 바탕으로 하고 있기 때문에 영남인 부산 지역에 기반을 둔 김영삼보다는 김대중을 선호하였다. 또 한 가지를 꼽아 보자면 김영삼의 자만심이 실패의 큰 원인으로 작용하였다. 이미 김영삼은 당내의 주류로서 당내 지지기반이 김대중보다 월등하게 강했다. 또한 총재인 유진산이 김영삼을 강력하게 지원하고 있었기 때문에 1차 투표에서 김대중보다 월등하게 많은 표를 얻을 수 있었다. 그래서 2차 투표를 치를 때 역시 김영삼의 당선이 거의 확실시 된다는 생각을 가지고 있었다. 이러한 김영삼의 자만심이 결국 경선에서 실패를 가져오게 된 가장 큰 원인으로 작용하였다. 이것을 이철승계의 반란이라고 한다.

결국 이철승의 도움으로 김대중은 김영삼, 김대중의 첫 라이벌 경쟁에서 승리하면서 이후 김영삼, 김대중 두 사람은 평생 라이벌 관계를 지속해 나가게 된다. 40대 기수론에서 경쟁자 김영삼을 물리치고 대통령 후보에 오른 김대중은 초기의 정치인생에서 가장 어려웠던 낙선의 아픔을 딛고 처음으로 최고의 영광의 자리에 오르게 된 셈이다.

1971년 제7대
대통령 선거와
8대 국회의원 선거

1971년 대통령 선거는 제 3공화국의 박정희 정권에서 가장 중요한 심판을 받는 선거였다. 삼선개헌을 통해서 출마한 박정희에 대항하여, 40대 기수론을 통해 김영삼 후보를 물리치고 후보가 된 김대중은 모든 면에서 박정희 정권과는 다른 정책을 제시하였다. 특히 남북관계에 있어서 진보적인 정책대안을 제시하였다. 신설된 향토예비군 폐지론을 비롯하여 남북관계의 평화적인 통일론을 제시하는 과정에서 당시 공화당의 자주국방정책과는 다른 정책을 제시하면서 공산분자라는 말이 나올 정도였다.

선거운동 과정에서 장충단공원에는 김대중의 연설을 들으려고 백만 명에 가까운 사람들이 몰려들었다. 경선에서 패배한 김영삼 후보는 김대중을 위해서 전국을 누비며 돌아다녔다. 선거 결과는 박정희 후보가 53.2퍼센트, 김대중 후보가 45.3퍼센트의 표를 얻어 약 95만 표 차이로 박정희 후보가 당선되었다. 박정희 후보가 지난 63년 윤보선 후보와 치른 선거에서 15만 표 차이를 얻은 후 67년에 치른 선거에서 얻은 100만 표 차이와 비슷한 95만 표 차이로 박정희 후보가 당선되었다.

1971년 선거에서는 확연하게 영남과 호남의 갈등 양상이 나타났다. 박정희 후보는 경북에서 68.6퍼센트, 경남에서 70.8퍼센트를 얻었으며 김대중 후보는 전북에서 58.8퍼센트, 전남에서 58.4퍼센트를 얻어서 영남과 호남의 지역갈등 양상이 현저하게 나타났다. 이것은 김대중 후보가 호남 출신이며 박정희 후보가 영남 출신이라는 점에서 나타난 지역감정 현상이라고 할 수 있다. 그러나 이 정도의 결과는 어느 나라 어느 시대에나 나타나는 현상이다. 선진국인 미국에서조차 동향인에 대한 지지 투표를 한다는 것은 지역감정이라고 볼 수 없다. 또한 김대중이 얻은 도시 지역의 득표율은 51.3퍼센트인데 반해 박정희 후보는 39퍼센트에 그쳤으며, 특히 서울에서 김대중 후보는 58퍼센트의 지지를 얻었다.

71년의 제7대 대통령 선거에 나타나는 여촌야도 현상과 영·호남을 비롯한 동서 간의 지역 대결구도는 아직까지 크게 심화된 현상은 아니라고 할 수 있다. 7대 대통령 선거에서는 1963년 대통령 선거에서 보여준 호남인들의 '박정희 밀어주기 현상'이 사라지고 농촌인들의 이탈현상이 점차적으로 나타나기 시작하였다. 아직 심각한 정도는 아니지만 호남인들의 이탈현상은 1962년부터 시작된 제1차 경제개발계획과 제2차 경제개발계획에서 지역적으로 서쪽인 호남 지역보다는 동쪽인 영남 지역에 편중하여 개발한 결과에서 초래된 현상이라고 할 수 있다.

다음으로는 경제개발이 도시 중심으로 이루어진 탓에 농·어촌 지역이 낙후되기 시작하면서, 빈부격차를 비롯한 도시와 농촌의 지역 불균형 발전 현상이 나타나기 시작하였다. 현재 나타나고 있는, 지역을 바탕으로 한 영·호남 싹쓸이 현상은 이때부터 싹트기 시작하였다. 그러나 이때까지도 지금처럼 심각한 상태는 아니었다. 1971년 제7대 대통령 선거는 다음 해인 1972년 유신헌법의 등장으로 인해 1987년 직선제가 부활되기까지 사실상 16년 동안 중단된 마지막 직선제 대통령 선거였다.

만일 야당에서 호남 출신의 김대중 후보가 아닌 김영삼이 대통령 후보가 되었다면 현재 한국의 정치 발전의 암적인 존재인 지역 감정은 이처럼 심각하지는 않았을 것이다. 물론 가장 근본적인 원인은 당시 박정희를 중심으로 한 최고 권력자들이 대부분 영남 지역 출신이었다는 점이다. 권력의 가장 중심부는 청와대와 경호실이었다. 우선 구미공업단지는 박정희의 고향인 구미에 조성되었다. 울산공업단지는 당시 비서실장인 이후락의 고향에서 조성되었다. 또한 혁명주최 세력이자 최장수 경호실장을 역임한 박종규는 경남 창원 출신으로, 창원공업단지가 그의 출신 지역에서 조성되었다. 동시에 공업단지의 젖줄이며 경제 성장의 인프라 역할을 한 교통과 철강의 산업인 경부고속도로와 포항제철이 영일만인 경북 포항과 영남 지역을 통과하여 지역불균형 발전을 초래하였다. 결과적으로 현재 심각한 수준으로 번진 한국의 지역감정은 박정희 정권이 만들어 놓은 지역불균형 발전이 근본적인 원인이라고 규정할 수 있다.

제7대 대통령 선거에 이어서 제8대 국회의원 선거가 1971년 5월 25일에 실시되었다. 이번 국회의원 선거는 지난번 삼선개헌에 대한 국민들의 견제심리가 작용하였다. 여당이 55.4퍼센트의 지지를 얻어 과반수의 의석을 확보하긴 하였지만 지난번 의석수에는 못 미쳤다. 반면 야당인 신민당은 89석을 얻어 지난번 44석에 비하면 상당히 약진했다고 할 수 있다. 이번 선거는 야당의 내홍인 유진산 총재의 지역구 포기 문제로 소위 진산파동을 겪으면서 초기에 야당 내에서는 심각한 갈등이 있었다. 진산파동으로 전 당원들이 유진산 총재의 사퇴를 요구하자 유진산은 총재직에서 물러나고 김홍일 총재 권한 대행의 체제로 바꾸어서 김홍일, 김대중, 김영삼, 이철승의 체제를 유지하면서 선거를 치르게 되었다.

그러면 한국정치사에서 하나의 큰 사건으로 등장한 진산파동은 무엇인가? 진산파동은 1971년 5월 25일 실시되는 국회의원 선거에서 당시 당 총재인 유진산이 자신의 지역구인 영등포 갑구를 29세의 무명의 박정훈에게 물려주고 자신은 전국구 1번으로 후보 등록 마감 시간 3분전에 후보로 등록하면서 벌어지게 된다. 이에 대해서 전 신민당 당원들이 유진산의 정계은퇴를 요구하자 신민당은 선거 20일을 앞두고 내홍에 휘말린 사건이다. 유진산이 전국구로 돌아선 이유는 당시 여당인 공화당 후보가 장덕진이었기 때문이었다.

그러면 장덕진은 누구인가? 장덕진은 1934년 강원도 춘천 출신으로 춘천고와 고려대 법대를 졸업하고 사법, 행정, 외무고시 3과를 모두 합격하였다. 여기에다 박정희 대통령의 처, 영부인인 육영수 여사 언니의 사위로서 박정희 대통령의 처조카였다. 장덕진은 고시 3과 패스라는 타이틀과 박정희 처조카사위라는 배경을 바탕으로 유진산의 대항마로서 영등포 갑구에서 공천을 받았다. 따라서 당시 이미 이미지가 사쿠라로 변한 노장과 이제 갓 37세의 인물 대결에서 유진산은 크게 위협을 느꼈다.

이에 유진산은 당의 중진들과는 아무런 상의 없이 지역구를 포기하고 전국구로 돌아섰다. 결국 당은 내홍에 빠졌으나 당시 대통령 후보였던 김대중을 총재로 추대하여 선거를 치르고자 하였다. 그러나 김영삼 같은 당내 김대중 라이벌들의 견제로 인해서 김홍일 전당대회 의장이 총재 권한대행을 맡아서 선거를 무사히 치렀다. 아쉬운 점은 만일 유진산 파동이 없었더라면 제1야당인 신민당은 여당인 공화당을 꺾고 여소야대 현상의 정국을 만들었을 것이라는 점이다.

진산파동으로 위기에 몰렸던 신민당은 44.4퍼센트의 지지를 얻어, 여당인 공화당의 47.8퍼센트와 비등한 표를 얻었다. 특히 8대 선거는 서울과 부산인 대도시에서 야당인 신민당이 압승하고 지역적으로는 영·호남 갈등 현상이 나타나지 않았다. 이것은 여촌야도 현상을 바탕으로 한 선거이며 지역감정을 바탕으로 한 투표행태는 아직 나타나지 않고 있다는 것을 의미한다. 한편 제8대 국회의원 선거에서 여당인 공화당이 전국구를 포함하여 과반수 의석을 겨우 넘는 득표를 하였지만 개헌할 수 있는 의석인 3분의 2에는 미치지 못하였다.

제8대 총선 결과에 대해서 여당인 공화당은 큰 충격을 받았다. 만일 신민당이 진산파동 등의 내홍을 겪지 않았더라면 더욱더 약진하여 여소야대의 정국으로 변했을 것이다. 또한 야당은 박정희 정권의 삼선개헌이라는 독재정권의 슬로건이 국민들의 마음을 움직인 덕을 보았다.

8대 국회의원 선거 결과는, 3분의 2 이상의 의석을 확보하지 못한 여당이 비상 시 헌법을 바꾸는 일이 불가능해지면서 다음 해 1972년에 일어난 유신헌법으로 바꾸는 결정적인 계기가 되었다.

1970년대 초의
국내외 정세와
닉슨 쇼크

1960년대의 박정희 정권의 1962년부터 1966년까지 시행한 제1차 경제개발 5개년계획은 예상 밖의 좋은 성과를 거두게 되었다. 또한 1967년부터 시작한 제2차 경제개발 계획 역시 상당한 진전과 성과를 거두게 되었다. 이러한 박정희 경제개발 계획은 산업화를 성공적으로 완수하는 밑거름이 되었다. 우선적으로 경제개발에 성공을 거둘 수 있었던 요인은 한일정상화를 통한 일본으로부터의 원조와 기술협력 등을 들 수 있다. 다음으로 큰 요인은 월남 파병을 들 수 있다. 월남 파병을 통해 미국이 삭감하려던 경제 원조를 증가시켰고 파병을 통해 군인들이 전쟁 복무로 얻은 외화가 경제 성장에 크게 기여하였다.

그런데 한일정상화와 월남 파병은 남북관계에서 북한의 무력 도발로 인해서 한반도에서 긴장이 증가되는 결과를 낳았다. 북한 역시 월남전에 월맹 쪽에 군을 투입하여 월맹을 도왔다. 북한은 1960년대 중반을 넘어서면서 울진 삼척 지구에 무장공비 침투, 푸에블로호 납치 사건, 미군정찰기 납치 사건, 김신조 일당의 청와대 습격 사건 등의 대남한 테러 행위를 일으키고 남한을 무력으로 통일하려는 움직임을 보이고 있었다.

그런데 문제는 미국이었다. 1962년부터 시작된 미국의 월남전 개입은 1964년 통킹 만 기습사건을 계기로 더욱 깊숙한 수렁에 빠지고 말았다. 존슨 대통령의 월남전 개입 확대를 당시 미국의 젊은 이들은 반대하였다. 특히 미국 캘리포니아 버클리대학을 중심으로 하여 많은 대학의 젊은이들은 월남전 반대 시위를 벌였다. 그런데 존슨의 이런 정책으로 인해 비난 여론이 거세지자 1969년 9월 새로 대통령에 당선된 닉슨은 괌에서 '닉슨독트린'을 발표하면서 아시아의 방위는 아시아 각국이 독자적으로 책임지며 미국은 아시아 방위에서 물러난다는 전략을 발표했다.

그렇지 않아도 한국은 1960년대 후반에 들어오면서 1960년대 전반의 두 배가 넘는 북한의 무력 도발에 미국의 군사적 협력이 절실히 필요한 시기였다. 이러한 시기에 미국의 아시아 철수론은 한국으로서는 엄청난 충격이었다. 더구나 이차대전 이후 미국의 방위 우산 속에서 전적으로 미국의 방위망에만 의존하던 일본 역시 충격이 컸다. 한·일 양국은 방위 결속을 강화하는 동시에 미국의 동북아 철수론에 대해서 강력하게 항의하였다. 동시에 핵무기의 필요성을 강조하였다. 또한 강력한 자주국방을 목표로 매진할 결의를 하였다.

이 당시 한국은 자주국방을 위해서 미국의 페르미연구소에 근무하던 이휘소 박사를 초청하여 핵개발을 추진하려는 계획도 세웠다. 닉슨의 괌 선언 이후 한반도를 둘러싼 국제정세는 엄청나게 변화되기 시작하였다. 미국은 이차대전 이후 대러시아 봉쇄정책으로 대공산주의 정책을 추진해 나갔었다. 그런데 닉슨이 집권하면서 미국은 공산주의 국가인 중공과의 화해를 시도하였다.

닉슨은 중공을 방문하여 모택동을 만나 외교관계를 수립하고 초대 중국 대사에 조지 부시 1세 전 미국 대통령을 임명하였다. 또한 당시 하버드대학의 정치학 교수였던 헨리 키신저를 보좌관으로 임명하여 러시아와도 화해의 제스처를 보이기 시작하였다. 이러한

대한민국 산업화의 주역, 박정희 정권(1963~1972)

미국의 대러시아 외교 정책 변화의 원인은 1960년대 말과 1970년 초의 미국은 이미 더 이상 세계 유일한 패권국이 아니었던 데 있다.

일단 1960년대부터 경제적인 강국이 된 자유진영의 일본이 미국의 영향권으로부터 벗어나기 시작하였다. 반면 공산권의 국가에서는 중공이 러시아로부터 떨어져 나와 공산권의 양대 강국으로 분리되었다. 동시에 유럽연합 국가들은 영국, 독일과 프랑스 등 유럽 국가 전체가 뭉쳐서 하나의 힘을 형성하였다. 결국 세계는 미국, 러시아, 중국, 일본, 유럽의 다섯 개 힘을 축으로 분산되는 현상이 나타나니 미국이 더 이상의 유일 패권국이 아니었다.

결국 미국은 중국과 러시아의 공산권 국가에 대해서 화해의 제스처를 보였는데, 이는 공산권의 갈등과 분쟁 상태에 있던 중국과 화해함으로써 도전국인 러시아를 견제시켜 나간다는 의도에서 시작되었다.

이러한 미국의 공산주의 국가와의 해빙 무드는 드디어 우리나라에도 바로 영향을 미쳤다. 닉슨의 괌 선언 이후 가장 두려움에 떨었던 우리나라도 공산주의 국가인 북한과의 화해의 제스처를 보이기 시작하였다. 이것이 바로 1970년이었다.

닉슨독트린의 가장 큰 목적은 '미국이 더 이상 남의 나라에 대해서 국력을 소모하지 않겠다'는 것이었다. 닉슨이 괌에서 닉슨독트린을 발표하자 이와 때를 같이하여 바로 월맹이 사이공에 대규모 공습 작전을 펴기 시작하였다. 미국은 월남에서 미군을 철수시킴과 동시에 다음 계획은 주한 미군 철수라는 것을 암시하였다.

닉슨의 1969년 괌 선언으로 인해서 박정희 정부는 엄청난 불안과 충격 속에 휩싸였다. 이러한 상황에서 한국은 가장 먼저 일본과의 안보 협력 관계 강화를 추진해 나갔다. 정치적으로 한·일 의원들의 정기적인 회담을 추진해 나갔으며, 아시아에서의 미군 철수에 대해서 일본과 함께 강하게 항의하였다. 이러한 불안에 대해서 닉슨 정부는 우선적으로 15억 달러의 국방비 예산을 지원한다는 방침을 세웠다. 또한 1969년과 1971년 두 차례에 걸쳐서 포커스 레티나 작전과 프리덤 볼트 작전을 한·미 공동의 군사훈련으로 감행하였다.

이에 대해서 박정희 정부는 북한의 남침 도발에 대해서 군비를 증강하지는 못할망정 미군이 철수해서는 안 된다고 강력하게 항의하였다. 동시에 대규모 군사훈련보다는 미군의 한반도 주둔이 더욱 더 북한의 남침을 억제시키는 데 효과가 있다고 미국에 대해서 강력하게 미군 철수론의 철회를 요구하였다. 또한 미국이 한국에게 지원한다는 15억 달러는 미 의회의 승인을 받아야만 하기 때문에 확실성이 없는 상태에 있었다. 이러한 안보적 불안 속에서 한국 정부는 여야 모두 미군 철수론에 대해서 강력한 규탄시위를 하였다. 또한 핵무기 보유를 통한 자주국방 정책을 동시에 추진해 나가려는 국방계획을 수립하였다.

사카린 밀수 사건과
정인숙 사건

박정희 제3공화국이 들어서면서 박정희 정권의 조국근대화 작업에 적극적으로 동참하는 재벌그룹은 성장의 속도를 높여 나갔다. 반면에 정부 정책에 비협조적인 재벌은 규모가 축소되었다. 정부가 주도하는 경제 정책에 민간 기업이 동참하는 일은, 정부가 국외 수출 제1 위주의 정책을 추구해 나가면서 수출 역군의 기업들이 재계에서 서열 랭킹순위에 이름을 올렸다. 그중에서 삼성그룹의 삼성물산과 럭키그룹의 반도상사, 대우그룹의 대우실업 등이 국내 최대 규모의 무역상사로서 정부의 민간 수출 창구 역할을 하였다.

재계의 재벌그룹의 서열 역시 지역 중심으로 재편되었다. 삼성그룹의 이병철 회장은 경남 의령 출신이고 럭키그룹의 구인회 회장도 경남 진주 출신이며 대우그룹의 김우중 회장도 대구 출신이었다. 따라서 박정희 정권의 실세들이 대부분 영남 중심의 인물이기 때문에 재계의 인맥도 영남 중심으로 쏠리는 현상을 나타냈다.

한창 농업국에서 공업국으로의 기치를 내건 박정희 정권에 맞추어서 당시 학생들의 학과 선호도 역시 국가 정책에 맞추어졌다. 1960년대 초 박정희 정권의 국가근대화 작업, 경공업과 경제개발 정책에 맞추어서 대학에서 가장 인기 있는 학과로 이과는 공과대학이며 문과는 상과대학이었다. 당시나 지금이나 국립대학인 서울대학에 가장 우수한 학생들이 모였다. 그중에서 서울공대에 가장 우수한 학생들이 모였다. 특히 서울공대 화공과는 전국 고등학교에서 20등 안에 드는 수재 학생들만 모여들었다. 다음으로 문과에서는 서울상대 경제학과가 가장 인기 있었다. 한국의 경제개발 정책에 맞추어서 우수한 학생들이 몰려들었기 때문이다. 당시 서울법대는 서울상대와 서울공대에 밀려나 있었다. 이처럼 전 국가가 조국근대화 작업에 몰두하는 시대였다. 동시에 재벌들의 서열도 상당히 많은 변화가 있었다.

박정희 전반기 정권인 제3공화국이 들어서면서 사회적인 측면에서 가장 강조한 것은 부정부패의 근절이었다. 또한 재벌과의 정경유착 고리도 끊겠다는 공약을 걸었다. 하지만 3공화국에서 가장 강조하던 부정부패의 일소에 대해서 국민들을 실망시키는 사건이 많이 발생하였다. 그중에서 정경유착을 대표하는 사건은 바로 사카린 밀수 사건이었다. 다음으로 제3공화국 정치인들의 도덕성에 문제점을 드러낸 사건은 정인숙 여인 살해 사건이었다.

사카린 밀수 사건은 다음과 같은 경위로 발생했다. 1965년 삼성그룹이 울산에 비료 공장인 한국비료주식회사를 설립하는데, 공장설비에 필요한 건설자재들을 일본의 재벌그룹인 미쓰이 물산으로부터 상업 차관을 도입하여 물건을 사들였다. 이 과정에서 삼성은 미쓰이로부터 당시 돈 백만 달러의 리베이트를 받았다. 리베이트 백만 달러를 받은 삼성의 이병철 회장이 박정희 대통령에게 이 사실을 밝히자 박정희 대통령은 그 돈을 필요한 곳에 나누어서 쓰자고 하였다. 이에 삼성은 미쓰이로부터 건설자재품을 수입하는 과정에서 건설자재품이 아닌 냉장고, 세탁기 등 가전제품을 비롯하여 사카린 원료인 OTSA를 건설자재품으로 속여 밀수하였다. 이 과정에서 사카린 밀수가 세관원에 의해서 적발되면서 일이 크게 벌어졌다. 당시 언론사들은 다투어서 이 사실을 공개하였다. 이 사건이 언론에 공개되면서 국민들은 분개하였다.

일이 커지자 박정희 대통령은 사실을 진실하게 규명하라고 지시하였다. 마침내 삼성의 이병철 회장은 대국민 사과와 함께 한국비료주식회사를 국가에 헌납하겠다는 의사를 밝혔다. 결국 국민들이 생각하기에는 삼성의 사카린 밀수는 정부의 박정희와 삼성 이병철의 정경유착으로 일어난 사건으로 믿게 되었다. 박정희와 이병철이 각각 정치자금과 사업자금으로 나누어 쓰려는 목적에서 밀수가 이루어진 것처럼 보였다.

이에 대해 1966년 9월 22일 국회 대정부 질의가 진행되었는데 이때 야당의 김두한 의원이 사건에 분개하여 당시 정일권 국무총리와 장기영 부총리 등에게 오물을 투척한 사건이 발생하였다. 국회 오물 투척 사건은 전 세계에 뉴스로 방송되었다. 김두한 의원은 9월 24일 구속되었다. 또한 당시 언론인이며 사상계의 사장인 장준하 사장은 10월 5일 사상계에 박정희 대통령을 밀수두목이라고 말했다. 장준하 역시 구속되었다.

사카린 밀수 사건은 당시 한국이 제1차 경제개발 5개년 계획에 박차를 가하던 시기와 맞물려 벌어진 사건이다. 박정희 정부의 압축경제를 위해서 가장 필요한 것이 바로 재벌기업들과의 결속이었다. 정부정책에 신속하게 발을 맞추어서 일을 해낼 수 있는 재벌들의 능력 때문이었다. 당시 28개의 대기업만 움직이면 한국인들 모두가 놀고먹고 살 수 있다는 유행어가 나돌 정도였다. 사카린 밀수 사건은 정부와 재계가 유착한 정경유착의 대표적인 케이스에 해당하는 사건이었다.

그러면 왜 60년대 한국 정부는 재계와 정경유착을 하였는가?

한국은 50년대까지는 재벌이라고 부를 수 있을 만한 기업이 거의 없었다. 미국이나 서양의 선진국들처럼 수백 년 동안 내려오는 재벌그룹이 없는 이유는 일제강점기 동안 모든 부가 일본인들의 손에 있었기 때문이다. 따라서 한국의 재벌은 1950년 한국동란 이후에 생긴 신흥재벌들이었다. 따라서 뿌리가 매우 약했다. 50년대에 한국동란을 거치고 이승만 정권하에서의 재벌이라 해봐야 삼성의 설탕 공장과 제일모직 그리고 럭키의 치약 회사 정도로 지금의 중소기업을 조금 웃도는 정도였다.

그러다가 박정희 정권이 들어서면서 외국으로부터 차관을 도입하고 동시에 국가가 주도하는 산업화 과정에서 정부는 경공업에서 시작하여 중화학공업으로 변화를 시도하였다. 외국에서 차관을 무상으로 빌려 은행을 통해 기업들에게 이율을 낮추어 돈을 빌려주면서 정부의 산업화 작업에 동참하도록 하였다. 정부로부터 돈을 빌린 대기업은 많은 중소기업을 하청업체로 거느리게 되면서 급속하게 성장하였다.

우선적으로 정부가 주도하는 경공업과 동시에 공업화에 필요한 인프라 구축산업을 벌이는 기업으로 나눌 수가 있다. 정부는 국내 시장이 약하기 때문에 외국 수출시장 개척에 초점을 맞추어서 종합상사를 통해 외화를 벌여 들였다. 초기에는 가발이나 신발, 옷, 먹는 과자나 껌, 섬유산업 등 경공업 중심의 수출로 외화를 벌여들었다. 정부는 대기업을 중심으로 싼 이자로 은행을 통해서 돈을 빌려주었고 대기업들은 하청 업체를 선정하여 물건을 만들게 했다. 하청 업체들은 싼 노동력을 이용하여 물건을 만들어 대기업에 납품하면 대기업들은 중소기업들이 만든 제품들을 모아서 외국에 수출하여 외화를 벌여 들였다. 대기업들에게 돈을 빌려주는 은행 역시 정부의 중앙부서인 재무부 산하의 기관이기 때문에 사실상 은행 돈은 정부 돈이라고 할 수 있다.

당시 대기업들은 싼 이자를 이용해 대부분 은행에서 돈을 빌려 운영했지, 기업의 순수 자산으로 운영되는 비율은 낮았다. 따라서 정부와 대기업은 정경유착의 밀착 관계에 있지 않을 수 없었다. 한편 산업화의 목표를 신속하게 달성하기 위해서는 국내 수송망을 확충하고 인프라를 구축하는 작업이 가장 필요하였다. 사회 간접 자본에 속하는 기본적인 인프라가 구축되어 있지 않으면 산업화가 신속하게 이루어질 수가 없다. 수출 산업은 시간을 다투는 신속한 작업이다. 도로망이 구축되어 있지 않으면 수출을 비롯한 산업화가 이루어 질 수 없다. 이 과정에서 경부고속도로나 철강 산업과 항공 및 운송 산업 등 경제성장을 위한 기초산업이 필요하였기 때문에 현대건설이나 대한항공, 포항제철 등이 생기게 되었다. 이들은 1970년대 정부의 중화학공업 정책으로 인해서 재벌기업으로 변신하게 되었다.

또한 이들은 70년대 정부의 정책인 자동차, 조선과 건설 등 중화학공업에 힘입어서 중동의 건설 붐을 타고 국가 산업화에 기여함과 동시에 세계 다국적 기업으로 자리를 잡았다. 이러한 과정에서 재벌과 정치권은 정경유착의 연결고리를 끊지 못하고 정경유착의 악습을 지속적으로 유지해 나간 결과 정권이 바뀔 때마다 많은 정치인들이 구속되고 재벌 또한 몰락하는 사례가 허다하였다.

다음으로 한국 정치인들의 도덕성에 흠집을 가져다준 사건이 발생하였다. 1970년 3월 17일 오후 11경 마포구 합정동 절두산 근처에서 당시 고급요정 선운각의 호스티스인 정인숙이 괴한이 쏜 총에 맞아서 살해된 사건이 발생하였다. 삼선개헌으로 인해서 국민들의 민심을 수습해야 할 정국이며 동시에 차기 대통령 선거가 일 년 정도밖에 남지 않은 상황에서 발생한 이 사건은 당시 한국 사회 전체를 뒤흔드는 엄청난 사건이었다.

경찰 발표에 따르면 정인숙을 살해한 범인은 그녀의 운전수이자 정인숙의 넷째 오빠인 정종욱으로 밝혀졌다. 그러나 언론이 이 문제를 집중적으로 파고들자 살해된 정인숙의 배후에는 당시 정계의 최고위층들이 관련되어 있었다. 그중에서도 당시 국무총리였던 정일권이 관련되어 있었으며 그녀의 수첩에는 대통령 박정희를 비롯하여 국무총리 정일권, 이후락 비서실장 박종규 경호실장 등 정계와 재계를 움직이는 사람들의 명단이 적혀져 있었다.

이 중에서 정인숙 살해 사건의 배후 인물은 정일권이라는 추측이 가장 유력하였다. 그러나 정부에서는 이 사건을 검찰의 공안부로 돌려서 은폐하려고 하였다. 정부 측에서는 당시 중앙정보부장 김계원이 대사, 즉 큰 뱀으로 불리면서 권모술수에 능한 신민당 총재인 유진산과의 밀담을 통해서 이 문제를 국회에서 거론하지 못하게 하려고 노력했다. 그러나 이 문제를 유진산은 국회에서 소명하도록 하면서 사태는 세간에 큰 화두로 떠올랐다.

당시 유행하던 나훈아의 노래 〈사랑은 눈물의 씨앗〉의 노래 가사 내용인 '사랑이 무어냐고 물으신다면 눈물의 씨앗이라고 말하겠어요'라는 가사내용을 바꾸어서 '아빠가 누구냐고 물으신다면'으로 노래 가사를 바꾸어서 부를 정도로 정인숙 사건은 실제보다 크게 비화되었다.

그러면 당시 일개 접대부에 불과한 한 여인의 살해 사건이 왜 이토록 큰 역사적인 사건으로 비화되고 말았는가? 바로 권력형 살인 사건이기 때문이다. 당시 정인숙 여인을 살해한 범인의 배후 인물이 누구냐가 국민들의 관심의 대상이었다. 그리고 또한 정인숙이 1966년에 낳은 세 살배기의 아들이 하나 있었는데 그 아들의 이름이 정성일이었으니 아들의 아버지가 누구인가가 또 하나의 문제로 떠올랐다.

결국 아들 성일이의 아버지가 당시 국무총리인 정일권이라는 설과 그보다 더 고위층까지 거론되었다. 정일권보다 고위층인 사람은 바로 박정희 대통령을 의미하면서 정국은 정인숙 사건 때문에 엄청난 소용돌이 속에 휩싸이게 된다. 좋은 일은 두고두고 조금씩 흘려야 하며 나쁜 일은 신속하게 빨리 마무리를 지어야만 한다. 그러나 정인숙 사건은 쉽게 처리되지 못하고 오래 끌면서 박정희 대통령과 부인 육영수 사이에 부부싸움인 육박전 즉 육영수와 박정희의 이름을 따서 육박전이 벌어졌다는 말까지 나돌았다.

그러면 이 사건의 주인공인 정일권과 정인숙은 누구인가? 정일권은 1917년 함경북도 경원 출신으로 박정희와 나이가 동갑내기다. 또한 박정희보다 만주군관의 전신인 봉천군관의 5년 선배이며 박정희의 일본 육사 2년 선배다. 해방 후에는 미국이 설립한 육사의 전신인 군사영어학교를 졸업했으며 박정희 육사 2기 선배에 해당된다. 따라서 박정희와 동갑 나이이자 학교의 선배에 해당된다. 그리고 1950년 이미 33세의 젊은 나이에 한국군의 최고통수 자리인 육군참모총장을 역임하고 후에 다시 육참총장을 하는 군에서는 백선엽 장군과 함께 사상 최초로 육참총장을 두 번이나 하는 등 일찍부터 출세 가도를 달렸다.

6·25가 일어나면서 박정희를 군에 복직시키는 데 중요한 역할을 한 인물이 바로 정일권이다. 제3공화국에서는 형식적인 권력서열은 제2인자라고 할 수 있다. 또한 박정희 정권하에서 국무총리를

6년이나 역임한 최장수 총리로 기록된다. 정일권이 우유부단한 성격의 소유자이기는 하지만 그의 무난하고 모나지 않은 성격이 그를 타고난 관운이 좋은 인물로 만들었다.

그러면 살해된 정인숙은 누구인가? 정인숙은 1945년 대구의 부유한 집안에서 6남매의 막내이자 외동딸로 태어난다. 그의 부친은 대구시의 부시장을 지낸 직업 공무원 출신이다. 1960년대의 공무원들의 권력은 막강하였다. 박정희체제제하에서 대구시장은 임명제이며 아마 직업공무원제도하에서 이사관급 정도라고 생각이 든다. 당시 이사관은 지금의 2급 이사관인 중앙부서의 국장급 정도이지만 지금 이사관과는 다른 엄청난 권력을 휘둘렀다. 어려서부터 부유한 고명딸이자 막내로 자란 정인숙은 타고난 미모를 가지고 자존심이 매우 강했으며 대학은 이화여대 영문과에 응시했으나 낙방하고 명지대에 잠깐 다녔으나 그만두었다.

그런데 공무원인 아버지가 직장을 그만두고부터 집안의 가세가 기울면서 경제적인 어려움에 처하게 되었다. 서울로 올라와 영화배우 지망생으로 충무로 일대를 배회하다 당시 방송작가인 장사공을 만난다. 장사공은 경제적으로 여유가 없었기 때문에 정인숙은 장사공과 곧 헤어지고 바로 요정 접대부로 취업한다. 당시 한국 정치는 요정정치였기 때문에 요정이 정치무대였다. 접대부 정인숙은 영어 실력이 유창하였다. 동시에 뛰어난 미모를 겸비하였기 때문에 금방 요정에서 유명접대부로 변신하였다.

정인숙은 당시 최고의 요정인 선운각에서 일하면서 정계의 최고위직 인사들과 친분관계를 맺었다. 그녀의 수첩에는 당시 정계의 최고 실세였던 인사 26명의 이름이 적혀 있었다. 그 명단에는 박정희와 정일권을 비롯한 당시 정계에서 내로라하는 인사들의 명단이 적혀 있었다. 정인숙은 이들과 친분을 맺으면서 당시에는 보기 드문 초호화 생활을 하였다. 그러면서 여러 명의 정치인들과 성관계를 가지면서 몇 번의 낙태수술을 받은 사실들이 시체 부검결과 나타났다. 또한 이러한 섹스를 빌미로 정계 인사들을 협박하여 돈을 갈취하기도 했다.

그런데 문제는 정일권과의 관계였다. 정일권과는 다른 정치인들보다 더욱더 깊은 관계를 맺고 있었다. 정일권이 그녀의 경제적인 후원자로 등장하게 되면서부터 정일권이 정인숙 사건의 배후로 크게 지목을 받게 되었다. 정인숙은 정일권과의 관계를 외부로 발설하고 다녔으며 이것은 박정희와의 연결로 와전되는 경우가 있었기 때문에 문제가 되었다. 정일권이 그녀와 사석에서 한 말이 박정희와의 관계로 와전되는 경우 다음 정권 창출에 크게 걸림돌이 되기 때문이다. 더욱이 바로 얼마 전 삼선개헌으로 국민들의 민심은 크게 동요되고 있던 시점이었다.

정부에서는 그녀를 회유해서 미국이나 일본 등지로 내보냈으나 이국에서만 조용히 살 수 없는 그녀의 성격 탓에 얼마 후 다시 귀국해서 요정주변을 휘젓고 다녔다. 이런 탓에 결국 정인숙 살해 사건은 누가 죽였는가가 문제가 아니라 어느 정치인이 죽도록 사주를 하였는가가 문제가 되었다. 당시는 권력이면 나는 새도 떨어뜨린다는 권력 실세들의 음모가 결국은 정인숙을 살해했다고 추정할 수 있다.

그러면 누가 진짜로 정인숙을 살해했는가? 경찰과 검찰은 정인숙의 살인범이 그녀의 넷째 오빠인 정종욱이라는 결론을 내렸다. 정종욱은 처음 사형을 선고받은 후에 나중에는 무기징역으로 감형 받고, 19년을 복역한 후에 1989년 가석방됐다. 석방된 정종욱은 새로운 주장을 내놓았다. 아버지가 자신을 찾아와서 동생을 죽인 것이 자신이라고 허위 진술을 하면 그 조카인 정성일의 뒤를 누군가가 봐주겠다고 했다 하니, 당시에는 아버지와 조카를 생각하여 허위 자백을 했다는 것이다. 정종욱은 그 후 정일권을 만나려고 몇 번이나 시도했으며 2년 후에는 정인숙의 아들이 미국에서 돌아와 정일권을 만나려고 하였으나 거절당했다. 그 후 정성일은 1993년 정일권을 상대로 친자확인소송을 법원에 제출하였다. 그러나 정일권은 다음 해인 1994년 사망하고 말았다.

오빠인 정종욱에 의하면 사건 당시 두 명의 괴한이 집 주변을 서성거리기에 누구냐고 물었더니 총리실에서 나왔다는 말을 하더라는 것이다. 얼마 후 괴한이 앞문을 열고 뒷좌석에 앉아있는 정인숙을 두 차례 쏘고 그다음 자신의 허벅지를 쏘고 도망갔다고 진술하였다. 이 사건은 정종욱이 처음에 형을 살기 전에 진술한 '동생 정인숙의 난잡한 성행위에 분개하여 말다툼을 하다가 동생이 자신을 무시하는 말을 하는 바람에 순간적인 격분으로 인해서 총을 쏴서 동생을 죽였다'는 내용과는 다른 것이기는 하지만 국무총리실과 관련된 말을 한 것을 보면 정일권이 범인을 사주한 것이라고 추정할 수 있다.

그 후 정일권은 대통령에게 사직서를 냈으나 여론을 감안해서 보류하다가 정인숙 사건이 잠잠해지면서 정일권은 국무총리직에서 해임되었다. 정인숙 사건은 당시 정치인들의 도덕성에 큰 문제점을 남긴 역사적인 사실로 남아있다. 또한 그 당시 권력 앞에서 인권이 얼마나 유린당하였는지를 이 사건은 잘 보여주고 있다.

사,

경직성과 한계,

실패한 유신정권

(1972~1979)

유신헌법의
등장

제4공화국은 박정희 정권이 1961년 군사정변으로 출범시킨 1963년의 제3공화국 이후 9년 만에 새로 탄생된 정부이다. 1972년 10월 17일 박정희 대통령은 국가비상계엄령을 선포하여 현 헌법의 집행을 중단하고 1개월 이내에 새로운 헌법을 만들도록 지시하였다. 새 헌법은 평화통일과 한국식 민주주의의 토착화를 골자로 하는 헌법이다. 헌법 개정안은 10월 27일 비상 국무회의를 거쳐서 11월 21일 국민투표에 부쳐졌다. 그 결과 91.9퍼센트의 국민투표율을 통해서 91.5퍼센트의 압도적인 찬성을 얻어서 12월 27일 대통령 취임식과 함께 공표하여 시행되었다. 이 헌법 개정은 건국 이래 7차 헌법 개정으로서 유신헌법이라고 한다.

유신헌법의 내용은 대통령을 국가 원수적 차원에서 입법, 행정, 사법부 위에서 초당적인 존재로 만들었다. 가장 중요한 것은 대통령 선거를 직선제에서 간선제인 통일주체국민회의에서 선출하는 선거제도의 변화이다. 또한 입법부의 국회의원의 권한 약화 및 사법부의 대법원의 헌법심사는 대법원에서 헌법위원회로 이관하며 법관은 대통령이 임명하는 등 입법부와 사법부 권한의 대폭약화를 골자로 하는 헌법 개정안이었다. 헌법을 개정하는 목적은 급변하는 정세의 변화에 맞추어서 한반도 평화통일과 동시에 한국식 민주주의의 정착화를 기치로 내걸었으나 사실은 박정희 정권의 장기집권에 근본목적을 두고 있다.

박정희의 10월 유신은 입법, 사법, 행정을 통제하고 언론과 경제를 통제하는 전체주의 체제로의 전환으로 변화를 하게 되었다. 그러면 박정희가 단행한 10월 유신은 어떠한 이론적 근거를 토대로 이루어 졌는가? 우선 주변 국제정세의 변화를 들 수 있다.

1970년대에 들어서면서 국제정세는 급변하기 시작하였다. 1969년 닉슨 대통령의 괌에서의 닉슨독트린 이후에 미국은 중공과의 수교를 시작으로 러시아와도 관계 개선에 들어가기 시작하면서 러시아와의 군비 감축 문제를 논하기 시작하였다. 이러한 미·러 화해의 해빙무드는 한국과 북한에게도 직접적인 영향을 미치기 시작하였다.

우선 한국은 당시 중앙정보장 이후락을 북한에 보낼 계획을 세웠다. 1972년 5월 박정희 대통령은 이후락 중앙정보부장을 평양에 보내 김일성을 만났다. 곧 이어 1972년 남북한 7·4 공동성명을 발표하면서 남북한 해빙무드가 조성되기 시작하였다. 7·4 공동성명은 결국 박정희 정권의 유신헌법을 만드는 명분을 세울 수 있도록 한 것이다. 그러면 7·4 공동성명을 끌어낸 당시 중앙정보부장 이후락은 누구인가?

이후락은 1924년 경남 울주군에서 태어나서 해방후 1945년 군사영어학교 1기생으로 1946년 3월 소위로 임관된다. 그 후 군의 각종 지휘관을 거쳐 1961년 5·16 군사정변이 일어나기 직전에 소장으로 예편한다. 5·16이 일어나자 제갈조조라는 별명이 붙을 정도로 민간인으로서 적극적인 활동을 한다. 이후락의 꾀는 제갈량과 조조를 합친 만큼의 두뇌를 과시했다. 국가재건최고회의 공보실장을 거쳐서 1963년부터 박정희 대통령의 비서실장을 6년 간 하였다. 그 후 잠시 주일대사로 나갔다가 김계원 당시 중앙정보부장이 1970년 김대중, 김영삼 40대 기수론에 책임을 지고 해임되자 이후락이 중앙정보부장 자리를 맡게 되었다.

뛰어난 두뇌로 1972년 5월 북한을 방문하여 그해 1972년 7월 7·4 남북한 공동성명을 끌어내었다. 1973년 김대중 납치사건에 연루되어 중앙정보부장 자리에서 물러났다. 1979년 10대 국회의원 선거에서 무소속으로 당선되었으나 12·12 사태가 일어나면서 부정축재자로 몰려 정계를 은퇴하였다. 1985년 정치규제법에서 풀려났으나 정치를 그만두었다가 말년에 쓸쓸한 죽음을 맞았다.

1970년대 들어서면서 한·일관계 역시 닉슨독트린의 영향을 받아서 크게 강화되었으며 일본 역시 북한과 수교의 해방무드를 만들었다. 동시에 중국과 러시아에 대해서도 국교정상화 방안을 열 준비를 하였다. 이러한 한반도 주변 4강국의 변화에 맞추어서 우리나라도 개혁이 필요하다는 명분을 내세워 유신을 단행한 것이다.

그럼 10월 유신을 일으킨 국내적인 요인은 어디에 있는가? 박정희 정권은 전임 장면 내각이 추진하려던 경제개발 계획의 청사진을 바탕으로 1962년부터 경제개발 5개년 계획에 착수하였다. 제1차 경제개발 5개년 계획은 1962년부터 66년까지이며 제2차 경제개발 5개년 계획은 1967년부터 1971년까지였다. 이러한 개발과정에서 무리한 외자도입으로 인해서 산업의 60퍼센트가 외채에 의존하고 있었으며 산업 발전에 불균형이 일어났다. 또한 무역적자 현상도 심화되기 시작하였다. 초기에는 한일협정으로 받은 무상원조와 기술 등을 토대로 했고 동시에 월남 파병 병력으로 받은 자본금과 중동 등지에서의 건설사업으로 외화를 벌어들이고 차관을 통해서 외자를 유치하여 공업화를 성공적으로 이끌어 내었다.

그런데 문제는 공업화에 필요한 인적 자원의 활용이었다. 정부는 노동자들에게 저렴한 인건비를 주고 장시간 일하도록 했다. 그리고 이런 인건비 착취로 잉여 소득을 얻어냈다.

정부는 선 성장화, 후 보상 정책을 추진하여 우선은 노동자들의 노동력 착취를 바탕으로 세계 선진국 대열에 오를 수 있는 공업 국가로 만들어 나가겠다는 계획이었다. 특히 이러한 노동력 착취는 청계천의 피복 공장이나 가발 공장과 평화시장 등의 여공 등에 대한 착취가 심각할 정도였다. 이러한 노동자 인권유린은 결국 1970년 이후 유신정권이 들어서면서 수면 위로 올라오기 시작하였다. 1970년 11월에 발생한 전태일 분신 사건을 시작으로 노동자들의 노동운동이 수면 위로 급상하기 시작하였다.

이러한 상황에서 우리 정부는 공업화 정책에만 몰두했는데 그러면서 나타난 현상이 도시와 농촌의 소득 분배의 불균형 현상이라고 할 수 있다. 정부가 추진한 공업화 현상은 도시민들에게 소득을 상승하는 작용과 도시민들의 일자리 창출 등 대부분이 도시 중심의 발전에 치중되었다. 그 결과 농촌은 1960년 이후 전혀 발전되지 못했고 도시와 농촌 간의 발전균형이 심각할 정도로 틀어지자 박정희 대통령은 1970년부터 새마을사업을 시작하였다.

대통령이 직접 새마을노래를 지을 정도로 많은 관심을 가지기 시작하였다. 새마을사업을 시작한 것은 농촌 지역의 발전을 통해서 도시와 농촌의 부의 격차를 해소하여 균등한 국가발전을 이루자는 목적에서였다. 사실상 당시 선거 결과를 보면 초기의 여촌야도 현상이 변화되어, 농촌 사람들의 투표성향이 점차 여당 지지에서 야당으로 돌아서기 시작하였다. 또한 농촌 사람들의 불만이 점차적으로 커지기 시작하였다. 이러한 농촌과 도시의 균형된 발전을 위하고 농민들의 불만 해소를 위해서 시작된 사업이 새마을운동이라고 할 수 있다.

하지만 이러한 새마을운동도 유신개혁을 위한 이론적인 명분을 만들어 주었을 뿐이다. 당시 정부는 '강남의 오렌지를 강북에 심었더니 탱자가 되더라'라는 말을 인용하여 유신의 명분을 만들었다. '강남의 오렌지'에서 '강남'이란 지금 서울의 강남 지역을 의미하는 것이 아니라 날씨가 따뜻한 나라에서 많이 나는 오렌지를 의미하고 '강북'은 추운 국가를 의미한다. 즉 오렌지를 추운 지방에 심었더니 오렌지가 아닌 탱자가 되어버렸다는 것이다. 따라서 민주주의는 서양에서 오랫동안 적용해온 제도이기 때문에 이를 그대로 가져와 심기보다, 우리나라에는 우리식에 맞는 정치제도를 도입하여 민주주의를 토착화시키자는 것이다. 그리고 그에 따라 삼권분립의 원칙인 민주주의 제도를 없애고 대통령의 권한을 강화하고 직선제 대신 간선제를 시행하고 선거에 드는 비용을 줄이기 위해 대통령과 국회의원의 임기를 4년에서 6년으로 늘리는 선거제도를 도입하였다.

박정희 정권의 유신헌법을 바탕으로 한 제4공화국은 이제 본격적으로 독재체제의 일종인 전체주의 체제로 변화를 추진해 나갔다. 그러면서 수면 아래에서 논의되던 인권 문제가 본격적으로 수면 위로 부상하면서 국내적으로 재야인사들의 민주화운동과 함께 김영삼, 김대중의 민주화운동과 합치면서 강한 충돌이 일어나게 된다. 박정희 유신 정권이 1972년 10월부터 1979년 10월까지 정확하게 7년을 유지하면서, 민주화운동은 체계적인 인권 운동과 민주주의 운동으로 자리 잡기 시작하였다. 동시에 미국을 비롯한 선진국들은 한국 정부의 인권 탄압을 이유로 미군 철수론을 비롯하여 강한 압력을 행사하면서 한국 정부는 엄청난 위기로 몰려 결국 유신정부는 몰락을 맞게 된다.

특히 박정희 유신 정국에는 김대중 납치 사건과 육영수 암살 사건을 비롯하여 한·일 양국 외교 관계에 금이 가는 현상이 나타나기 시작하였다. 동시에 인권을 가장 중요시 여기는 미국 민주당의 카터 행정부는 주한 미군 철수론을 주장하면서 한·미 동맹 관계에서 가장 큰 위기를 맞게 된다. 이러한 위기를 극복하기 위해 한국 정부가 미국 정가에 벌인 로비 사건인 박동선 게이트는 한미관계를 더욱더 악화시킬 뿐이었다.

그러면 여기서 영국의 역사학자 존 액튼 경의 '절대적 권력은 절대적으로 부패한다'는 말을 떠올리며 이것과 전체주의 독재체재인 유신정치 체제와의 관계에 대해서 간략하게 설명하고자 한다.

존 액튼의 말은 인간의 권력은 대부분 끝까지 가서 결국은 파멸의 길로 들어선다는 것을 의미하며 이 과정에서 권력은 부패하게 된다는 의미를 담고 있다. 대부분의 인간은 영웅이나 신이 아니기 때문에 한번 권력을 맛본 사람은 권력을 놓지 못하고 결국은 몰락하게 된다는 말이다. 그렇기 때문에 권력의 자리에서 물러날 가장 적절한 시기에 물러나는 인물이 바로 자신과 후손을 위해서 필요하다는 것이다.

철학자 쇼펜하우어가 인간의 욕망은 한이 없기 때문에 가지면 가질수록 더욱더 가지고 싶어하며 이것은 인간이 바닷물을 마시는 것과 같은 원리라고 말한 것과 같은 맥락이다. 바닷물은 마시면 마실수록 더욱더 갈증이 난다. 또한 권력욕도 가지면 가질수록 더욱더 갖고 싶은 욕망에 사로잡혀서 결국은 부패와 몰락의 길로 들어선다는 것이다. 그렇기 때문에 그 사람이 진정한 정치인이며 영웅이라면 절대로 권력의 한계를 넘어서는 안 된다는 것이다.

그러면 전체주의란 무엇인가? 독일의 여성 정치철학자 하나 아
렌트는 전체주의란 독재형 통치형태로서 입법과 사법, 행정을 통제
하며 군사, 언론, 경제 등 모든 것을 전체적으로 통치하는 권력체계
를 의미한다고 설명한다. 박정희 정권의 유신 정부는 결국 이런 전
체주의적 정치체제로 변화되고 말았다.

제8대 대통령 선거와 제9대 국회의원 선거

제8대 대통령은 유신헌법에 의해서 만들어진 헌법기관인 통일주체국민회의에서 선출하였다. 대통령을 뽑는 통일주체국민회의 대의원들은 국민들이 선출하였다. 그리고 대의원 200인 이상의 추천을 받아야 후보에 출마할 수 있었다. 제8대 대통령 선거는 1972년 12월 23일 장충체육관에서 치러졌는데, 박정희 후보가 515명의 대의원 추천을 받고 출마하여 총 2,359명의 인원 중 2,357표 찬성과 무효표 2표를 얻어서 압도적인 득표로 박정희 후보가 대통령에 당선되었다. 이것을 체육관 선거라고 한다. 곧 이어서 1972년 12월 27일 박정희 대통령은 제8대 대통령으로 취임을 한다.

그러면 제9대 국회의원 선거는 어떠했는가? 유신헌법 이후 처음으로 1973년 2월 27일에 전체 73개 지역에서 146명을 선출하였다. 선거형식은 중선거구제로 각 선거구에서 2명씩 뽑았다. 그 결과 공화당이 전체 투표의 38.7퍼센트를, 야당인 신민당이 32.5퍼센트를, 나머지 제3당인 민주통일당과 무소속이 21퍼센트를 얻었다. 따라서 제1야당인 신민당과 제2야당인 통일당을 합치면 42.5퍼센트로 여당인 공화당보다 많은 표를 얻은 셈이다. 이것은 당시 국민들이 유신헌법에 대한 많은 불만을 가지고 있었다는 의미이다. 여기서 대통령이 추천하는 국회의원 정족수의 3분의 1인 73명은 유신정우회 약칭 유정회라고 불렀다. 유정회는 여당인 공화당과 같은 여당에 속한다. 따라서 여당의 인원은 유정회를 포함해서 146석에 해당된다. 제9대 국회의원의 임기는 6년이며 유정회는 3년이다. 제9대 국회를 반쪽짜리 국회라고 부르는 이유가 바로 유정회 때문이다.

이러한 와중에 신민당은 1971년 제7대 대통령 선거 이후 당수인 유진산의 진산파동으로 위기에 몰리자 김대중이 지지하는 김홍일이 총재로 추대되었다. 이후 신민당은 유진산 중심의 진산계와 김홍일계의 갈등으로 인해 위기에 몰렸는데, 당시 당에서는 유진산 이외에는 당수를 할 인물이 마땅치 않았다. 그 결과 유진산이 당수로 다시 복직하였다. 이에 반진산계인 양일동, 윤제술, 유청 등이 탈당하여 민주통일당을 만들었다. 그러나 곧 유신헌법이 공포되면서 당은 해산되었다. 그러나 얼마 후 1973년 1월 유진산이 당수로 다시 복직하였다. 이에 반진산계 인사들이 탈당하여 만든 민주통일당은 선거에서 신민당 32.5퍼센트의 52석에 통일당은 10.2퍼센트의 19석을 차지하게 된다.

이처럼 한국의 야당은 항상 분열의 내홍 속에서 단합하지 못하고 결국 여당에게 끌려가는 야당다운 야당이 되지 못하였다. 진산파동으로 당수직에서 물러났다가 유신 이후에 다시 당수직에 복귀한 유진산의 신민당은 유진산 1인체제로 유신체제와 투쟁을 하여야만 할 입장이었다. 그런데 유진산은 오랜 정치경력에도 불구하고 카리스마가 부족하였다. 그러면 유진산은 왜 카리스마가 부족한가? 카리스마란 말은 원래 사회학자 막스베버가 사용한 용어로서 천부적인 리더십이라는 말이다. 카리스마는 부하들이 스스로 따라오도록 만드는 천부적인 리더십을 말한다. 카리스마는 높은 도덕성과 강한 책임감과 뛰어난 업무능력을 바탕으로 한 신뢰를 구축하여야만 한다. 그런데 유진산은 당원들로부터 신뢰성을 상실한 것이다.

신민당 유진산의 경력 하나만으로는 카리스마를 발휘하기에는 충분한 리더십이 있었다. 그러나 신민당의 내분이 일어나는 이유는 그의 전적인 '사쿠라'라는 이미지와 또한 자신의 지역구 영등포 갑구를 여당인 박정희의 처 육영수의 언니의 사위인 장덕진 의원에게 물려주면서 또 다시 사쿠라 논쟁에 휩싸이면서 분당의 위기에 몰리게 된 것이다. 그 사건을 비롯하여 유진산에 대한 나쁜 평으로 인해 유진산은 카리스마가 없는 인물로 낙인이 찍히고 말았다.

유기천 총장과
황산덕 교수의
유신 참여와 거부

김대중은 이미 1971년 대통령 후보로 나서면서 이번이 국가의 마지막 선거라는 말을 유세도중에 하였다. 박정희 정권이 대만의 총통제를 연구하도록 군 장교들을 대만에 파견하여 연구를 하도록 지시하였다고 말하였다. 김대중은 현 정권이 얼마 후에는 반드시 헌정을 중단하고 유신을 할 것이라는 짐작을 하였다. 이미 그 전에 서울대 총장을 지낸 유기천 서울법대 학장이 형법학 강의 시간에 삼선개헌 문제를 논의하면서 박정희 정권이 영구집권을 위해서 대만식 총통제를 배우기 위해서 군의 장교들을 대만에 보냈다는 말을 하면서 학원가가 크게 술렁이기 시작하였다.

그러면 총통제에 대해서 말한 유기천은 어디서 정보를 얻었는가?

당시는 많은 어용학자들이 정부에 붙어서 자문을 해주고 권력에 발을 붙이려고 하였다. 유기천은 서울법대 학장을 거쳐서 서울대 총장을 지냈다. 정부에서는 이런 유기천 교수를 포섭하여 유신헌법을 만들고자 했다. 그래서 그에게 참여 의사를 타진했기 때문에 유기천은 정부의 계획, 곧 유신헌법이 선포되며 대만식 총통제가 시행될 것이라는 정보를 알 수 있었던 것이다. 그러나 유기천이 참여를 거부하고 학생들에게 자신이 아는 사실을 발설하자 정부에서는 그를 외국으로 추방하기에 이른다. 이처럼 당시 정부는 무슨 일이든지 권력을 남용하면 모든 것이 쉽게 해결된다는 사고의 추태를 보였다. 유기천 서울대 총장은 후세들에게 존경을 받는 학자로서 지금도 많은 사람들이 그를 존경하고 있다.

그러면 현재까지 많은 법학자들로부터 존경을 받는 유기천 박사는 누구인가? 유기천 박사는 1915년 평양에서 출생하였다. 1943년 동경제대를 졸업하고 1946년부터 서울법대 교수를 역임했다. 1956년부터 1958년까지 미 예일대에서 연구하여 박사학위를 받았다. 1959년 서울대 교무처장과 1961년 법과대학 학장, 1962년 사법대학원장을 역임하였다. 그 후 1965년 8월부터 1966년 11월까지 서울대 총장을 역임하였다. 그는 총장재임 시 학생들이 총장실을 점거하여 농성을 벌이자 관할 경찰서인 동대문 경찰서장에게 쌍권총을 요구하며 정식공문을 보냈다. 그 결과 유기천 총장은 '쌍권총 보안관 총장'으로 이름을 날렸다.

얼마 후 유기천 총장은 국가에서 대통령의 총통제 연구를 의뢰하였다. 그러나 제안을 거부했을 뿐만 아니라, 수업 시간에 학생들에게 '한국이 대통령제를 포기하고 유신헌법을 바탕으로 한 총통제를 실시하려 한다'는 말을 하는 바람에 학교에서 물러나게 됐다. 또한 강의 시간에 경찰이 학생들의 시위를 과잉 진압하는 것을 보고 백주에 미필적 살인고의가 발생하고 있다고 말하기도 했다. 그 후 유기천 총장은 미국으로 망명을 가게 된다. 부인은 유태인계의 세계적인 법학자인 헬렌 실빙 교수다. 미국으로 망명간 후 플로리다주의 푸에토리코 국민대학에서 객원교수로서 강의를 하였다. 또한 미국 캘리포니아 대학 샌디에고 캠퍼스에서 강의를 하였다. 학문적 업적으로는 그의 명저인 《형법학》이 있다. 또한 자신의 저서를 영어와 독일어로 번역하여 출간하였다.

유기천 총장은 1980년 박정희 암살 후에 귀국하여 서울법대에서 강의를 하였으나 전두환이 정권을 잡자 다시 미국으로 가서 거기서 생을 마쳤다. 유기천 박사의 학문적 업적과 함께 그의 정신을 기리기 위해서 유기천기념사업회가 후배학자들에 의해서 만들어졌다. 동시에 학문적으로 뛰어난 학자들에게는 기념상이 수여되고 있다.

그런데 실제로 유신헌법을 만드는 데 참여한 학자들은 대부분 유정회 국회의원이나 장관 등으로 발탁되어서 순간적인 권세를 누리기는 했다. 그러나 그 후 그들은 후세인들에게 존경은커녕 손가락질을 받는 인물로 전락하고 만다.

당시 유신 정국의 자문 교수나 직접 개입한 학자들을 보면 한태연, 갈봉근, 문홍주, 박일경 등의 교수들을 들 수 있다. 한태연은 서울법대 교수로서 당시 법학계의 권위자였다. 후에 유정회 국회의원을 역임한다. 또한 박일경은 경희대 교수로서 법제처장과 문교부 장관을 역임한다. 문홍주 성균관대 교수는 법제처장과 문교부 장관 및 정신문화 원장 및 부산대 총장 등을 역임한다. 갈봉근 교수도 국회의원을 역임한다. 강문봉 성균관대 행정법 교수도 유정회 국회의원을 한다. 여기서 우리가 알아야 할 사항은 유신 정권에 참여를 거부한 유기천 교수와 유신정부에 참여한 황산덕 교수에 대한 이야기다.

유기천 교수와 황산덕 교수는 둘 다 당대 최고의 법학자다. 유기천은 1915년생이고 황산덕은 1917년생으로 둘 다 비슷한 나이다. 또한 둘 다 평안도 평양 출신이다. 두 사람 다 형법을 전공했는데 그중 황산덕은 법철학을 함께 전공했다. 유기천 교수는 동경제대 법대를 졸업하고 1946년부터 서울대 교수가 되었다. 황산덕은 경성제국대학을 졸업하고 고등문관 사법, 행정과 양과를 모두 합격한 수재였다.

황산덕은 일본 고등문관 사법·행정 양과 모두에 합격한 후 일제 치하에 군수를 한 경력이 있다. 해방 후에는 고려대에서 교수를 하다가 서울법대로 옮겨서 교수직에 있었다. 그런데 황산덕은 유기천과 같은 형법을 전공하고 가르쳤기 때문에 사이가 나빠진 것 같다. 한국 법학계에 그 정도의 큰 인물들은 드물다. 해방 후 1950년대 서울법대의 교수 인맥은 경성제국대학과 동경제국대학의 양대 산맥으로 나누어져 있었다. 동경제대나 경성제대를 나오지 않은 사람들은 초기 서울법대의 교수에 임용될 수가 없었다. 일제강점기에 일본과 한국의 최고의 수재들은 동경제대와 경성제대를 다녔다.

그런데 경성제대와 동경제대를 비교하면 동경제대가 한 단계 더 실력이 있는 학생들이 모였다고 할 수 있다. 왜냐하면 동경제대에는 당시 식민지 국가였던 한국인들이 들어가기가 더욱더 힘이 들기 때문이다. 당시 서울법대 교수들 중에서 동경제대를 대표하는 인사는 유기천 교수이며 경성제대는 황산덕 교수였다. 이들은 전공과목도 겹쳤다. 두 사람 모두 형법을 가르쳤다. 그런데 학생들에게는 유기천 교수의 인기가 더 많았다. 그 결과 황산덕 교수는 법철학으로 바꾸었다. 둘은 강의를 할 때도 라이벌 의식을 가졌다. 후에 강의를 들은 학생들의 평은 유기천 교수의 강의가 황산덕 교수의 강의보다 한 단계 위라는 평을 내렸다.

황산덕은 작가적인 소질이 있다. 50년대 한국을 대표하는 소설가 정비석의 소설 《자유부인》을 보고 대학신문에 크게 비판하였다. 정비석의 소설은 당시에 가장 인기 있는 소설로서 각광을 받고 있었다. 특히 자유부인은 대중적인 인기가 폭발적이어서 후에 영화로까지 만들어져 상영되었다. 정비석 소설의 주제는 대학 교수 부인이 남편의 제자와 바람이 나서 불륜행각을 벌이는, 당시에는 신여성상을 소재로 한 획기적 내용의 소설이었다. 1950년대 한국사회는 남존여비의 봉건사회에서 벗어나서 서구식 사고가 사회에 파고들기 시작한 바로 그 시절이었다. 따라서 대부분의 한국 여성들은 자신이 하지 못하는 연애를 소설의 주인공을 통해서 대리만족을 하였다.

이에 황산덕 교수는 대학 교수 부인은 따로 연애할 정도의 여유가 없으며 정비석의 자유부인이란 소설은 중공군 50만 명에 해당하는 적과 같다며 사회적으로 큰 피해를 끼쳤다고 당시의 대학신문에 발표하였다. 이에 작가인 정비석 씨도 맞대응하여 신문에 공방전을 펴는 바람에 세상의 큰 관심을 받으면서, 오히려 소설이 날개 돋친 듯 팔려 금방 베스트셀러가 되었다.

한편 유기천 교수는 1958년 한국 최초의 법학박사학위를 미국예일대에서 받았다. 그러자 당시는 박사학위가 없었던 황산덕 교수가 유기천 교수의 박사학위 논문에 대해서 반박을 하고 시비를 걸었다. 그 후 2년 있다가 황산덕 교수도 서울대에서 한국 최초의 법학박사 학위를 받는다.

유기천 교수는 황산덕 교수가 자신의 논문에 대해서 시비를 걸자 화가 났다. 그 후 유기천 교수가 서울대 총장으로 임용되면서 당시 박정희 정권에서 문제 교수들을 파면하라는 지시가 내려왔다. 유기천은 황산덕 교수부터 파면시켰다. 이에 황산덕 교수가 법원에 소송을 제기하자 유기천 교수는 파면을 취소하였는데, 그래도 황교수는 소를 취하하지 않고 그대로 끝까지 밀어붙여 서울법대를 그만두고 성균관대로 옮겼다. 그 후 두 사람의 입장은 바뀌었다. 유기천 교수는 유신정국에 반대한다는 이유로 국외로 추방되었다. 반면 황산덕 교수는 유신정부에 참여하여 문교부 장관과 법무부 장관을 모두 지냈다.

황산덕 교수는 당시 법무부 장관으로서 육영수 암살범인 문세광 사건에서 범인을 즉시 사형에 처하고 동시에 유신정국에 대해서 반대하는 많은 사람들에게 벌을 가함으로서 학자로서 정부 편에 선다는 비난을 받았다. 황산덕 교수의 인품이나 학자로서의 실력은 그 당대의 최고의 학자임에 틀림없다. 그러나 그가 학자로서의 양심을 버리고 유신정국에 붙어서 권세를 누렸다는 것은 사회 정의를 실현하고 후진을 양성하는 학자로서의 양심을 버렸다는 비난을 받으면서, 현재는 유기천 교수보다 존경을 덜 받고 있다.

지금은 두 사람 다 서거하여 고인이 되었다. 인간은 관 뚜껑을 덮은 후에 그 사람에 대한 평을 하여야만 한다고 한다. 현재 모든 사람들은 황산덕 교수보다 유기천 교수를 더욱더 존경하고 유기천 기념사업회를 만들어서 그를 기리고 있다. 대부분 유신정권에 참여했던 학자들은 지금은 어용학자로 존경의 대상이 되지 못하고 있다. 이것을 보면 일순간의 권력을 위해서 살기보다는 지조를 가지고 소신껏 살아가는 사람이 결국은 승리한다고 할 수 있다. 특히 사회의 진리와 정의는 올바른 행동을 하는 사람에게 행운의 미소를 보내게 된다.

김대중
납치 사건

1972년 10월 17일 박정희 대통령이 유신을 선포하고 국가 비상사태를 선포했을 당시 김대중은 일본 방문 중에 있었다. 김영삼 또한 미국을 방문하고 있었다. 국가 비상 계엄선포 소식을 듣고 김영삼은 즉시 서둘러서 귀국했다. 김대중은 이때부터 국내에 귀국하지 않고 일본에 머물면서 유신정국을 비난하고 일본의 정치인을 비롯하여 미국의 정치인과 언론인들을 만나 유신정권을 비난하고 다녔다. 그 결과 국제사회에서의 한국 정부에 대한 이미지가 매우 나빠지기 시작하였다.

한국 정부에서는 김대중에게 일본에서 귀국하도록 수차례 종용하였다. 그러나 김대중은 계속해서 귀국하지 않고 한국의 민주화를 위해서 일본을 거점으로 전 세계에 한국 독재정부의 실태를 폭로하고 민주주의 회복을 위해서 도와 달라고 호소하고 다녔다. 김대중은 반한 재미동포를 중심으로 73년 7월 6일 한국민주회복통일추진국민회의 한민통을 결성하였다. 또한 일본 내에서도 한민통을 결성하여 한국의 민주화운동을 전개해 나가기 시작했다.

박정희 정권은 김대중의 해외 활동에 대해서 위협을 느끼기 시작하였다. 73년 8월 8일 김대중은 도쿄의 그랜드 팔레스 호텔에서 당시 민주통일당의 양일동 의원을 만났는데 그 후 괴한들에 의해서 납치되었다는 것을 양일동 의원이 일본 언론에 알리면서 사건은 크게 확대 되었다.

그러면 김대중은 왜 양일동 의원을 만났는가?

양일동은 전북 군산 출신으로 김대중과 같은 반유진산 세력으로 1973년 1월 유진산이 신민당 당수가 되자 신민당을 탈당하고 민주통일당을 창당하여 제3당으로서 제1야당인 신민당과 공조하면서 유신체제에 대항하여 민주화운동을 전개해 나갔다. 양일동과 김대중은 그날 팔레스 호텔에서 민주화운동에 대해서 논의를 하고 헤어진 직후였다.

김대중이 실종되었다는 소식을 접하자 일본 경찰은 미국에 통보하고 미국의 공군까지 동원하여 수색작업을 한 결과 김대중이 괴한들에게 배에 실려서 갔다는 정보를 입수하였다. 일본해상청과 미국이 수색을 강화하는 바람에 괴한들이 물속에 수장시키려던 계획을 바꾸어서 김대중을 배에 싣고서 한국으로 돌아왔다.

결국 김대중은 납치된 지 129시간만인 8월 13일 밤 10시경에 집주변에서 괴한들로부터 풀려나게 되었다. 만일 미국과 일본의 강력한 수색작업이 없었더라면 김대중은 물속에 잠겨서 죽음을 피할 방법이 없었을 뻔했다.

김대중 납치 사건은 한일관계를 크게 악화 시켰다. 특히 일본은 김대중 납치사건을 일본에 대한 주권침해로 몰아갔고 일본 경시청은 범인의 지문채취 결과 당시 중앙정보부 요원으로 일본 대사관의 1등 서기관으로 파견 나온 김동운 서기관을 범인으로 지목하였다.

한국 정부는 이 문제에 대해서 적극적으로 부인했으나 일본 정부가 정치적 문제로 이슈화 하면서 한일의원 정기회동 중단과 대륙붕 석유 공동개발 중단 등 경제적인 압력을 가하자 미국 정부가 중간에 나서서 문제를 종결 시켰다. 결국 중앙정보부의 김동운 서기관의 해임과 김대중이 일본에서 행한 일에 대해서 책임추궁을 하지 않고 대통령의 공식사과 등을 하기로 하면서 김대중 납치 사건은 마무리 되었다.

결국 정부는 중앙정보부 김동운 서기관을 해임하고 동년 12월 22일 박정희는 김종필을 특사로 보내서 대통령이 김대중 납치 사건에 공식적으로 사과하는 문서를 다나카 가쿠에이 당시 일본수상에게 전달하면서 이 사건은 마무리 되었다.

그러나 김대중 납치 사건으로 인해서 국내외적으로 한국의 박정희 정권은 엄청난 후유증을 남기고 파장을 일으키게 된다.

김대중 납치 사건으로 인해서 전 세계는 한국 박정희 정권의 독재정치 실태에 관심을 가지고 인권을 탄압하는 대통령으로서 필리핀의 마르코스와 함께 가장 대표적인 독재자로 인식하게 되었다. 그리고 얼마 후에 나타나는 카터 정부의 주한미군 철수론의 직접적인 계기가 되었다.

다음으로 이 사건은 한국의 반정부 및 민주화 회복단체가 인권운동을 지속해 나가는 데 구심점을 만들어 주었다. 김대중 납치 사건으로 인해서 민주회복 시민단체들이 보다 적극적으로 민주회복운동을 학생들과 종교인 및 언론인들과 연대해 나가는 활력소를 제공하였다.

또한 1972년 7·4 공동성명으로 인해서 남북관계가 화해의 해빙무드가 조성되는 듯했으나 김대중 납치 사건으로 인해서 북측이 7·4 공동 성명을 파기하며 남북은 평화통일에서 적대적 관계로 변하게 되었다.

그러면 김대중 사건의 범인은 누가인가?

김대중 정부가 들어선 1998년에 김대중 대통령은 범죄자 처벌을 원하지 않는다고 하면서 문제 삼지 않았다. 그 후 노무현 참여

정부에서 문제를 제기해 진상규명위원회에서 이 문제를 다룬 결과 당시 중앙정보부장 이후락의 지시에 의해서 이루어진 일임이 밝혀졌다.

그러면 이후락은 왜 김대중 납치 사건을 주도했을까?

당시 이후락은 1971년 제8대 국회의원 선거에서, 지난번 7대 국회의원 선거에서 얻은 득표율 3분의 2의 의석보다 훨씬 못 미치는 겨우 과반수를 확보하는 선에서 그쳤기 때문에 대통령에게 미안하게 생각하고 있었다. 그러나 이후락은 1972년 유신헌법의 틀을 제공한 7·4 공동성명을 끌어내기 위해 북한을 방문했을 당시 청산가리를 주머니 속에 넣고 갔다는 말을 통해 국민과 박정희로부터 신임을 얻어, 지난번 선거에 얻은 부실한 성과를 어느 정도 만회하기는 하였다.

그러나 거기에 만족하지 않고 대통령에 대한 과잉충성을 보이고자 김대중 납치 사건을 일으킨 것이다. 김대중 납치 사건은 결국 중앙정보부장 이후락을 정계에서 은퇴시키는 결과를 초래하였다. 박정희는 국민들의 여론을 감안해서 그해 12월 이후락을 중앙정보부장에서 해임시키고 후임으로 신직수를 임명하였다. 신직수가 중앙정보부장으로 들어오면서 인권문제를 다루는 정보부 제6국을 더욱더 강화시켰기 때문에, 한국의 민주화운동은 시련에 빠지게 되었으나 그 속에서 더욱더 강도 높은 체계적인 운동을 전개해 나가기 시작하였다.

문세광
사건

김대중 납치 사건으로 인한 파장은 다음 해에 일어난 문세광 사건에 직·간접적인 영향을 미쳤다. 박정희 정권이 유신을 선포한 지 2년도 넘기지 못한 채 박정희 대통령의 영부인 육영수 여사가 8·15 경축식장에서 재일교포 2세인 문세광의 총에 맞아서 숨진 불행한 역사적 사건이 발생하게 된다.

재일교포 2세인 문세광은 1951년생으로 당시 23세의 젊은 청년으로서 재일본 북한 조총련에 적을 두고 있었다. 문세광은 남한의 유신독재 체제에 대해서 불만을 품고서 8·15 경축일을 기해서 박정희 대통령을 암살할 계획을 세웠다.

문세광은 일본 여권을 소지하고 일본 파출소에서 훔친 권총에 총탄 5발을 장전하여 한국에 입국한 후 조선호텔에 투숙했다. 다음 날인 8월 15일 10시부터 국립극장에서 거행된 제29차 8·15 기념행사에 참석하여 10시 23분 박정희 대통령이 기념사를 낭독하던 중 문세광이 일어나서 대통령을 향해 총을 쏘았다. 그런데 그 총알이 빗나가자 옆에 앉아있던 육영수 여사를 향해서 쏘아서 육 여사는 머리에 총을 맞고 그날 7시에 사망했다. 또한 문세광과 총격전을 벌이던 경호원의 총에 맞아서 경축사에 참석한 여고생 장봉화 양이 숨지는 사태가 발생하였다.

불행 중 다행으로 박정희 대통령 암살은 실패로 돌아갔지만 영부인 육영수 여사의 암살은 우리 국민들 모두에게 상처를 준 가슴

아픈 역사적인 사건이었다. 그리고 문세광의 박정희 암살 사건은 한일관계에 있어서 엄청난 파장을 불러 일으켰다.

이후 우리 정부는 책임을 일본에게 추궁하기 시작하였다. 문세광이 재일교포이기는 하지만 일본 여권을 소지하고 있었고 일본에서 가져온 권총으로 사건을 저질렀기 때문에 전적으로 일본에 대해서 책임을 물었다. 특히 문세광이 조총련의 사주를 받아서 범행을 저질렀으니 일본 내 조총련을 없애도록 요구하였다.

그러나 일본은 책임이 없다면서 회피하려 하는 동시에 한국이 요구한 사항에 대해서는 흐지부지 넘기려 하였다. 한국 정부는 주한 일본대사를 소환하고 동시에 당시 외무부 장관인 김동조는 미국의 하비브 국무 차관보에게 일본에게 압력을 넣도록 요청을 하였다. 하비브는 즉시 당시 미국의 포드 대통령과 대통령 안보보좌관인 헨리 키신저에게 보고하여 문제에 착수하였다. 그러나 하비브의 반응 역시 우리가 요구하는 수준은 아니었다.

정부에서는 일본과 외교단절인 영사단절까지 생각하는 극단적인 결단을 준비하였다. 그런데 하비브 차관보는 오히려 화를 내면서 미국은 한국을 위해서 할 만큼 하였다며 한미관계는 일본을 바탕으로 존재한다는 엉뚱한 발언을 하였다. 이러한 하비브의 발언에 일본은 힘을 얻어 당시 일본의 외무상인 기무라는 한술 더 떠 "한반도에서 한국은 유일한 합법적인 정부가 아니며 북한도 같은 합법적인 정부다"라는 말을 했다.

기무라 일본 외상의 발언은 한반도에서 남한과 북한을 동시에 인정하며 한반도에는 두 개의 정부가 존재한다는 소위 등거리 외교 정책을 추진하겠다는 의미를 담고 있다. 이러한 기무라의 발언으로 인해서 한국의 우익단체 2백 명이 일본대사관을 습격하는 사태가 벌어졌다.

김대중 납치 사건에서는 우리 측이 일본 측의 요구에 밀리는 자세였으나 이번 문세광 사건은 정반대의 현상이 나타나서 일본 측이 우리 측의 요구에 잘 대응하지 못하고 있었다.

얼마 후 기무라 일본 외상은 자신의 발언에 대해 사과했다. 또한 다나카 수상이 조문객으로 육영수 여사 장례식에 참석하였으며, 일본 측에서는 다나카 수상이 자신을 대신하여 일본 여당의 부총재인 시나 에쓰사부로를 한국에 방문케 하여 다나카 총리의 사죄하는 친서를 전달하면서 문세광 사건은 일단락 지어졌다.

또한 한국과 일본은 한·미·일 공조를 통해 더욱더 강한 안보관계를 지속할 것을 약속하였고 일본은 한국 측이 요구한 조총련의 입국 제한 조치를 받아들이기로 했다.

문세광은 대법원에서 12월 17일 사형선고를 확정 받고 3일 후인 12월 20일에 사형에 처해졌다. 대법원 판결 선고 이후 바로 3일 만에 형을 집행한 것을 재야 단체에서는 문제 삼았다. 즉 인권유린이라는 것이다. 특히 당시 법무부 장관이었던 황산덕 장관이 신속한 사형집행 명령을 내렸다는 소문이 나돌면서 황산덕 장관은 재야인사들로부터 큰 비난을 받았다.

문세광 사건은 국내 경호상의 책임이 컸다. 문세광에게는 광복절 행사장에 입장할 수 있는 허용표가 없었다. 처음에는 경호원이 입장을 거절하여 들어가지 못하고 주변을 서성거렸다. 다시 문세광이 장관의 친구라는 말을 하자 경호계장이 입장을 허용하면서 사건이 크게 발생하였다.

또한 입장 시 권총을 소지 못하도록 철저하게 조사하지 못한 것도 경호상의 문제로 볼 수 있다. 이 사건을 계기로 당시 경호실장 박종규는 사임하고 후임에 차지철이 발탁되면서 훗날 김재규가 일으킨 10·26 사태의 발단이 된 것이 바로 문세광 사건이라고 할 수 있다.

그러나 근본적인 문제는 절대 권력을 휘두르는 대통령 밑에서, 오직 개인의 권력욕에만 사로잡혀 있었기 때문에 이런 사건이 일어나자 각자의 맡은 임무를 제대로 수행하지 못하였다는 데 있다.

선진국의 경우 경호실장은 경호에만 충실하지 권력욕에는 사로잡혀있지 않기 때문에 자신의 업무를 완벽하게 수행한다. 그러나 우리나라의 경우 역대 경호실장이 대통령의 경호를 한답시고 중요한 경호는 하지 않고 월권 행위를 일삼다가 마찰을 일으키고 결국 정권의 종말을 고하는 결과를 초래하게 된 것이다.

그렇다면 문세광 사건이 가져온 역사적인 의미는 무엇인가?

문세광 사건은 유신헌법이 선포된 지 불과 2년도 채 되지 않은 상황에서 발생한 사건이었다. 문세광은 자신이 애국자라는, 국가를 위한다는 명목으로 박정희를 향해서 암살을 시도한 것이다. 문세광은 당시 23세의 젊은 혈기로 스스로 안중근처럼 국가를 건지겠다는 소영웅심을 강하게 가지고 있는 영웅주의자였다. 스스로가 안중근이 당시 한국 식민지 통치를 주도한 이토 히로부미를 암살한 것과 같은 착각과 망상에 빠져있었다.

문세광은 국가를 건진다는 영웅심이 발동한 젊은 재일교포였다. 문세광은 단독범행이라고 밝혔지만 공산주의 조총련의 사주에 의한 것으로 의심된다. 왜냐하면 문세광은 조총련 소속의 재일교포였기 때문이다.

김대중 납치 사건 이후에 발생한 문세광 사건으로 인해서 국제적으로 한국의 박정희 정권이 독재정치를 하고 있다는 것이 전 세계에 알려지게 되었다.

박정희 개인적으로는 영부인인 가족을 잃어버린 엄청난 충격 속에서 정치를 하게 되었다. 따라서 인간적으로 봤을 때 올바른 정치를 할 수 있는지에 대해서 역사적으로 생각해 볼 수 있다. 그리고 영부인 육영수 여사를 잃은 지 5년 만에 박정희 자신도 암살을 당하는 한국정치사에서 가장 큰 비극을 당하게 된다.

5년 후 유신호 침몰의 결정적인 간접적인 요인은 바로 문세광 사건이라고 규정할 수 있다. 박정희의 인사 스타일은 한번 사람을 쓰면 금방 바꾸지 않고 오래두는 스타일이다. 만일 문세광 사건이 발생하지 않았더라면 박정희는 경호실장 박종규를 그대로 등용하고 후에 10·26 사건의 장본인인 차지철을 경호실장으로 등용하지 않았을 것이다.

문세광 사건 이후 박종규는 사건에 책임을 지고 물러났다. 그리고 후임에 차지철이 등용 되면서 박정희를 등에 업고서 월권행위를 하였다. 그 결과 박정희 역시 암살당하는 역사적인 불행이 발생하였다.

여기서 우리가 알 수 있는 역사적인 사실은 독재는 독재를 가중시켜서 결국은 극단적 파멸의 길로 들어선다는 것을 이 사건을 통해 알 수 있다. 문세광 사건의 원인을 제공한 것은 1년 전에 발생한 김대중 사건이었고 10·26 사건을 일으킨 간접적인 사건은 문세광 사건이라고 할 수 있다.

그러면 문세광 사건의 경호책임자인 박종규와 후임자로서 후에 유신정국 침몰에 직접적인 원인을 제공한 차지철은 누구인가?

박종규는 1930년 경남 창원에서 출생하여 부모를 따라 일본 경도에서 성장하였다. 해방 후 국방경비대 소속의 하사관으로 근무하였다. 박정희, 김종필과 함께 군에서 하사관으로 같이 근무하였다. 이것이 인연이 되어 5·16 군사정변 당시 장면 총리를 잡아들이는 데 결정적인 역할을 하였다. 1963년 군에서 대령으로 예편한 후 경호실 차장을 거쳐서 1964년 경호실장을 맡았다.

박종규는 육사 출신이 아닌 하사관 출신이라는 열등감이 있었지만 비교적 원만한 성격의 소유자였다. 문세광 사건 후 차지철에게 경호실장 자리를 물려주고 정계를 은퇴하였다. 1979년 무소속으로 국회의원에 출마하여 당선되었으나 1980년 전두환 정권에 의해서 부정축재자로 몰려 당시 재산 77억 원의 부정축재 혐의를 받고서 정계를 은퇴한 후 1985년에 사망하였다.

그러면 차지철은 누구인가?

차지철은 1934년 경기도 이천 출생이다. 서울의 용산고를 졸업하고 가정형편상 1953년 육군 사병으로 입대 5·16 당시는 공수부대장 박치옥 대령휘하의 대위로서 공수부대원이었다. 1962년 중령으로 제대하였다.

그 후 정계에 입문하여 박정희의 신임을 받았다. 공수부대 출신답게 머리보다는 무력으로써 국회에서 상임위원장 등을 역임하였다. 문세광 사건 이후 박종규 후임으로 경호실장에 발탁되어 부통령 행세를 하며 월권행위를 하였다.

차지철은 행동에 있어 모든 것을 육체적인 완력으로 해결하려고 하였다. 무술 유단자였던 그의 모든 문제를 힘으로 밀어붙이려는 짧은 머리가 결국은 유신호 침몰이라는 결과를 초래하였다.

결국 문제는 박정희가 유신헌법 이후 자신에게만 아부하는 부하들을 주변에 둔 결과 역사적인 비극을 맞았다고 할 수 있다.

전태일
사건

5·16 군사정변 이후부터 시작된 한국의 산업화 경제개발 5개년 계획은 대부분 외자에 의존하면서 우리 나라가 내세울 수 있는 것은 질 좋고 풍부한 노동인력밖에 없었다.

한국은 일본으로부터 한일 국교 정상화를 통해서 무상원조와 저금리의 차관을 비롯한 기술 습득과 미국과 독일 등 선진국으로부터의 차관을 빌려서 경제개발에 투자하였다. 그리고 1964년부터 시작된 월남 파병에서 얻은 자금들을 사용하여 빠른 시일 안에 국가경제를 중진국 수준으로 끌어 올리는 것이 정부의 목표였다.

따라서 우리 정부에서는 수출 실적을 올려서 외채를 상환하기 위해 피복이나 가발 공장 등을 세워서 우리의 풍부한 노동력을 최대한 활용한다는 데 목적을 두고 있었다. 특히 1961년 정부는 청계천 판자촌을 철거하고 하천부지를 막아서 그 위에 건물을 지었다. 건물 1층은 평화 시장 등으로 사용하고 이층부터는 봉제공장과 가발 공장 등 피복 봉제업체들이 들어섰다.

그 제조업체들은 아주 영세하여 좁은 공간 내에서 적게는 십여 명, 많게는 수십 명에 이르는 노동자들이 일을 하고 있었다. 청계천 복개로 세운 건물 내에는 약 2만 명의 노동자들이 일을 하고 있었다. 그러니 공장 내부는 노동자들이 머리를 들 수 없을 정도로 좁고 열악했다. 그럼에도 정부에서는 노동 환경 개선은 무시하고 오직 이들의 노동력을 최대한 활용하여 수출실적을 최대로 끌어올리는 데에만 최선을 다하였다.

여기에 더해 공장의 고용주는 노동부에서 만든 노동규약을 어기고 노동자들을 기계 부리듯이 인간의 노동력을 사용하였으며 그 결과 대부분 젊은이들은 폐결핵에 걸리는 경우가 많았다.

노동 시간 역시 보통 14시간을 넘겼다. 또한 햇빛 한 번 들어오지 않는 공장에서 먼지를 뒤집어쓰고 일을 하고 그보다도 머리도 제대로 들지 못하고 허리도 한번 펴보지 못하는 낮고 좁은 공장 안에서 오직 재봉틀과 씨름하는 힘든 일을 하는 노동자들이 대부분이었다. 여공들은 화장실을 이용하는 시간도 주지 않아서 점심시간에 화장실에 가서 줄을 서 있다가 그냥 들어오는 경우가 허다했다.

이러한 열악한 환경에서 일하는 노동자들을 정부에서는 질 좋고 풍부한 노동력인 산업역군이라고만 생각하고 인권을 유린하고 있다는 생각은 하지 않았다. 정부는 오로지 국가를 농업국에서 공업국으로, 후진국에서 선진국으로 만드는 데에만 목적을 두고 있었다. 이러한 상황에서 제일 먼저 노동자들의 인권문제를 들고 나온 노동자는 바로 전태일이었다.

전태일은 1965년부터 청계천 피복 공장에서 '시다'로 시작해서 기술자로서 일을 하고 있었다. 전태일은 청계천에 있는 약 2만 명의 피복 노동자들에게 설문서를 돌려 이를 토대로 노동자들의 노동착취에 대해 정부에 항거하면서 노동자들의 노동 환경 개선을 위한 노동운동을 시작하였다.

그러면 전태일은 누구인가?

전태일은 1948년 대구 남산동에서 태어나 어릴 때 부모님을 따라 서울로 올라왔다. 서울 남대문초등학교 4학년 때 아버지가 봉제공장에 납품업을 하다 사업에 실패하자 어린 나이에 봉제공장 시다를 시작으로 기술을 배워서 기술자인 노동자로서 일을 시작한다.

1965년부터는 청계천 피복 공장의 기술자로 일하면서 실지로 여공을 비롯한 노동자들이 근로기준법을 벗어난 기계와 같은 고된 노동과 열악한 공장에서 생활하는 것을 보고 그들을 도왔다. 그리고 노동법에 대한 책을 보면서 노동자들이 노동법에 규정된 사항을 모르고 있다는 것을 알고서 노동자들을 깨우치는 소위 노동자 의식개혁을 시작하였다.

이러한 전태일의 노동자 의식개혁 운동으로 인해서 전태일은 1969년 직장에서 해고당한다. 이후 그는 공사장에서 노동자로 일을 하다가 1970년 청계천 피복 공장으로 복직하면서 노동자들의 인권을 보호하는 노동조합을 결성하게 된다.

전태일이 추진한 노동조합은 그 후 대대적인 직장 노동조합으로 형성되는 효시를 이루게 된다. 그는 정부와 고용주에 대해서 노동자들은 '인간이지 기계가 아니다'라는 구호를 내세워서 노동자들을 규합하여 고용주의 노동법 준수를 외쳤다.

1970년 11월 13일 전태일은 약 5백 명의 청계천 노동자들을 규합하여 '우리는 기계가 아니다'라는 구호를 들고서 노동자들의 인권을 위한 노동시위를 벌이다가 몸에 휘발유를 뿌리고 분신을 시도하였다. 그는 몸에 화상을 입고서 병원으로 옮겨졌으나 끝내 노동법 책을 껴안고 죽음에 이르렀다. 전태일의 죽음은 결국 1970년 이전에는 수면 밑에서 잠자고 있던 노동자들의 인권을 유린하는 정책에 반대하는 운동이 수면 위로 부상하는 계기가 되었다.

1970년대는 노동자들이 인권운동과 함께 민주화운동에 가세하면서 한국의 민주주의를 발전시키는 계기가 되었다. 동시에 후에 체계적으로 시작된 노동자들의 노동운동은 마침내 유신체제를 붕괴시키는데 결정적인 역할을 하였다. 또한 후에 나타난 신군부 독재 정부에 노동자들이 가세하여 군사정권을 붕괴시키고 한국의 민주화를 앞당겨서 완성시키는 데 중요한 역할을 하게 된다.

따라서 한국의 민주화운동의 기수로서 전태일을 숭배하지 않을 수 없다. 노동운동을 지속하라는 전태일의 유언에 따라서 그의 어머니 이소선 여사는 노동운동을 계속하였다. 따라서 한국 노동조합의 역사는 전태일을 시작으로 탄생되었다고 할 수 있다. 전태일은 22살의 짧은 생을 마감했지만 그의 노동자를 생각하는 마음은 현재까지 남아, 지금 전국 노동자와 노동조합이 매년 11월 그를 기리는 기념행사를 하고 있다.

제3공화국은 노동자들을 '가장 질 좋고 장기간 사용할 수 있는 노동력'으로 여겼다. 정부는 노동자들에게 산업역군이라는 이름을 붙이기는 하였으나 결국은 노동자들을 기계처럼 부려 먹고, 선 성장과 후 보상이라는 정책이 낳은 인권유린에 불과한 일이었다고 할 수 있다.

월남전 패망과
김영삼·박정희
영수회담

김대중 납치 사건이후 김
대중은 가택에 연금된 상태에서 정치활
동이 힘들었다. 또한 김대중은 제8대 국
회의원 선거에 출마하지 않았기 때문에 현역 국회의원이 아니었다.

유신이 시작되기 전 유진산계가 반진산계를 따돌리고 유진산
을 총재로 선출하자 김홍일계와 김대중계와 양일동계는 김홍일 의
원의 자택에서 김홍일 의원을 총재로 선출하였다. 이로써 신민당은
진산계와 반진산계로 갈라지게 되었다.

유신정국하에서 시작된 제1야당인 신민당은 박정희 유신공포
직후 김홍일은 11월 6일 유진산 총재 직무정지를 신청한 소를 취하
하였다. 또한 유진산도 이어서 1973년 1월 23일 총재직을 사퇴하
였다. 그 결과 신민당은 다시 하나로 통합하게 되고 새로 총재를 선
출하게 되었다. 1973년 5월 7일 전당대회를 열어 유진산이 임기 2
년의 총재로 선출되었다.

그런데 유진산이 다음 해 1974년 4월 22일 결장암으로 서거하
자 김의택 의원이 총재권한 대행을 하고 신민당은 8월 22일 전당대
회를 열어서 새 총재를 선출하게 되었다.

전당대회의 총재경선 후보로서 김영삼, 김의택, 정해영, 고흥문,
이철승의 다섯 후보가 나섰다. 제1차 투표에서 김영삼 197표, 김의
택 142표, 정해영 126표, 고흥문 111표, 이철승 107표를 얻어서
아무도 과반수의 표를 얻지 못했다. 다시 제2차 투표에서 4위인 고

흥문은 김영삼을 지지하고 5위인 이철승은 김의택 후보를 지지하면서 후보에서 사퇴하였다. 제2차 결선투표는 김영삼, 김의택, 정해영의 3자 대결로 압축되었다. 그 결과 김영삼 후보가 324표, 김의택 후보가 203표, 정해영 후보가 185표를 얻어서 또다시 아무도 과반수를 얻지 못하였다. 제3차 결선투표를 하기 전 김의택 총재권한 대행이 후보 사퇴를 선언하고 김영삼을 지지하면서 김영삼이 투표 없이 총재로 당선 되었다. 이로써 김영삼이 유신정국하에서 신민당 총재로 당선되면서 유신정국의 독재에 대항하는 도전장을 내었다.

그러면 야당 총재후보 김영삼과 대결구도를 이루었던 김의택, 정해영, 고흥문, 이철승은 누구인가?

반진산계의 이철승은 이미 설명하였기 때문에 나머지 인물들에 대해서 간단하게 서술하고자 한다. 이번 총재경선에서 김영삼 다음의 2위를 득표한 김의택은 1909년 전남 함평 출신으로 자유당 시절 전남도경국장과 수원경찰서장을 역임하였다. 자유당 시절 3, 4, 5대 국회의원을 지내고 신민당 원내총무와 유신이후에 실시된 제9대 국회의원 선거에서 당선되었다. 유진산 사후 잠시 신민당 총재권한 대행을 한 신민당 내 원로로 인정되었으나 당내 기반은 약하였다.

다음 고흥문은 누구인가?

고흥문은 1921년 서울 출생으로 경기상고를 졸업하고 조병옥의 선거참모로 시작해서 철저한 구파인 조병옥 인물로 평가되고 있다. 그는 젊은 시절 사업으로 성공하고 1960년 유진산과 함께 구파를 이루면서 철저한 진산파에 속하는 신뢰를 바탕으로 한 정치인이었다. 신민당 사무총장 등을 역임하였으나 김영삼만큼의 카리스마는 갖추지 못했다.

그러면 이번 전당대회에서 3위를 한 정해영은 누구인가?

정해영은 1915년 경남 울산 출신으로 부산상고를 졸업하고 사업을 해 대동연탄 사장을 역임하고 재3대 민의원 선거에서 울산에서 무소속 국회의원에 당선된 후 정계에 발을 들여 놓았다. 무소속에서 야당으로 옮겨 의원활동을 시작하였다. 제8대 국회에서 국회 부의장을 역임했다. 9대 유신 정국의 국회의원에 당선된 이후 신민당 부총재를 거쳐서 총재경선에 나섰으나 별 정치적 역량은 발휘하지 못했다.

결과적으로 볼 때 유진산 사후 신민당은 유신정국하 현실정치에서 민주화운동을 하는 김영삼과 원외에서 가택 연금 등 어려움을 겪으면서 투쟁하는 김대중 양김의 시대로 접어들었다. 여기에 더해서 주목할 인물은 40대 기수론에서 반유진산파의 이철승이다. 이철승은 양김과 함께 당에서 주목을 받는 인물로 평가될 수 있다. 따라서 신민당은 김영삼, 김대중, 이철승의 시대에 접어들었다고 할 수 있다.

3공화국 당시는 중앙정보부의 공작이 대단했다. 김형욱 중앙정보부장은 육사 8기 김종필과 같은 육사 동기로서 뚝심을 바탕으로 대통령 선거와 국회의원 선거에 공작정치를 폈다.

제4공화국 유신정권하에서 실시된 이번 신민당 전당대회에서 중앙정보부는 이후락이 김대중 납치 문제로 사퇴하고 후임에 검찰총장과 법무장관을 역임한 신직수 현직 중앙정보부장 등 정보부 요원들이 약한 김의택을 당선시키기 위해 행한 정치공작이 상당한 작용을 하였다. 그러나 대세는 김영삼이 확실했다.

김영삼은 강한 투쟁 경력을 바탕으로 선명야당을 내세워서 대 유신독재 투쟁을 선서하면서 야당과 국민들의 기대는 컸다. 그런데 김영삼 집권 이후 가장 중요한 사태가 발생하였다. 하나는 1975년 4월의 월남전의 종결과 월남 패망이었다. 다른 하나는 김영삼 계파인 신민당 소속 남장 여성의원인 김옥선 의원이 10월 8일 국회 회기 중에 정부주도의 관제집회인 안보는 여당의 장기집권을 위한 정부의 조작이라고 발언한 사건이었다.

우선 김영삼은 총재로서 개헌 투쟁을 목표로 삼고 다음으로 김대중 가택연금 해제 및 정치활동의 재개와 동아일보의 언론 탄압 등을 총재 재임기간 반드시 이루겠다는 선명야당 총재를 선언하였다.

그런데 1975년 4월 월남 패망 이후 청와대는 4월 월남 패망을 빌미로 전 국민의 단합을 요구하는 안보에 총력을 기울이기 시작하여 국민들의 관심을 민주화가 아닌 안보 방향으로 전환시키기 위해서 대규모 국민집회 등을 열었다.

그러면 이 당시 국내정세는 어떻게 돌아가고 있었는가?

경제적으로는 1974년 중동국가들이 오일 가격을 올리는 바람에 석유 한 방울 나지 않는 한국은 오일 파동의 직격탄을 맞게 된다. 특히 우리나라는 1, 2차 경제개발 사업을 바탕으로 3차 경제개발 사업을 추진 중에 있었으며 이 과정에서 경공업에서 중화학공업으로 변화하는 중이라, 오일 에너지가 더욱더 필요한 시점에 있었다.

당시 한국의 물자 상승률은 1973년 3.5퍼센트에서 1974년 24.8퍼센트로 수직상승하게 되었으며 1975년에도 24.7퍼센트의 물가 상승세를 보였다. 경제성장율 역시 73년의 12.3퍼센트에서 74년도의 7.4퍼센트로 크게 둔화되었으며 1975년도는 6.5퍼센트로 더욱더 저조하였다. 무역적자폭도 10억 달러에서 24억 달러로 크게 상승하였다. 이러한 현상은 1976년 이후에야 정상으로 돌아오게 되었다. 이처럼 경제적으로 중동의 오일 쇼크는 전 세계의 경제를 곤두박질치게 하면서 우리나라 역시 경제가 정치에 미치는 영향이 매우 커졌다.

이러한 상황에서 월남전의 종결과 함께 월남 패망 사건이 발생하면서 우리나라의 안보는 크게 위협을 받기 시작했다. 특히 인도차이나반도는 우리와 같이 남북으로 갈려서 북쪽인 월맹은 북한이 도와주고 남쪽은 우리나라가 미국과 동맹하여 도와주었다. 공산주의 국가인 월맹의 승리는 바로 한반도에서도 공산화 도미노 현상이 일어날 가능성을 보여 주었다.

우선 미국으로서도 상당히 충격적인 일이었다. 미국의 역사상 전쟁에서 한 번도 패한 일이 없었다. 그런데 1962년부터 시작된 월남전에 미국이 개입했다가 결국 패전하여 손을 떼면서 미국은 이제 더 이상 세계 패권국이 아니라는 것을 보여 주었으며 미국의 위신은 추락하고 말았다. 반면 러시아의 위세는 대단하였다. 이러한 러시아의 위세에 힘입어서 북한이 러시아의 도움으로 또다시 6·25와 같은 전쟁 도발을 할 가능성을 열어놓고 말았다.

1975년 일본수상 미끼는 그해 8월 포드 미국 대통령을 방문하여 미·일정상회담을 가지면서 한·미·일 삼국의 강한 공동 방위망을 형성하여 북한에 대비하는 강한 공동대응을 선언하였다. 또한 당시 헤럴드 브라운 미 국방장관은 만약 북한이 남한을 침공하는 경우 핵무기를 사용하여 북한의 침공을 저지시킬 것이라는 강력한 메시지를 전달하였다.

이러한 한·미·일 공동의 강력한 군사적 동맹으로 인해서 김일성이 남한 침략을 포기하기는 하였지만 1976년 8월의 공동 경비구역에서 미루나무 가지를 자르던 미군 병사 2명을 도끼로 살해하고 8명에게 중상을 입히는 등 갖은 만행을 저질렀다.

이러한 상황에서 박정희 정부는 안보를 최우선 정책으로 하고 범국민적인 차원에서 단합을 요구하고 나섰다. 물론 정치적인 차원에서도 여·야가 하나로 단합해야만 한다고 주장하였다.

이 과정에서 여·야 영수회담이 제기 되었다. 당시 중앙정보부장 신직수는 여·야 영수회담을 좀 더 미루자고 주장하였다. 반면에 정부 쪽에서 가장 권력이 강한 경호실장 차지철은 강력하게 여·야 영수회담의 조기 성사를 주장하였는데, 결국 차지철 쪽으로 의견이 모아지면서 1975년 5월 21일 박정희와 김영삼의 영수회담이 성사되었다.

이미 박정희와 영수회담을 한 박순천과 유진산이 회담을 하고 난 후에 색깔이 선명하지 못하다는 '사쿠라' 소리를 듣는 등 정치적으로 큰 타격을 입었기 때문에 이번의 여·야 영수회담은 김영삼의 정치생명과 직결되는 중요한 사건이었다.

그런데 박정희와 김영삼의 영수회담에서 야당은 얻은 것이 없었다. 특히 대변인인 이택돈까지 정리할 것이 있다면서 회담내용을 밝히지 않았다. 김영삼은 회담내용을 끝까지 밝히지 못했다. 결국 김영삼은 박정희 전술에 말려들어가고 말았다. 이것은 바로 다음에 나타나는 1976년 신민당 전당대회에서 총재자리를 뺏기는 결과를 초래하고 말았다.

대부분의 기록에 의하면 김영삼이 회의장에 들어서자 마침 청와대 뜰 나뭇가지에 새가 한 마리 날아들고, 박정희는 이 새를 가리키며 나도 집사람이 없는 마당에 혼자서 이렇게 큰 청와대에 있기가 싫고 인생의 허무를 느낀다면서 주머니에서 손수건을 꺼내 들고 눈물을 닦으면서 자신도 얼마 있으면 물러나겠다는 의사를 밝히고 나서 회담이 진행되었다.

김영삼이 박정희의 이런 인간적인 면모를 보면서 강하게 달려들 기세가 꺾이고 제대로 된 회담을 하지 못했다는 풍문이 있기는 하다. 그러나 김영삼은 인간적인 차원을 넘어서 강한 적대감을 가지고 문제를 풀어나가야만 했다. 이것이 김영삼이 저지른 가장 큰 실수였다.

회담을 마치고 난 김영삼은 신민당원들에게 시원한 회담결과에 대해서 확신을 주는 답을 하지 못하면서 금전 수수설 등 많은 소문에 시달리게 되었고 다른 계파원들에게 약점이 잡히고 말았다. 그후 김영삼은 끝까지 영수회담에 대해서 함구하고 말았다.

김옥선
파동

그런데 또 한 가지 문제가 생겼다. 바로 김옥선 의원의 제명 문제였다. 김옥선 의원의 국회발언에 대해서 여당과 유신정우회가 강력하게 제명하려는 움직임을 보였는데 총재인 김영삼의 태도가 분명하지 못했다. 결국 김옥선 의원이 자진 사퇴하는 불미스러운 일이 생겼다. 이것을 김옥선 파동이라고 한다.

그러면 김옥선은 누구인가?

김옥선은 1934년 장항 출신으로 정신여자고등학교와 중앙대 정치외교과를 졸업하고 교육자로서 정의여자고등학교 이사장을 지냈다. 그 후 7대 9대 12대 국회의원을 지냈다. 김옥선은 그녀의 트레이드마크인 남장을 하고 다녔기 때문에 더욱더 유명해졌다.

김옥선은 김영삼계의 구파로, 9대 국회의원 당시 1975년 10월 8일 당시 월남전의 패망으로 국가가 안보문제로 국민들의 궐기대회를 주도하는 일이 잦았다. 그러자 당시 야당인 신민당 국회의원인 김옥선이 궐기대회는 정부가 주도하는 관제형 궐기대회로서 정권 연장의 수단으로 이용하고 있다고 주장하였다. 동시에 김옥선은 박정희를 독재자라고 몰아붙였다. 이것을 김옥선 파동이라고 한다.

이에 맞서서 여당의 정일권 국회의장과 유정회 의원들은 김옥선 의원을 제명하는 안을 상정하였다. 야당 의원들의 반응은 냉담하였다. 김옥선 제명안에 대해서 반대하고 나서는 의원은 한 명도 없었다. 그런데 김영삼 총재는 자신과 같은 계파인 김옥선 의원을 감싸기는커녕 오히려 김옥선 의원을 찾아가서 빨리 사표를 제출하라고 사표 제출을 종용하였다. 김옥선 의원은 제명을 당하느니 사표가 났다는 생각에 사표를 내고 말았다. 이것을 김옥선 파동이라고 한다.

문제는 왜 김영삼이 여당 의원들의 김옥선 제명안에 대해서 강경한 반대 노선을 보이지 못했는가 하는 것에 있었다. 이러한 김영삼의 석연찮은 행동에 대해서 신민당원들은 의심을 품기 시작하였으며 금품 수수설 등 여러 가지 소문에 휩싸였다.

김옥선 파동을 시발점으로 김영삼을 중심으로 한 야당은 대여 투쟁의 강경 노선을 걸어가야만 했다. 또한 재야인사와 재야언론인 등과도 합세하여야 할 김영삼이 대여 투쟁을 중단한 것을 보면 박정희와 모종의 약속이 있었다는 의혹이 제기됐다. 그럼에도 김영삼은 박정희와의 영수회담에 대해서는 일체의 함구령을 내리고 말았다.

박정희와 영수회담을 계기로 김영삼의 선명성은 빛바랜 백일홍으로 변하고 말았다.

최종길 교수와
장준하 선생의
의문사

1972년 10월 유신 계엄 선포 이후 대학가는 잠잠한 듯 보였다. 그런데 이듬해인 1973년 8월 김대중 납치 사건 이후 그해 가을 학기가 시작되면서 서울문리대 학생들이 중심이 되어서 유신헌법 철폐를 외치면서 데모를 시작하였다. 이어서 서울법대 학생들도 데모에 가세하면서 데모대가 커지면서 학원가가 시끄러워지기 시작하였다. 그러자 정부에서는 데모학생들을 무더기 제적하는 징계를 가하고 군대에 강제로 징집하였다.

이러한 강한 정부의 태도에 대해서 당시 서울법대 학생과장이었던 최종길 교수는 교수회의에서 총장이 직접 대통령을 찾아가서 유신헌법을 철폐하라고 말하였다. 동시에 대통령이 자진해서 유신헌법을 철폐하면 학생들은 더 이상 데모를 하지 않을 것이라고 강력하게 발언하였다. 또한 학생들에게 학생과장으로서 피해를 주지 않으려고 정부보다는 학생들의 입장에서 학사 일을 처리하였다.

정부에서는 당시 유럽 거점 특히 독일 거점의 대규모 간첩단 명단을 확보하고 조사 중이라고 발표하였다. 그 후 서울대 최종길 교수에게 중앙정보부에서 조사할 일이 있다면서 출석을 요구하였다. 최종길 교수는 1973년 10월 16일 중앙정보부에 자진 출석하였다. 그리고 3일 후인 10월 19일에 의문의 죽음을 당하고 말았다.

그날 중앙정보부 차장인 김치열 차장은 최 교수가 간첩임을 자백한 후 괴로운 심경으로 7층 옥상에서 뛰어내려 자살하였다고 발표하였다. 그러나 곧 이어서 다음 해 천주교사제정의구현단은 이 사건은 단순 자살이 아니라 고문에 의한 타살이라고 사망 진상을 규명해 달라고 검찰에 의뢰했다.

하지만 당시 수사기관도 최 교수의 죽음에 대해 흐지부지 처리하고 말았다. 그러나 최종길 교수가 처한 의문의 죽음은 인권문제의 하나로서 유신정부에 대해서 재야시민단체들을 결집시켜 민주화를 향해 나가는 하나의 도화선이 되었다.

그러면 민주화의 도화선을 만든 최종길 교수는 누구인가?

최종길 교수는 1931년 충남 공주 출생으로 인천으로 옮겨서 제물포 고등학교를 졸업하고 서울법대를 졸업하고 독일 쾰른 대학에서 법학박사학위를 받고 귀국하여 서울법대 교수가 된다.

그리고 법학도서관장과 학생과장 등의 보직을 맡는다. 당시 대부분 대학, 특히 국립대학 교수가 보직을 맡는 경우에는 당시 교육부의 지시사항에 절대적으로 협조하여야만 했다. 특히 데모에 가담한 학생을 비롯하여 정부에 대해서 반정부적인 성격을 가진 학생들은 문제 학생으로서 학생과장이 징계를 하여야만 하였다.

그런데 최종길 교수는 정부에 반대의 입장을 표명하고 대통령에게 총장이 유신철폐를 강력하게 요구하라고 공식석상에서 이야기하였다. 당시 대학에 조사 나가있던 중앙정보부 요원이 이 사실을 보고하자 중앙정보부에서는 최종길 교수를 간첩으로 몰아서 고문을 했을 가능성이 있으며 고문과정에서 심장 파열 등의 충격을 받고서 사망했을 가능성을 배제 할 수 없다. 실제로 대부분 사람들은 고문충격으로 인해서 사망하는 경우가 많았다.

천주교정의구현사제단을 비롯하여 많은 인권단체들이 최 교수의 의문사에 대해서 진상규명을 요구하고 나섰으며 특히 그의 가족들이 진상조사 요구와 함께 법원에 소를 제기했다. 결국 민주화 이후에 나타난 정부에서 최 교수의 죽음이 중앙정보부의 타살임이 밝혀지면서 2006년 2월 14일 고등법원은 정부가 18억 4천 8백만 원을 지불하라는 승소 판결을 얻어 냈다.

다음으로 유신정국의 또 다른 대표적인 인권침해 사건은 장준하 선생의 의문사 사건이다.

장준하 선생은 언론인이며 제7대 국회의원 선거에서 야당인 신민당 공천으로 옥중 출마하여 당선된 정치인이다. 1971년 신민당을 탈당하여 다시 언론인으로 돌아와 사상계 사장을 맡고 있었다. 그런데 장준하 선생은 유신정부가 3년차를 맞는 1975년 8월 17일 경기도 포천 소재의 약사봉에서 추락해 의문의 죽음을 맞게 된다.

그러면 장준하는 누구인가?

장준하는 1918년 생으로 평안북도 의주 출신이다. 부친이 교사인 관계로 여러 군데로 돌아 다니면서 공부하고 소학교 교사를 몇 년 한다. 그 후 일본으로 건너가서 목사가 되려고 니혼 신학교에서 공부 하였다.

일본이 1942년 태평양 전쟁을 일으키고 1943년부터 미국이 전쟁에 뛰어들면서 전세가 불리해지자 한국인 학병을 강제로 징집하는 바람에 학병으로 끌려가서 중국의 조선군 부대에 배속되었다. 그해 7월에 도주하여 장장 6천 리 길을 걸어서 광복군에 합류했다.

이범석 장군의 추천으로 광복군 장교로서 군사훈련을 받고 한국에 잠입하려는 중에 일본이 항복하였다. 해방 후 이범석과 김구의 비서로서 활동하고 이승만 독재정권에 맞서서 1955년 사상계를 발간하여 이승만 독재정권을 비판하였다.

이후 1962년 아시아의 노벨상인 막사이사이상을 수상하였으며, 사상계를 권위 있는 잡지로 만들었다. 박정희 정권에 대해서 월남 파병과 한일회담 반대에 앞장섰다. 사카린 밀수 사건 때 박정희를 밀수 왕이라고 하는 바람에 명예훼손죄로 복역 중 1967년 제7대 국회의원 선거에서 신민당 공천으로 동대문에서 옥중 출마하여 당선 되었다. 이후 신민당을 탈당하여 통일민주당의 최고위원을 역임하고 사상계로 복직하였다.

박정희 정부의 유신헌법에 맞서서 대항하다 긴급조치 1호 위반으로 1973년 15년 형을 받았으나 형 집행정지로 석방되어 풀려났다. 1974년 백만 인 청원 개헌 서명을 주도하고 박정희 대통령에게 보내는 공개 서신을 통해서 대통령이 직접 개헌을 지시해서 민주헌정으로 복귀하도록 하는 청원서를 내었다.

수차례 걸쳐서 구속 되었으며 정부와의 갈등이 매우 심한 상태에 있던 중 1975년 8월 17일 경기도 포천의 약사봉에서 의문의 죽음 맞게 된다. 민주화운동 단체와 종교단체에서는 의문사 죽음으로 이끌어 가면서 민주화의 도화선이 되었다. 장준하의 죽음에 대해서 많은 인권단체들이 정부를 상대로 진상 규명을 요구하고 나섰지만 죽음에 대한 증빙서류가 미비하여 결국 그의 죽음은 현재까지 미스터리로 남아있다.

그러면 유신정국호가 난항을 피하기 위해서 왜 이런 인권유린 정책을 추진해 나갔을까?

박정희 정권의 초기 정책인 산업화 과정에서 발생하게 된 관료주의적 권위주의적 권력형 국가로 변화되기 시작하였기 때문이다. 박정희 정권의 제1기인 유신 이전의 정국은 산업화를 위해서 관료를 중심으로 하는 정국을 운영해 나갔다. 이러한 관료들의 권위주의적 정국 운영에서 대통령에 대한 과잉 충성현상이 시작되면서 인권침해 현상이 나타났다고 할 수 있다. 대통령 1인 중심체제에서 대통령에 대한 과잉충성은, 대통령을 중심으로 한 비서실장과 경호실장과 중앙정보부장이 권력을 장악하고 그들의 권력을 견제할 단체나 집단이 사라지면서 그들의 인권침해는 더욱더 강도를 높여 나갔다고 할 수 있다.

제3공화국은 형식상의 삼권분립이 갖추어진 민주주의 형태의 국가였다. 그러나 유신체제 하에서의 정부는 입법부와 사법부의 권력을 약화시키면서 결국 대통령 1인 체제의 전체주의 국가로 변모를 하면서 권력 남용에 대한 견제와 균형을 상실하였다. 그 결과 관료들의 권력남용이 결국은 인권침해로 이어지게 되면서 외부의 민주화에 대한 압박은 더욱더 거세게 도전해 들어오기 시작하였다.

3·1
민주구국 선언

유신정국은 1976년에 들
어서면서 반정부세력에 대해 예민한 반
응을 보이기 시작했다. 3·1 민주구국 선
언은 정부가 1973년 최종길, 1975년의 장준하 의문사 사건과는
다른 차원에서 재야인사들을 강력하게 탄압하면서 유신체재가 재
야인사들에게 서서히 밀리기 시작한다는 것을 보여줌과 동시에 서
서히 유신체제가 극한 상황으로 몰리고 있다는 것을 보여주는 사건
이었다.

3·1 민주구국 선언은 1976년 명동성당 미사 이후에 발생한 사
건으로서 '명동 사건'으로 더욱더 잘 알려진 사건이었다. 이 사건은
소수의 지도층 재야인사들에 의해서 일어난 사건으로 정부에서 과
잉반응을 보이면서 사건이 확대되었다.

이 일로 인해서 한국의 인권탄압이 전 세계에 알려지면서 같은
해 치러진 미국 대선에서 미국 대선 후보들이 한국 인권 탄압에 대
해서 거론하기 시작하였다. 특히 민주당 당선 유력 후보였던 지미
카터 조지아 주지사의 미군 철수론으로 한국 정부는 안보상 큰 위
기를 맞이하게 되었다.

미군 철수론을 막기 위해, 같은 해 1976년 재미 동포이자 로비
스트인 박동선을 통해 미국의 정치인들에게 뇌물을 뿌린 사건을
1976년 10월 25일 미국의 워싱턴 포스트지가 발표하면서 유신정
국은 파국으로 치닫게 되었다. 이런 점에서 보면 3·1 구국 선언문은

민주화운동에 하나의 큰 밑거름을 만들었다고 할 수 있다.

이 사건의 관련자들은 모두 재야 운동가들로서 이 중에서 윤보선, 김대중, 정일형 등의 정치인과 씨알의 소리 발행인 함석헌, 윤반웅, 함세웅, 문익환, 신현봉, 김승훈, 이문영, 서남동 교수 등이 관련되었다.

시국선언문은 명동성당 미사가 끝난 후에 서울여대 이우정 교수가 낭독하고 나머지 사람들은 서명하였다. 선언문 내용은 민주주의와 경제문제와 통일문제 등의 세 가지가 주요 내용이었다. 민주주의는 유신헌법의 철폐를 의미하며 경제문제는 산업역군으로 위장된 노동자들의 인권개선을 의미하며 통일문제는 남북한 평화통일이 골자를 이루었다.

이 사건은 시민들이 동참하지 않은 단순한 재야인사들의 시국선언이라는 점에 한계가 있음에도 불구하고 유신정국은 이 문제를 확대해석 했다. 그 이유는 바로 대통령 일인 체제에 대한 주변의 권력형 관료주의화로 인한 관료들 간의 과잉충성심 때문이다. 문제를 확대해석하여 대통령에게 충성하겠다는 것이다.

3·1절 시국 선언으로 인해서 윤보선, 김대중, 함석헌, 문익환 등은 징역 5년에 자격정지 5년을 선고 받았다. 김대중은 가택연금에서 진주교도소로 수감되었다. 여기서 우리가 알아야 할 것은 3·1절 민주화 시국선언의 주역들이 가지고 있는 사상이다. 이에 대해서 간단하게 알아보도록 하자.

윤보선, 김대중과 함께 시국선언을 한 정치인 정일형은 누구인가?

정일형은 1904년 평남 용강 출신으로 연전문과를 거쳐 미국 드류대학에서 법학박사 학위를 받고서 해방 후 정계에 투신하였다.

제2대부터 9대까지 8선의 의원으로 유신헌법하에서 치러진 9대 국회의원에 당선되었다. 장면과 같이 야당의 신파에 속하는 인물로서 1960년 장면 내각에서 외무장관을 지냈다. 그 후 신민당 총재권한대행 등을 하면서 구파의 유진산과 갈등을 빚었다. 김대중과는 같은 신파로서 정치적 동지가 되었으며 부인인 이태영 여사는 김대중 부인 이희호 여사와 사회활동을 같이하는 동지다.

함석헌은 누구인가?

함석헌은 1901년 평남 용천 출신으로 정주의 이승훈이 세운 오산학교를 졸업하고 일본 고등사범학교를 졸업했다. 해방 후 장준하의 사상계에 이승만 정권을 비판하는 글을 쓰고 5·16 군사정변 때 5·16을 어떻게 볼 것인가에 대해서 비판적인 글을 올렸다. 67년 장준하가 옥중 출마를 하자 장준하를 도왔다. 1970년 《씨알의 소리》를 창간하여 정부를 비판하기 시작했다. 또한 강연을 통해서 정부를 비판했다.

문익환은 누구인가?

문익환은 1918년 만주 북간도에서 태어나서 한국신학대학에서 공부하고 프린스턴신학교와 유니언신학교에서 수학하고 목사가 되었다. 1955년부터 1970년까지 한빛교회 목사로 일하면서 민주화운동을 했다.

그러면 3·1절 구국선언의 민주화와 관련한 의미는 무엇인가?

3·1절 명동시국 선언은 김대중이 납치 사건 이후 가택연금 상태에서 행한 민주화운동으로, 5년 구속에 자격정지 5년의 형을 선고받았지만 민주화를 향한 그의 정치적 위상을 한층 더 높이는 계기가 되었다. 동시에 김대중을 한국 인권탄압에 대항하는 상징적 인물로 만들었다.

3·1절 명동성당 시국선언을 기점으로 정치인보다는 종교인들이 직접적으로 민주화운동에 가담함으로써 민주화운동은 점점 더 열기를 더하게 되었다. 특히 기존 민주화운동의 거점이 국회를 비롯한 대학의 학원가에 국한되었으나 한국 가톨릭의 상징인 명동성당을 중심으로 시국선언을 하였다는 점에서, 이번 민주화운동은 종교인들의 가세로 인해서 범세계적인 관심의 추세로 돌아서게 되었다.

한국 천주교의 상징인 명동성당의 시국선언은 한국 인권탄압을 로마 교황청에 알리는 기회를 제공하고 로마 교황청이 한국의 인권탄압을 세계에 알리면서 한국의 유신정부는 위기에 몰리는 상황이 되었다. 특히 1976년 미국 민주당 대선 후보인 카터 후보가 인권문제와 관련하여 주한 미군 철수론을 제기하면서 유신정국은 더욱더 혼란 속으로 빠져 들어가고 있었다.

1976년 3·1 민주구국 선언은 1972년 유신 이후에 종교인이 주도하는 민주화운동이라는 점에서 민주화운동에 큰 의미를 부여 할 수 있다. 유신 이후 대부분의 민주화운동은 정치인과 학원가의 학생들을 중심으로 한 것이었다. 그러나 3·1 민주구국 선언은 민주화운동이 단순히 학생과 정치인이 아닌 종교단체가 주도하면서 한 단계 높은 체계적인 민주화운동으로 자리매김하게 되었다.

종교단체의 민주화운동은 한국의 전 국민이 독재체제에 시달리고 있다는 것을 로마 교황청을 통해서 전 세계에 알려주는 기회를 제공해 주었다. 한국의 박정희 정부의 인권침해 행위는 사면초가 상태로 몰리기 시작하였다.

이철승의
총재 등장과
중도통합론

3·1절 명동성당의 시국선
언 사건을 계기로 76년의 정국은 어수
선한 분위기 속에서 신민당 전당대회를
준비하고 있었다. 신민당 주류파인 김영삼과 비주류파인 이철승,
정일형, 신도환, 고흥문 등은 전당대회 문제를 놓고서 주류 측은 5
월 25일 전당대회를 열자는 주장을 하고 비주류 측은 전당대회를
연기하자는 주장으로 맞서고 있었다.

그런데 주류 측이 전당대회를 세종문화회관에서 강행하자 정
부의 공작으로 깡패들이 각목으로 신민당원들을 위협하는 난동을
부렸다. 이 난동의 깡패두목은 후에 서방파 두목으로 알려진 김태
촌이었다.

중앙정보부는 강성인 김영삼 보다는 약성인 이철승을 밀어주려
고 했다. 이런 목적에서 전당대회 연기가 비주류인 이철승에게 유
리하기 때문에 깡패들을 동원한 것이다. 주류 측 신민당원들은 당
사인 관훈동으로 밀려나고 말았다. 결국 주류는 주류대로, 비주류
는 비주류대로 전당대회를 각각 열어서 당이 둘로 쪼개지고 말았
다. 그러나 몇 달 후 9월에 신민당 전당대회가 정식으로 열렸다. '닭
모가지를 비틀어도 새벽은 온다'는 그의 어록처럼 당수 기간 동안
김영삼은 본래 매우 강성이었다. 하지만 그런 슬로건에 맞는 행동은
박정희와의 영수회담 이후에는 볼 수 없었다.

김영삼의 투쟁노선이 매우 약해졌기 때문에 이번 76년 전당대

회에서 김영삼의 당선 가능성은 매우 낮았다. 특히 김영삼은 김옥선 제명 문제에 대해서 매우 소극적인 태도를 보이면서 사실상 대여투쟁을 포기하고 김옥선을 찾아가서 사표를 종용하였다. 더군다나 김옥선은 김영삼계의 당원이었다. 또한 김영삼의 김대중 3·1절 명동사건의 대여투쟁도 만족하지 못한 수준이었다.

이러한 상황에서 김영삼의 노선으로는 신민당이 대여투쟁에서 밀리고 민주화를 이루어 낼 수 없다는 생각을 대부분 당원들은 느끼고 있었다. 전당대회는 열렸으며 김영삼은 이철승의 사쿠라 논쟁을 불러일으켰다. 이철승의 전력이 사쿠라 논쟁을 일으킬 만큼 불분명하다는 것이었다. 투표결과 총 대의원 767표 가운데 1차 투표에서 김영삼 349표, 이철승 263표, 정일형 134표로서 후보자 전원이 과반수에 못 미쳤다. 다음 제2차 투표에서 정일형이 이철승을 밀면서 후보에서 사퇴하자 이철승이 야당의 총재로 당선되었다.

이철승이 내세운 정책은 중도통합론이었다. 이철승의 중도통합론에 정부는 이철승이 김영삼보다 상대하기가 쉽다는 생각을 가지게 된다. 그러면 이철승의 중도통합론은 무엇인가.

당시 월남 패망 이후 국가의 안보는 매우 불안정한 시기에 놓여 있었다. 이철승의 중도통합론은 국가의 안보가 매우 위험한 시기에 국론을 분열할 것이 아니라 여당과 야당의 의견을 공동으로 수렴하는 중도의 길을 걷겠다는 중도 노선을 의미한다. 따라서 이철승의 중도통합론은 극한적인 투쟁을 피하고 필요한 경우에는 정부정책에 협조하겠다는 뜻을 포함하고 있었다.

신민당의 반이철승계의 의원들은 이철승이 주장하는 중도통합론에 대해서 다시 불분명하다는 사쿠라 논쟁을 벌였다. 그들은 이철승의 중도통합론을 노름판에서 양쪽으로부터 모두 개평을 뜯어

먹는다는 것으로 해석하였다. 그러자 이철승은 이 말에 반박하면서 나의 중도통합론의 정치철학은 아무리 학식이 뛰어난 사람도 풀지 못하는 문제라고 못 박았다. 그럼에도 이철승의 중도통합론은 많은 논쟁을 불러일으키면서 그의 총재직은 처음부터 의구심 속에서 시작되었다.

그러면 왜 이철승은 유진산과 같은 사쿠라 논쟁에 휩싸이는가?

앞에서도 언급한 것처럼 이철승의 사상은 철저한 우국주의 사상인 반공주의 사상을 토대로 형성되어 있다. 그는 해방 이후부터 우국연맹 단체에 가입하여 철저하게 반공노선을 걸어왔다. 이철승의 중도통합론은 어떻게 보면 서양의 아리스토텔레스의 중도론적 입장으로 해석할 수 있으며 동양에서의 '중용의 도'라고 할 수 있다. 이것은 극우나 극좌를 피하고서 중립적인 입장에서 당을 이끌어 나간다는 정치철학이라고 할 수 있다.

아리스토텔레스의 정치철학은 그의 스승인 플라톤과 플라톤의 스승인 소크라테스의 정치철학을 통합한 사상이라고 할 수 있다. 플라톤의 사상은 이상주의적 사고에 치우치고 있다. 반면 소크라테스의 사상은 너무 자신을 낮추는 사고에 치우치고 있다.

현재 그리스의 아테네에 가면 소크라테스, 플라톤, 아리스토텔레스 3인의 사상을 나타내는 동상이 하나 있다. 그 세 동상은 각기 다른 행동을 취하고 있다. 먼저 플라톤은 하늘을 향해서 손을 가리키고 있다. 반면에 소크라테스는 땅을 향해서 머리를 숙이고 있다. 그러나 아리스토텔레스는 똑바로 앞을 바라보면서 손을 앞으로 가리키고 있다.

김대중, 김영삼, 이철승 3명의 당시 야당 지도자들의 사상을 고대 그리스 시대의 소크라테스와 플라톤과 아리스토텔레스에 비교해 볼 수 있다. 김영삼과 김대중의 당시 정치사상은 현실과는 약간 동떨어진 민주주의의 이상을 향해서 달려 나갔다. 그들은 민주주의 허상을 보고서 달려나가고 있었다. 바로 플라톤의 이상주의적 사고를 바탕으로 하는 것이다. 반면 이철승의 사상은 현실적인 감각과 사고를 바탕으로 하고 있다. 이철승의 사고는 바로 플라톤과 소크라테스의 사고를 통합한, 모나지 않게 중간을 향해서 달려 나가는 아리스토텔레스의 사고로 그것이 바로 중도통합론이다.

그러나 이철승의 사상은 모 아니면 도의 제로 섬 게임의 원칙을 주장하는, 여당과 야당이 극단적인 조치를 취하는 한국의 정치에는 적합하지가 못하다고 할 수 있다. 따라서 이러한 한국의 현실 정치에서 그가 택한 중도통합론은 과격한 수위를 필요로 하는 당시 한국 현실 정치에서 자칫 잘못 생각하는 경우 오해를 받을 소지가 충분히 있었다.

이철승은 이후 재임기간 중에 박정희와 영수회담을 가졌다. 이미 영수회담에 실패한 선배 총재들의 전철을 밟지 않기 위해 많은 준비를 하여 강성 회담을 목표로 무엇인가를 얻어 나올 각오로 영수회담에 들어갔다. 하지만 앞선 박순천과 유진산, 김영삼의 회담과 크게 다르지 않은 별반 큰 성과는 얻지 못하였다.

그러나 그는 회담 중 김대중이 명동성당 시국선언으로 5년형을 받고 진주교도소에 수감된 문제만큼은 해결해 달라고 박정희에게 계속해서 요구했다.

박정희는 끝까지 김대중 석방에 대해서는 거절했다. 이철승은 야당의 당수인 자신이 현 시국이 월남전 패망 이후라 안보적인 차원에서는 여당과 힘을 합치고 다른 문제도 중도적인 입장을 보이겠다고 반응하면서 김대중 석방 문제를 요구하자 결국 박정희는 확실한 확답은 피하고 알았다는 말을 하고서 회담을 마쳤다. 그런데 그 후 1978년 김대중은 진주교도소에서 출소하여 가택연금 되었다. 이것이 이철승이 여·야 영수회담에서 얻어낸 득이었다.

이철승은 다음 기회를 생각하고 또 지난번 40대 기수론에서 김대중을 밀어준 인연 등 과거 초기 야당 시절부터 신파로서 김대중과는 김영삼보다는 가까운 사이였다. 지역적으로도 이철승은 전주를 지역 거점으로 삼고 김대중은 목포를 거점으로 하여 같은 호남 인맥으로 서로 통하고 있었다. 그러나 김대중과 투쟁노선에서 차이가 있었기 때문에 결국 둘 사이의 정치적 유대관계는 오래가지 못했다. 이러한 정치적 유대관계는 사적인 유대관계를 넘어서 2년 후 1978년 전당대회 총재 경선에서 나타났다.

카터의
주한 미군 철수론과
박동선
코리아게이트

박정희의 유신정국호는 바람 잘 날 없이 흔들리고 있었다. 1976년은 미국대통령 선거가 실시되는 해였다. 그런데 중앙 정치 쪽에서는 잘 알려지지 않은 지방 조지아 주지사인 지미 카터가 돌풍을 일으키면서 다음 대통령 후보의 유력한 주자로 떠올랐다.

카터 후보의 외교 정책은 전임 대통령인 포드와는 다른, 인권을 중시하는 방향으로 나갈 계획을 세웠다. 남부 지방의 땅콩장수 출신인 카터는 남부 흑인들이 자신의 농장에서 일하는 것을 보고 생긴 인권의 중요성에 대한 사고가 바로 그의 정치철학이 되어버렸다. 그런데 이때 한국은, 유신정국 이후 전 세계적으로 언론을 통해서 '한국의 박정희가 필리핀의 마르코스와 같이 독재정치를 하면서 국민들의 인권을 유린하는 독재자'라는 인식을 강하게 심어주고 있었다.

카터는 한국과 같이 인권을 유린하는 국가에 대해서 국방비를 써가면서 주한 미군을 배치할 필요가 없다고 생각했기 때문에 자신이 대통령에 당선이 되면 곧바로 주한 미군을 철수하겠다는 선거공약을 내세웠다.

미국의 강력한 차기 대통령 후보자의 주한 미군 철수론은 한국의 박정희 정권에 심각한 위협을 느끼도록 만들었다. 월남전 패망 이후 다음 공산화 국가를 한국으로 보고, 북한의 무력침공에 대해 위협을 느끼고 있었다. 그나마 미군 3만 7천명이 한국에 버티고 있기 때문에 전쟁은 일어나지 않고 있다는 것을 잘 알고 있었다. 만일 미군이 철수하는 경우 남북한 군사력의 균형이 깨지면서 북한이 남한을 침공하여 공산화 될 것은 불 보듯 하였다.

이러한 상황에서 박정희 유신정부는 비록 카터가 대통령에 당선이 되더라도 미 의회의 승인을 얻지 못하면 미군의 철수는 불가능하다는 것을 알고서 미국정가의 상하원을 비롯하여 유력인사들을 포섭하기로 비밀리에 미국 의회에 로비를 하기로 하였다. 한국은 로비스트로 미국과 한국을 오가면서 쌀 사업을 하는 미륭상사 대표인 박동선을 포섭하였다.

그런데 1976년 10월 24일 워싱턴 포스트지가 박동선 로비사건을 터트리면서 사건이 크게 확대되었다. 소위 코리아게이트로 불리는 이 사건은 한국의 이미지를 실추시키고 박정희 정권의 몰락을 가속화 시켰다. 또한 다음 해에 들어선 카터 행정부에게 주한 미군을 반드시 철수 시키겠다는 의지를 더욱더 확고하게 만들었다.

그러면 박동선은 누구인가?

박동선은 1934년 평남 순천에서 박미수의 아들로 태어나 1946년 월남하여 배제중학에 입학하고 17세에 미국 시애틀로 이민 간다. 미국에서 고등학교를 졸업하고 워싱턴의 사립대학인 조지타운 대학을 졸업한다. 그 후 별 뚜렷한 직업이 없이 놀다가 한국의 쌀 중개권을 따낸다. 당시 주미대사 시절부터 알고 지내던 정일권이 당시 중앙정보부장인 김형욱에게 소개하여 쌀 중개권을 따내서 일약 부자가 된다. 그리고 김형욱에게도 상납한다.

한마디로 말하면 직업 브로커라고 할 수 있다. 박동선은 워싱턴에서 미국은 로비가 공식적으로 인정이 되었기 때문에 조지타운 클럽을 조직해 사교클럽으로 만들어서 미국 상하원 의원들과 미국

행정부 관리들과 사교적인 모임을 자주 가지면서 발을 넓혀 나갔다.

한국 정부는 미국의 워싱턴가에서 주한 미군 철수를 막아줄 정치인을 포섭하기 위해 로비스트가 필요하였다. 그때 박동선이 발이 넓으면서도 쌀장수를 한다는 것을 알고서 중앙정보부는 박동선에게 약 8백만 불, 원화로는 약 100억 원 상당의 돈을 건넸다. 당시 우리나라는 아직 중진국의 문턱에도 못 들어선 상태였기 때문에 8백만 불은 엄청난 돈이었다.

박동선은 이 돈으로 미국의 상하원 32명을 포섭하여 그들에게 82만 달러를 사용하였다. 그러나 그 사실이 외부에 알려지자 미국 정부는 한국의 청와대가 주한 미군 철수를 막을 목적으로 로비행각을 벌였다는 사실을 폭로하였다.

청와대는 즉각 반박의 성명을 내면서 양국 간에는 갈등과 긴장감이 고조되었다. 그러나 박동선은 청와대 개입설을 부인하고 그해 미국이 청와대를 도청한 사실을 밝히자 한국은 즉각 성명을 내고 주권을 침해하였다고 반박하였다.

미국은 국내로 도피한 박동선을 소환하라고 요구했는데, 한국은 박동선 소환을 거부하고 그 대신 박동선에게 모든 면책 특권을 달라고 요구했다. 마침내 미국이 박동선의 면책 특권을 인정하자 박동선은 미국으로 가서 미 의회에서 증언했다. 또한 미국은 코리아게이트 증인으로 당시 외무장관이며 주한 미국대사를 지낸 김동조의 소환을 요구하자 정부에서는 미국의 요구를 거절하였으나 미국이 김동조의 면책 특권을 인정하자 김동조는 미 의회에 출석하여 박동선 사건을 진술하였다.

그 결과 박동선과 가장 친근한 리차드 해너 의원이 실형을 선고받았고 나머지 7명은 징계처분을 받으면서 2년 동안 계속된 박동선 사건을 맡았던 프레이저 위원회가 해산되면서 코리아게이트는 끝을 맺게 되었다.

그러면 박동선 사건이 주는 의미는 무엇인가?

이 사건은 유신 이후 발생한 김대중 납치 사건과 장준하 사건, 명동 3·1절 시국 사건이 가져온 결과라고 할 수 있다. 박동선 사건은 만일 한국이 인권문제만 없다면 미국이 그냥 넘어갈 문제였다.

그러나 한국의 인권 문제에 대해서 취재하려는 당시 한국 주재 특파원들의 취재를 금지함은 물론, 본국으로 추방하는 등 외국 언론인들까지 검열과 통제를 하였다. 이에 상응하여 미국의 워싱턴포스트지가 인권 문제를 바탕으로 코리아게이트를 들추어 낸 미국 언론과 한국 정부의 대결이었다고 할 수 있다.

당시 유신정부는 한국을 대표하는 언론사인 동아일보와 조선일보의 언론을 탄압하고 특히 동아일보에 대해서는 광고를 못 내게 탄압하고 언론 보도를 금지하였다. 이것은 바로 제4공화국이 몰락의 길로 들어서고 있다는 것을 의미한다.

1977년 1월 카터 행정부가 들어서면서 한국 정부와는 한마디 상의도 없이 앞으로 4~5년 내에 주한 미군 철수를 전면적으로 실시할 것을 명령하였다. 또한 78년까지는 지상군 6천 명을 1차적으로 철군하도록 군에 명령을 내리고 계획서를 보고하도록 했다.

해롤드 브라운 국방장관, 사이러스 밴스 국무장관, 브레즌스키 안보보좌관은 카터의 강력한 주한 미국 철수론에 대해서 미군을 철수하는 경우 한국의 안보가 크게 위협을 받으며 동시에 한국의 안보는 일본의 안보와 직결되기 때문에 주한 미군을 철수하는 경우 동북아에서의 안보가 크게 위협을 받는다는 것을 알고 있었다.

그들은 카터가 한국에 대해서 안보적인 관점에서가 아니라 인권 문제 때문에 주한 미군을 철수시키려 한다는 의도를 잘 알고 있었다. 따라서 그들은 주한 미군을 철수할 것이 아니라 카터의 마음을 돌리는 일이 더욱더 중요하다고 생각했다. 싱글러브 소장은 주한 미군 주둔의 필요성을 강력하게 주장하다 다른 보직으로 좌천되기도 했다. 이처럼 미국의 군사 전문가들은 남한에서의 주한 미군 주둔의 필요성을 강력하게 주장하였다. 카터의 주한 미군 철수론은 결국 미 의회의 강력한 반대에 부딪쳐서 좌절되고 말았다.

그러면 왜 카터는 주한 미군철수를 강력하게 주장하였을까?

미국 해군 소령 출신인 카터는 군사에 대해서 어느 정도는 잘 알기 때문에 주한 미군의 철수가 동북아의 위협을 가져온다는 사실도 누구보다도 잘 알고 있다. 그러나 앞에서도 언급한 것처럼 한국의 유신정부의 독재와 인권침해 문제가 그에게 더 크게 다가왔다. 게다가 한술 더 떠서 박동선 로비 사건인 코리아게이트로 인해서 더욱더 철수를 강력하게 주장한 것이다.

이것은 한국이 로비 실력이 없어서 들통이 난 것이다. 미국 내에서는 로비가 합법적으로 인정되어 있다. 대만과 이스라엘이 로비 실력이 대단하기 때문에 이스라엘과 대만이 미 의회의 로비로 인해서 거대한 중국과 맞서고 있으며 이스라엘이 중동전에서 홀로 전 회교국들을 상대로 맞서고 있는 것이다.

제3공화국
악인 배신자
김형욱 미스터리

카터의 주한 미군 철수론과 박동선 사건인 코리아게이트로 인해서 한국의 유신정부는 전 세계의 주목을 받게 되며 유신호는 암초에 좌초되기 바로 직전에 있었다. 국내적으로도 재야 지도층에 한정 되었던 유신 정국에 대한 비판과 도전이 서서히 노동자와 농민으로까지 번져 나가면서 유신호는 사면초가 상태로 몰리고 있었다.

전태일 분신사건 이후 유신 초기에 나타난 반도상사 노동자 투쟁사건을 비롯하여 각종 노동자들의 인권투쟁이 점차적으로 정부와의 투쟁 쪽으로 강하게 진전되었고 동시에 뒤에서 언급할 함평 고구마 사건과 안동 감자사건은 농민들도 더 이상 유신정국을 방관하고 있지 않을 만큼 의식 수준이 높아졌음을 보여 주는 사건이다. 이제 한국의 경제는 이승만 정권에서 미국에 전적으로 의존하던 의존형 경제에서 미국으로부터 독립하여 미국과 국제시장에서 서서히 경쟁하는 중진국의 문턱으로 들어서기 시작하였다.

경제성장으로 인한 중진국으로의 성장은 국민 의식 수준의 향상과 더불어 농업국에서 공업국으로 변화되는 사회 현상을 나타나게 했다. 다시 말하면 한국사회에서 나타나는 현상인 인간 가치의 이중화, 물가의 이중화 등 모든 것에 대한 부정의 연속 등으로 사회는 혼란 속으로 빠져 들고 있었다.

노동자들과 농민들은 자신들의 권익을 위한 조합결성을 강행하고 더 이상 산업역군으로서, 선량한 새마을 농민으로서 국가에 봉사하는 시민들이 아니었다. 이제 그들에게는 민주주의 제도가 필요하였다.

이러한 시점에 유신 말기인 1979년에 나타난 사건이 전 중앙정보부장 김형욱 실종 미스터리였다. 전 중앙정보부장 김형욱은 한국에서 미국으로 이민을 가서 거주하고 있었다. 그런데 김형욱의 실종은 유신정국이 인권문제로 미국을 비롯한 전 세계에 비판의 도마 위에 올라있던 바로 그 시기에 일어났다. 따라서 김형욱 실종은 더욱더 큰 충격을 주었다.

그러면 김형욱은 누구이며 왜 김형욱 실종에 유신정국이 관여한 의심을 받게 되는가?

김형욱은 1925년 황해도 신천 출신으로 초등학교를 졸업하고 월남하여 육사 8기 출신으로 군 생활을 시작한다. 군 장교시절 군에서 정풍운동을 주도하면서 김종필과 친하게 되었다. 군에서는 고집이 세어 인간관계가 원만하지 못하여서 진급이 늦었다. 김종필과 5·16 군사정변에 관여하면서 박정희와 직접 대면하여 박정희의 신임을 받는다.

군사정변의 임시정부인 최고회의 내무위원장 등의 요직을 거치면서 63년 10월 김종필과 김재춘에 이어서 제3대 중앙정보부장에 임명된다. 중앙정보부장에 임명되면서 육군 준장으로 제대한다. 그 후 육사 8기 출신인 김종필, 길재호, 오치성 등과 한국 정치의 가장 핵심멤버로서 활약한다. 역대 중앙정부보장 중에서 최장수 기간인 63년 7월부터 69년 10월까지 만 6년 이상 중앙정보부장 자리에서 특유의 뚝심으로 밀어붙이면서 당시 한국 정치를 좌지우지하였다. 정치판을 휘젓고 다니면서 당시 불거진 모든 악행이란 악행은 다 김형욱이 저지른다.

당시 정관계에 발을 붙인 사람들은 누구나 다 김형욱의 피해를 보지 않은 사람이 없을 정도로 자신과 박정희 이익을 위해서라면 물불을 가리지 않고 덤벼들었다.

특히 김형욱은 박정희를 자신과 한 몸이라고 생각할 정도의 적극성을 띠었다. 자신과 육사 8기 동기인 김종필의 해외 외유 등을 주도하였다. 또한 3선개헌 반대를 주도하는 야당 원내총무인 김영삼 초산테러사건을 비롯하여 많은 일을 막무가내로 저질러서 많은 여당과 야당 인사들로부터 비난을 받았다. 결국 당시 여당 국회의원인 이만섭이 3선개헌안이 국회에 통과된 직후 박정희 대통령에게 '김형욱 해임 건의'를 제안하자 처음에는 박정희도 거절하다가 결국 1969년 10월에 김형욱은 해임되고 만다.

그리고 1971년 제8대 국회의원 선거에서 전국구 5번으로 국회의원으로 당선된다. 그러나 얼마 후 유신이 선포되면서 국회의원 직이 박탈되고 다음 해 1973년 유신 국회에 유정회 국회의원 명단에서 빠지자 박정희에 대한 복수심으로 가득 찼다. 자신이 국회의원 명단에서 빠지자 바로 다음 달인 1973년 4월 15일 대만을 거쳐서 미국으로 망명 하였다.

미국에서 호화로운 생활을 하면서 반정부 활동을 하였는데, 그때 김형욱에 대한 일화도 있다. 당시 미국 세관원이 김형욱 통과를 심사하는 과정에서 웬 사람이 걸음을 절뚝거리면서 뒤뚱뒤뚱 거리며 걸어오기에 몸을 수색하니 몸 전체에 돈을 칭칭 감고 있었다. 돈은 전부가 미화 100달러짜리의 돈뭉치여서 잡았다는 일화가 있다. 이처럼 막무가내인 김형욱은 어느 누구도 말릴 수가 없는 인물이었다. 제3공화국은 김형욱의 세상이라고 할 수 있을 정도였으며 김형욱이 저지른 만행으로 제3공화국은 인권유린 국가란 꼬리표가 붙게 되었다.

당시 중앙정보부는 '남산'이라고 불렀으며 남산에 한번 갔다 온 사람은 누구나 다 혀를 내두를 정도의 고문이 자행되었다. 박정희 주변의 실세일지라도 박정희에게 도전하는 사람은 누구나 가만두지 않겠다며 김형욱은 엄청난 인간적인 수모와 육체적인 고통을 주었다. 그 전례를 김형욱이 남겼다. 따라서 당시 남산이라고 하면 울던 아이도 울음을 그친다는 말이 나돌 정도로 중앙정보부의 인권유린 횡포는 극치에 달했다.

이러한 김형욱의 정보부장 장기집권으로 인해서 다음의 이후락 역시 김성곤 등 4인방 항명파동과 김대중 납치 사건 등 정치인 인권유린을 쉽게 생각하였다.

한 예를 들면 이후락 정보부장 시절 김종필까지 해외로 외유시켰던 실세 4인방의 항명파동 사건이 있었다. 그들은 김성곤, 백남억, 길재호, 김진만의 4인방이었다. 김성곤은 쌍용그룹의 창업주로서 재벌로서 정계에 투신하였고 길재호는 김종필과 동기인 육사 8기 출신이며 백남억은 학자출신이며 김진만은 정치인 출신이다.

그러나 이들은 김종필의 구세력과 맞서서 오치성 내무장관 해임 안에 대해서 찬성표를 던지는 항명파동을 일으키면서 박정희를 분노케 했다. 이들은 중앙정보부에 끌려가서 모진 고문을 당했으며 그중에서 김성곤은 자신의 트레이드마크인 카이젤 콧수염이 다 뽑혔다는 일화가 있다. 이것은 다 김형욱이 만들어 놓은 전례다.

김형욱이 박정희의 체제유지를 위해서 만들어 놓은 사례는 주로 정치공작과 공안사건이며 대부분 체제유지에 관련된 정치적 사건을 공안사건으로 둔갑시켜서 쟁점화 시켰다.

그가 저지른 사건들을 보면 1964년 8월의 제1차 인혁당 사건과 67년의 동백림 간첩단 사건과 민족비교연구회와 68년의 통일혁명당 사건 등이 대표적인 사건이며 이로 인해서 무고한 진보지식인들이 고통을 당했다. 따라서 김형욱은 당연히 이 사회에서 영원히 제거되어야만 할 인물이며 한국 민주주의 발전에 가장 큰 해를 끼친 인물이라고 할 수 있다.

그런 김형욱이 버젓이 미국에서 호의호식 하면서 교포사회에서 목에 힘을 주고 다녔다. 미국에서 숨어서 살아도 모자랄 판에 김형욱은 미 의회에 나가 김대중 납치 사건을 비롯하여 한국의 정치실정을 폭로하고 다녔다.

박정희는 김형욱이 자신의 비리를 외국에서 폭로하는 김형욱을 회유하기 위해서 김형욱과 친한 길재호, 김동조 등을 보내서 귀국을 권했다. 그러나 김형욱은 끝까지 귀국하지 않고 박동선 사건이 터지자 1977년 미국 하원 청문회인 프레이저 청문회에 나가서 증언을 하였다. 특히 박정희 독재정치와 사생활 등을 거침없이 폭로하여 박정희를 국제사회에서 망신시켰다.

이러한 김형욱은 1979년 유신호가 침몰되기 직전, 당시 중앙정보부 해외담당 차장인 윤일균을 만나서 프랑스 파리로 가라는 말을 듣게 된다. 1979년 10월 1일 파리에 도착하여 10월 7일 당시 프랑스 파리 공사인 이상열을 만나고 나서 그 이후의 행방은 알 수 없다. 따라서 파리에서 김형욱은 실종되었으며 그 후 1984년 10월 8일 가족은 그의 사망신고를 하였다. 이것으로 김형욱은 이 세상에서 자취를 감추고 말았으며 그 후문에 대해서 여러 가지 설이 있으나 확인되지 않았다. 김형욱 사건이 있은 후 바로 유신정권이 몰락하는 10·26 사건이 터지면서 18년 6개월간의 박정희 장기집권은 막을 내리게 되었다.

김형욱 사건을 계기로 18년간의 박정희 정권 제1기의 3공화국과 제2기인 4공화국을 잠깐 분석해보면, 국민 위에 관료 특히 경제 관료와 재벌들이 군림하고 그 위에 전문화된 정치군부가 군림하는 체제였다고 할 수 있다. 박정희는 전문화된 정치군부를 관료화시키고 그 밑에 경제 관료와 재벌들이 삼두마차가 되어서 국민들을 이끌어 나갔다고 할 수 있다. 따라서 권력의 핵심인 중앙정보부와 청와대가 양분화하여 국가를 움직였다. 그런데 중앙정보부와 청와대는 모두 군에서 제복만 벗었지 모두가 다 군인이었다는 공통점이 있다.

간혹 경제 관료들이 있기는 하지만 그들은 이들보다 한 단계 밑의 권력을 행사하기 때문에 큰 힘이 없었다. 결과적으로 보면 입법부와 사법부는 청와대와 정보부 등의 행정부의 밑에 있었다. 더욱이 집권 2기인 유신헌법을 바탕으로 하는 유신정국에서는 국회와 법원은 청와대를 돕는 들러리로 변하면서 국가는 전체주의 정치체제로 변하게 되었다.

김형욱 사건과 관련하여 당시 권력기관의 수장인 중앙정보부장들을 보면 초대 김종필, 다음에 김재춘, 김형욱, 이후락, 신직수, 김재규 여섯 명은 모두가 다 군복만 벗은 군 출신들이다. 여기서 신직수마저도 직업 군법무관 출신이었다.

청와대를 보면 비서실보다 경호실이 권력을 흔들었다. 비서실장들을 보면 초대 이후락, 그다음이 김정렴이며 그다음이 김계원이다. 이후락과 김계원은 군 출신이다. 그러나 김정렴은 정통 경제관료 출신이다. 따라서 군 출신 아닌 김정렴은 그중에서 힘이 가장 약했다.

다음으로 경호실장들을 보면 박종규가 1964년부터 1974년까지 10년간 있었고 그다음은 차지철이 자리에 있었다. 박정희 정권의 경호실장은 이렇게 단 둘뿐이었다. 박종규는 소령 출신이고 차지철은 대위 출신이다. 둘 다 위관급 내지 영관급의 일개 초급장교 출신에 불과하다. 그럼에도 두 사람의 권력은 비서실장보다 더 셌다.

따라서 약 19년간의 한국은 군복만 벗은 위관급 내지 영관급의 초급장교들에 의해서 좌지우지 되었다는 결론을 내릴 수 있다. 그리고 그 밑에서 직업 관료들이 전문지식을 바탕으로 국민 위에서 권위를 부리는 '권위주위적 관료주의형'의 국가형태로 변했다고 할 수 있다.

함평 고구마 사건과
안동 감자 사건

1970년에 일어난 청계천 평화시장 노동자 전태일 분신사건에서 시작된 노동자 운동은 그 후 많은 노동자들의 인권 운동을 거치면서 유신정권을 마감시키는 간접적인 요인이 된 'YH 사건'으로까지 확산된다.

그러한 노동자 운동과 함께 1970년부터 정부가 주관한 새마을운동은 농민들의 의식을 일깨워 나갔으며 그 결과 유신정국 말기에는 농민의 난이 일어나는 사건이 발생하였다. 이 사건 역시 민주주의를 앞당기는 민주화운동으로 중요한 사건이다. 그중에서 대표적인 사건이 함평 고구마 사건과 안동 감자 사건을 들 수 있다.

함평 고구마 사건은 유신 이후 농민들이 일으킨 난으로 1976년 11월부터 1978년 5월까지 계속된 고구마 보상 문제 사건이다. 1976년 전남 함평 농민들은 1976년도 생산한 고구마를 농협에서 구입하겠다는 약속을 믿고서 기다렸는데 농협이 구매 약속을 지키지 않아서 고구마가 거의 다 썩어서 먹지 못하게 되었다. 그런데도 농협은 보상은커녕 아무런 대책을 마련하지 않았다.

이에 격분한 가톨릭 단체가 들고 일어났다. 후일 이 사건의 투쟁위원회의 총무를 맡았으며 이 사건으로 인해서 국회의원을 지낸 서경원 등 5백여 명의 농민들은 77년 4월 22일 광주의 한 천주교 성당에서 모여서 농협과 정부의 무책임한 책임을 규탄하고 고구마 보상과 책임자 처벌을 요구하면서 규탄대회를 열었다.

이 대회에서 농민들은 정부가 별도의 대책을 마련하지 못하자 다음 해 1978년 4월 24일 광주시의 천주교 성당에서 가톨릭 신부들을 비롯한 전국 가톨릭 단체 농민들이 정부의 보상을 요구하며 전국적인 시위를 주도해 나갔다.

또한 이 중에서 60여 명은 무기한 단식농성에 들어갔다. 단식 8일째에 정부관계자들은 단식을 풀 것을 요구하며 관련 농·수산부와 농협중앙회는 급히 나서서 농민들이 요구하는 3백 9만 원을 보상함과 동시에 관련자들을 조사하여 농협도지부장과 중앙회장과 단위단체장 등 모두 658명을 해임 또는 징계하였다. 그리고 이 과정에서 농협의 관계자들이 415억 원 중에서 80억 원을 횡령한 사실이 밝혀졌다.

정부는 함평 고구마 사건과 동시에 터졌던 동일방직 노동자 사건 등으로 인해서 농민과 노동자들이 유신에 저항하는 의식이 생긴 것에 대해 불안감을 가지기 시작하였다. 함평고구마 사건은 민주화운동에 농민이 가담했다는 사건이라는 점에 큰 의미를 부여할 수 있다.

다음으로는 안동 감자 사건이다.

1978년 경북 영양군에서는 농민들에게 농작물 소득을 올리기 위해서 농민들에게 감자씨인 사마바라를 나누어 주었다. 그런데 군과 농협에서 배부해 준 감자씨에서 싹이 나지 않아 농민들은 큰 피해를 보게 되었다.

그래서 그해 10월 농민들은 피해보상대책위원회를 구성하여 피해보상액을 군과 농협에 요구하였지만 아무런 반응이 없자, 다음해 1월 23일 천주교 안동교구에서 청기피해보상대책위원회를 열어서 천주교 신부 정희욱 등의 도움으로 농민들이 요구한 피해액 전

액인 708만 원을 보상받을 수 있었다.

그런데 1979년 5월 5일부터 22일까지 청기농민피해보상대책위원회를 주도했던 위원장인 오원춘이 백주 대낮에 괴한에게 납치되어서 폭행을 당한 사건이 발생하였다. 오원춘은 6월 13일 이 사건을 안동천주교 신부인 정희욱에게 알렸고 정희욱 신부는 이 사실을 안동교구장인 두봉 신부에게 보고하였다. 그 결과 안동교구는 이 사건을 해결하기 위해서 대책위원회를 구성하여 오원춘을 면담하고 양심선언을 하게 하였다.

7월 17일 안동교구는 '짓밟히는 농민운동'이라는 슬로건을 만들어서 전국사제정의구현단에게 보내면서 이 사건은 전국적인 농민운동으로 번져 나갔다. 대구 경북도경은 7월 25일 기도 중이던 신부 정호경과 피해자 오원춘 등 3명을 구속하여 대공분실에 가두어 놓았다. 이 사건 때문에 김수환 추기경이 직접 방문하여 기도회를 집회하고 가두시위를 벌였다.

경찰은 오원춘이 5월 5일부터 22일까지 포항과 울릉 등을 여행하고 괴한에게 납치됐다는 허위사실을 유포했다는 혐의로 긴급조치 9호로 검찰에 송치했다. 8월 16일 이 사건은 대통령 특별령으로 지시되어서 9월 4일 1차 공판에서 오원춘이 모든 공소사실을 시인하고 10월 15일 징역 2년에 자격정지 2년을 선고받았다. 천주교단은 이에 반박하고 경찰의 협박에 의해서 허위 자백이 이루어졌다고 반박했다. 이후 오원춘은 항소를 포기하였으나 12월 8일 선고유예로 관련 사람들이 모두 풀려나면서 오원춘도 긴급조치 해제로 인해 사건은 끝이 났다.

오원춘 사건은 농민들이 정부에 대항해서 부당성을 주장하는 민주주의 의식을 갖출 만큼 의식수준이 향상되었으며 이 과정에서 농민들은 유신 철폐를 주장 할 만큼 당당하게 정부에 맞설 수 있었다는 점에서 한국의 민주화운동에 있어서 획기적인 사건이라고 할 수 있다. 안동 감자 사건과 함평 고구마 사건으로 인해서 유신정부는 더 이상 버티기 힘든 막바지길로 들어섰다는 것을 알 수 있다.

이철승의 퇴진과
김영삼의 총재 복귀

1972년 12월 27일 유신
헌법 아래 출범한 박정희 제4공화국은
처음부터 많은 문제를 안고서 출범하였
다. 임기 6년을 넘기고 1978년 6월 30일로 임기가 만료되는 대통
령 선거단인 통일주체국민회의 대의원들의 선거가 6월 30일에 있
었다. 그리고 7월 6일에 제9대 대통령 선거가 있었다. 대통령 선거
에서 507명의 대의원 추천을 받은 박정희 후보는 총 2,578표 중에
서 2,577표를 얻어서 99.9퍼센트의 표를 얻어 만장일치로 당선 되
었다. 그리고 12월 27일 제9대 대통령으로 취임하는데, 이때까지
얼마 후에 끝이 나는 유신정권의 몰락을 어느 누구도 예상하지 못
했다.

제10대 국회의원 선거는 12월 12일에 실시되었다. 선거 결과는
여당인 공화당이 68석에 31.7퍼센트를 얻고 제1야당인 신민당이
61석에 32.8퍼센트를 얻어, 야당이 1.1퍼센트를 더 얻었다. 그리고
통일당은 3석에 7.4퍼센트, 무소속은 22석에 28.1퍼센트를 얻었
다. 선거 결과를 보면 국민들이 야당인 신민당에게 동정표를 보내
고, 유신체제에 대한 국민의 반감을 보여줌은 물론 정권교체를 원
하고 있다는 것을 알 수 있다.

이처럼 한국의 전 국민들이 민주화를 갈망하고 있다는 것을 이
번 제10대 국회의원 선거에서 알 수 있었다. 그리고 민주화와 정권
교체를 향해서 매진해 나갈 신민당 당수를 뽑는 선거가 1979년 5

월 30일에 열렸다. 이번 선거는 이철승 심판론에 있었다. 이철승의 중도통합론은 그동안 선명한 야당다운 야당의 색깔을 드러내지 못하였다.

그날은 김대중이 1978년 12월 27일 박정희 대통령 기념 특사로 풀려나면서 집에서 연금 상태에 있었다. 그리고 신민당 총재 경선에 자신이 출마할 수는 없지만 후보 지지에 대한 영향력은 행사할 수 있는 정도는 되었다.

김대중은 사실상 1970년 대통령 후보 경선에서 이철승의 도움으로 당선이 되었다. 그때는 김대중의 당내 입지가 김영삼에 비하면 매우 약했다. 그런데도 대통령 경선에서 김영삼을 꺾고서 당선이 될 수 있었던 것은 바로 당시 3위를 한 이철승이 후보 사퇴와 함께 김대중을 적극적으로 밀었기 때문이다.

그 후 76년 전당대회에서 이철승이 당선되고 총재가 된 이후 이철승은 당시 3·1절 명동성당 사건으로 진주교도소에 수감되어있던 김대중을 수차례 방문하고 집에다 가전제품인 전기난로까지 가져다주면서 집안까지 보살펴 주었다.

그리고 박정희와 영수회담에서 다른 문제는 뒤로 미루고, 박정희가 거절 의사를 보였음에도 불구하고 회의 때 이철승이 김대중의 석방을 끈질기게 요구한 적이 있었다. 끈질긴 요구에 박정희는 정확한 확답을 피하고 알았다고만 하였으나 그 후 대통령 취임일인 1978년 12월 27일 김대중은 특사로 풀려났다.

특사로 풀려난 것이 이철승의 도움인지 아니면 대통령 스스로 석방하였는지는 불분명하기는 하다. 그러나 이철승이 김대중을 위해서 많은 노력을 한 것만은 틀림없다. 그런데 정치권에서는 사적인 정보다는 대의가 더욱더 중요하다는 것을 김대중은 알고 있었다.

읍참마속이라는 말을 김대중은 알고 있었다. 제갈량이 위나라 조비의 부하인 사마의의 침공을 받자 제갈량의 친구인 마속이 전투에 나가겠다고 했다. 마속의 능력을 아는 제갈량이 말렸으나 끝까지 고집하는 바람에 전장에 내보냈고, 결국 제갈량의 전략을 무시한 마속은 전투에서 패하고 만다. 그때 제갈량은 눈물을 머금고 군법에 따라 마속의 목을 벤다.

이처럼 이번 선거는 개인적인 사사로움을 떠나 작게는 신민당의 생명이 달린 문제이며 크게는 국가의 운명이 좌우되는 총재 경선이라고 생각한 김대중은 경선 전날에 자신의 개파인 박영록, 조윤형, 김재광을 불러서 김영삼을 지지하라고 명령한다. 그러자 조윤형은 김영삼이 당선되면 안 된다며 자신이 총재 경선에 출마하겠다는 것을 김대중은 끝까지 말리고 김영삼을 밀어달라고 부탁한다. 결국 조윤형은 눈물을 글썽거리며 총재 경선을 포기하고 김영삼을 민다.

1979년 5월 30일에 치러진 총재 경선에 총 후보자 4명이 출마하였다. 현직 총재인 이철승과 김영삼 그리고 이기택과 신도환의 4명이었다. 1차 투표에서 이철승이 292표, 김영삼이 267표, 이기택이 92표, 신도환이 87표를 얻어서 아무도 과반수 득표를 얻지 못했다.

그리고 2차 투표를 하기 전에 김대중이 이기택에게 쪽지를 보내서 후보를 사퇴하고 김영삼을 밀어달라고 부탁한다. 그리고 이기택은 후보를 사퇴하였다. 그 결과 제2차 투표에서 김영삼은 378표를 얻고 이철승은 367표를 얻어서 김영삼이 겨우 11표 차이로 힘겹게 당선 되었다.

이번 김영삼의 총재 당선은 얼마 후 붕괴될 박정희 정권에게 치명적인 타격을 주고 말았다. 김영삼이 이철승보다 강경한 노선을 걸었기 때문이다. 사실상 이번 신민당 총재 경선에서 김대중이 사사로운 감정과 정에 사로잡혀 이철승을 지지했더라면 박정희 정권 붕괴에 어떠한 변화가 생겼을지 다시 한 번 생각해 볼 문제이다.

아무튼 이번 신민당 총재 경선은 김대중 자신의 가장 큰 정치적 라이벌이자 적대적 관계이며, 개인적으로도 자신이 수감된 진주 교도소에 면회 한 번, 편지 한 통 쓰지 않은 김영삼을 밀어주었다는 것은 대단한 일이 아닐 수 없다. 앞에서도 언급한 것처럼 이철승이 주장한 중도통합론은 이철승의 개인적인 철학이 올바르다고 하지만 당시 한국 야당 정치에는 맞지 않는다는 생각이 든다. 이철승이 자칫 사쿠라로서 오해 받을 소지가 선명하지 못한 중도론 때문이다.

YH 사건과
김영삼 제명

1979년 5월 30일 김영삼이 신민당 총재로 당선되면서 기존의 이철승의 중도통합론에서 보다 강경한 대정부투쟁으로 돌아섰다. 특히 1979년 8월 9일 가발수출회사인 YH 무역의 20대 여공 172명이 근로조건 개선과 처우 개선을 요구하며 마포의 신민당 당사로 몰려와 당사에서 농성을 벌이는 사태가 발생했다.

그러면 YH 여공들의 노동자 인권유린과 유신정권에 대한 도전은 어떻게 가능했을까?

1970년 청계천 평화시장 노동자 전태일의 분신사건을 계기로 노동자들의 의식이 개혁되기 시작하면서 고용주와 정부에 대해 체계적이고 조직적인 노동운동을 전개해 나가기 시작하였다. 1970년대는 노동자들의 처우개선과 노동조합의 결성이 보다 활성화되면서 전국적인 조직으로 연계되기 시작했다. 또한 이들은 한발 더 나아가서 노동자들의 정치개입을 적극적으로 추진하기 시작하였다.

그 이유는 근로기준법 같은 노동법 등을 정부가 주도하기 때문이었다. 따라서 노동자들도 선거 때가 되면 투표에 적극적으로 참여하기 시작하였다. 이것은 노동자들의 민주화에 대한 의식이 점차적으로 향상되어 간다는 것을 의미한다.

1970년대부터 시작된 노동자 처우개선과 노동조합 설립 등에 대한 중요한 투쟁 사건을 간단하게 요약하면 우선 70년의 전태일 노동자 운동은 체계적인 운동이 아닌 단순한 감정적이고 육체적인 저항 운동이라고 할 수 있다.

한 단계 더 발전된 노동자 투쟁은 1974년에 발생한 반도상사 노동자 투쟁이라고 할 수 있다. 럭키그룹의 무역회사인 반도상사는 삼성물산, 대우실업과 함께 당시 한국 3대의 종합무역 상사였다. 이러한 굴지의 대기업 고용주에 대항해서 노동자들은 정부와 고용주로부터 노동자들의 노동권을 보장 받을 수 있는 여건을 형성할 수 있었다.

다음으로 1972년과 1978년에 일어난 동일방직의 노동자 운동은 보다 조직적인 방법으로 한 단계 높은 노동조합을 결성하여 노동자들의 인권을 보호하였다. 특히 78년에 일어난 동일방직 노동자 투쟁은 유신정권의 몰락을 가져오는 중요한 도화선이 되었다.

그리고 대부분 박정희 체제 1기인 제3공화국보다 유신헌법 체제이자 제4공화국에서 적극적인 노동운동을 전개할 수 있는 노동자들의 의식이 향상되었다. 그 결과 1979년에 발생한 YH 가발공장 여공들의 노동투쟁 사건이 발생하여, 이 사건이 실마리가 되어서 당시 김영삼 총재의 강경 대응에 정부는 경찰력을 동원하면서 김영삼 총재의 제명처분으로 이어졌다.

여기에 대해서 김영삼 총재의 지역인 부산에서 대학생을 중심으로 한 유신정권의 퇴진 시위사태가 일어나면서 마산과 창원 등으로 사태가 번지고 결국은 이 과정에서 권력의 핵심인사들 간의 사태의 처리에 대한 논란이 빚어지면서 제4공화국의 유신체제는 붕괴되고 말았다.

그러면 여기서 유신체제의 붕괴를 가져온 간접적인 요소인 YH 사건과 김영삼 총재 제명에 대해서 설명하고자 한다.

YH 사건은 노동자들의 정치의식 수준의 향상이며 민주주의에 대한 의식 수준의 향상을 보여주는 사건이라고 할 수 있다. 민주주의의 의식 수준이 향상된 노동자들은 정부나 고용주에 대해서 과거 보다 더 나은 고용조건을 요구하고 나선다.

YH 사건이 바로 여기에 해당된다. 1966년 설립된 YH 무역은 당시 가발공장으로 시작하여 1970년에는 직원 4천 명의 수출실적 15위의 기업으로 성장했다. 그러나 60년대 하루 12시간 이상의 장기노동과 저임금을 지급했던 이 회사는 70년부터 노동자들의 불만이 심화되어 결국 1975년에 노동조합이 결성되고 기업들 중에서 가장 잘 결성된 노동조합을 가진 회사가 되었다.

그러나 가발산업이 사양산업으로 변하여 적자가 누적되면서 직원들을 해고하고 고용주가 자금 해외 유출 등을 시도하다가 1979년 4월에 회사 측은 폐업을 선언하였다. 이에 노동자들은 즉각 반발하고 나서면서 정부가 중재에 나서주기를 언론 등에 알렸다.

그러자 회사 측은 8월 6일 폐업한다는 재공고를 내고 다음 날 8월 7일 기숙사를 일부 폐쇄하는 조치를 취하자 노조는 도시산업선교회 등의 도움으로 여직원 58명만 기숙사에 그대로 남아 회사에서 농성하도록 하고 나머지 187명의 노동자들은 당시 마포에 있던 신민당사에서 9일부터 농성에 들어갔다. 그리고 11일 새벽 2시를 기해 경찰병력이 동원되어서 강제로 해산되었다. 그 과정에서 YH 사 여직원 김경숙이 사망하고 김영삼 총재와 신민당 국회의원과 취재기자들이 부상을 당했으며 농성 중인 여공들도 해산과정에서 백여 명 이상이 부상을 당했다. 또한 회사 기숙사에 남아서 농성을 하던 여공들도 강제로 해산 당했다.

YH 사건으로 인해 재야시민단체를 비롯하여 종교 단체 등이 들고 일어났다. 이어서 자유실천문인협의회, 민주청년협의회, 해직 교수협의회와 언론인 등이 이 문제를 사회문제로 끌고 나가는 동시에 신민당은 국회에서 이 문제를 쟁점화하기 시작하면서 정부는 위기를 맞이하게 된다. YH 무역 사건은 60년대 질 좋은 노동력을 산업역군으로 칭하고 그들의 인권을 유린하여 일으킨 산업국가에서 나타나는 한계라고 할 수 있다.

YH 사건으로 인해 신민당은 여당과 정부에 대한 강경대응 방향으로 급선회하면서 여·야는 대치국면에 달했다. 이러한 와중에 이철승계는 법원에 총재 직무정지 가처분 신청을 하였다. 법원은 9월 8일 김영삼 총재의 총재 직무정지 가처분 신청을 받아들이려 했으나 취소되었다. 9월 16일 김영삼은 뉴욕타임즈와 기자 회견을 통해서 미국은 한국의 대통령에게 직접 간섭하여 독재정치를 중단하도록 압력을 행사해 달라고 하였다.

이러한 사실이 알려지자 김영삼의 국회의원 제명안을 국회에서 여당인 공화당과 유정회 의원들이 국회 법사위에 제출하고 백두진 국회의장이 날치기로 통과 시켰다. 그리고 김영삼은 가택연금 상태에 들어갔다.

그러자 신민당 의원들과 통일당 의원들은 집단으로 의원직 사퇴서를 제출했다. 이에 국회에서 사퇴한 야당 의원들의 선별 사퇴 수리론이 제기되자 부산 지역 의원들의 반발이 거세지고 동시에 10월 15일 부산에서는 부산대학교 학생들이 들고 일어나 유신정권 타도와 독재정권 타도를 외치면서 시위를 벌였다. 16일에는 부산 지역 타 대학들이 같이 동참하면서 16일과 17일 사이에 마산과 창원 등지로 번져 나가기 시작하였다. 이 사건을 부마사태라고 하며 박정희 유신정권 붕괴의 도화선이자 직접적인 원인이 된 사건이라고 규정할 수 있다.

유신정권의 몰락과
박정희 경제정책의
한계와 실패 요인

1972년 출범한 유신정국은 1979년 10월 26일 박정희의 암살로 붕괴되고 말았다. 유신정국의 몰락으로 18년 6개월간 계속된 제3, 4 공화국의 시대가 끝이 나게 되었다. 역사학자 존 액톤 경의 '절대 권력은 절대 부패'라는 논리가 그대로 적용된 것이다. 박정희 정권의 몰락은 외부 세력 때문이 아닌 측근들의 대통령에 대한 과잉 충성으로 인해 권력 갈등이 빚어낸 결과이다. 그러나 이것은 겉으로 드러난 단순한 하나의 사실에 불과하다.

사실이란 그 사실이 발생하도록 만든 대내외적인 요소가 더욱 더 중요하다. 이것을 역사학적 관점에서 동기설이라고 하며 현상학적 관점에서 접근하는 것이 바람직하다고 할 수 있다. 어떤 사실에 대해서 그 사실이 밖으로 드러나서 눈에 보이는 측면보다는 눈에 보이지 않는 속면과 이면을 조사하여 그 사실의 실체를 찾아내는 것이 현상학적 접근법이다.

박정희 정권의 갑작스런 붕괴의 원인은 몇 가지 요소로 나누어 볼 수 있다. 그 가장 중요한 요소가 권력의 집중으로 인한 권력남용이다.

1961년부터 시작된 박정희 정권은 민정이양 이후 1963년과 1967년, 1971년의 3선을 거치면서 점차적으로 권력을 행정부 쪽으로 몰아가기 시작하였다. 그러나 형식상으로는 어느 정도 입법부와 사법부가 독립된 균형의 원칙인 삼권분립이 되어 있었다.

그런데 집권 2기의 유신헌법으로 인해서 권력은 1인 통치의 시대로 접어들었다. 박정희가 10월 유신을 단행한 것은 명분상으로는 주변 정세의 변화와 민주주의의 토착화에 이유가 있었다. 주변 4강국의 국제정세 변화와 '강남의 오렌지를 강북에 심었더니 탱자가 되더라'는 말처럼 서양식 민주주의인 버터와 치즈가 아닌 토종 된장이 우리 민족의 입맛에 맞듯이 한국식 민주주의의 정착을 명분으로 유신을 단행하기는 했지만 궁극적으로는 박정희의 장기집권이 목적이었다.

이러한 권력집중화 현상은 결국 처음부터 민주화를 요구하는 재야인사와 정치인, 학생 및 언론인, 종교계 인사들로부터 강한 저항을 받으면서 휘청거리기 시작하였다. 그리고 이러한 재야 세력과의 충돌에 대해서 강경노선을 택하게 되었다. 이것은 군부정권이 가지고 있는 특징이며 이것을 군의 경직성이라고 부른다.

경직성과 유연성의 차이점은 강철과 연철에 비유된다. 강철은 강하지만 쉽게 부러진다. 반면 연철은 잘 휘지만 부러지지는 않는다. 이것이 독재정부와 민주주의 정부의 차이점이다.

박정희 유신정권은 유신 이후 김대중 납치 사건을 통해 강하게 밀어붙인다. 이것은 결국 대내외적으로 '민주화 인사의 탄압'이라는 이미지가 붙으면서 독재국가의 인권탄압이라며 국제적인 비난의 대상이 되었다.

김대중 납치 사건은 문세광 사건으로 이어진다. 만일 김대중 사건을 납치가 아닌 다른 방법으로 처리했더라면 문세광 사건은 일어나지 않았다. 그리고 문세광 사건으로 인해서 한일관계에 금이 가기 시작하였다.

이러한 사건으로 인해 곧 이어서 카터의 주한 미군 철수론이 대

두된다. 결국 인권 유린이 미군 철수의 요인이다. 이로 인해 카터와의 불화가 생겨 한미관계에 금이 가면서 카터 대신 차선책으로 미 의회를 겨냥한 로비 사건인 박동선의 코리아게이트가 터지게 된다.

사실상 이 사건은 단순한 로비사건으로 그냥 넘어갈 수 있는 사건이었지만, 미 언론들이 들고 일어나는 이유는 바로 인권 침해 때문이다. 카터의 주한 미군 철수론은 결국 한국의 핵개발이라는 문제로 미국과 더욱더 큰 마찰을 초래하면서 박정희 정국에 강한 심리적인 압박을 주었다.

정권붕괴의 다음 중요한 요인으로 정치·경제적 차원에서 경제정책의 한계를 들 수 있다.

1961년 군사정변 이후 1962년부터 시작된 경제개발 5개년 계획은 초기에는 엄청난 효과를 보면서 농업국에서 공업국으로 도약하는 데 성공적인 경제정책이 되었다. 경제학자이자 노벨수상자인 로스토우는 60년대 초 한국의 경제를 도약의 단계라고 말했다.

박정희 정권의 초기 경제정책은 바로 엄청난 효과를 가져왔다. 1960년대와 1970년대를 통해서 한국은 후진국에서 중진국으로 도약하였다. 박정희 경제정책은 농업국에서 공업국으로 한 단계 도약시켰다.

그러나 1970년대부터 시작된 중화학공업에 대한 무리한 집중투자는 결국 국가경제를 부실경제로 변화시키면서 70년대 후반에는 많은 기업들이 부도 위기에 처하기 시작하였다. 특히 국가의 정책이 초기의 경공업 중심에서 중화학공업으로 변화되면서 60년대에 세워진 가발이나 섬유 등의 회사들이 부도나 도산 위기에 빠지면서 노동자들이 생계에 위협을 받게 되었다.

국가경제의 부실화는 결국 물가상승률을 초래하여 1979년의 물가상승률은 18.3퍼센트로 엄청나게 뛰어올랐다. 중화학공업에 중복투자 등으로 인한 경제정책의 실패로 생필품 부족 현상이 나타나기도 했다.

일반적인 경제논리에서 군사 독재정부와 민주주의의 차이점이 있다. 처음 어느 정도 기간까지는 군사 독재정부에서 주도하는 경제 정책이 빠른 성장세를 보이기는 한다. 그러나 어느 시점을 지나고 부터는 민주주의 방식의 경제 정책에 밀리는 경향으로 나타난다는 경제학적 논리가 지배적이다. 이런 맥락에서 박정희의 압축경제 정책은 초기에는 산업화에 엄청난 발전을 가져왔다. 그러나 이런 정책은 유신정권 후반기부터 발전이 둔화되면서 결국은 엄청난 물가 상승마저 초래하게 되었다.

고전 혁명의 해부로 알려진 크레인 브린톤은 '혁명의 원인은 국가 경제의 위기에서 시작된다'고 했다. 박정희 정권의 경제 정책의 한계가 1970년 후반부터 나타나기 시작하면서 찾아온 엄청난 물가 상승으로 국민들의 생활이 힘들어지게 되었다. 동시에 국민들의 불만이 커지기 시작한 것도 박정희 체제의 붕괴 요인이라고 할 수 있다.

그다음으로는 노동자와 농민들의 민주주의의 요구에 대한 국가의 수용 능력의 한계 때문에 정국이 불안정해진 데에 원인을 찾아볼 수 있다. 박정희 정권은 초기 산업화 정책으로 도시중심의 정책을 추진해 나갔다. 그러다가 도시와 농촌의 균형 발전을 위해서 새마을운동인 농촌부흥 운동을 추진한 결과 어느 정도는 국가의 균형발전을 이루었다.

그리고 새마을운동은 농민들의 의식수준의 향상을 가져왔다. 그러면서 농민들은 점차적으로 국가에 대한 요구가 많아지고 농민들의 투쟁 등이 나타나기 시작하면서 이것은 결국 천주교 단체, 농민 단체, 노동자 단체 등과 연계된 운동으로 확대된다. 이제 정부는 인권 탄압으로 대응하고 결국 정권퇴진 운동으로 번지면서 박정희 정권의 붕괴를 초래하게 되었다. 앞에서 대표적 사건으로 언급했던 함평 고구마 사건과 안동 감자 사건은 농민들이 의식 수준이 향상되지 않은 60년대는 상상하기 힘든 사건이었다.

다음으로 노동자들의 체계적인 노동운동이 박정희 정권의 붕괴를 초래하게 되었다.

박정희 정권에서 한국을 농업국에서 산업국으로 성장시킨 주역은 산업역군인 노동자들이었다. 1960년대 경제개발의 자원은 바로 풍부하고 질 좋은 노동력이었다. 만일 이러한 질 좋은 노동력이 없었더라면 한국의 비약적인 경제도약은 불가능하였다.

그러나 정부의 목표인 압축경제 정책은 저렴한 인건비와 장시간의 노동착취로 이어지면서 노동자들의 불만이 가중되었다. 이에 70년대부터 시작된 조직적인 노동조합의 노동운동이 결국 박정희 정권의 붕괴를 초래하게 되었다. 전태일 피복 노조 사건으로부터 시작된 동일방직과 반도상사 사태 등에서 나온 노동운동 사건은 1979년 정권 붕괴 직전에 나타난 YH 노동자 사건으로 이어지면 박정희 유신호를 침몰시키는 결정적인 요인이 되었다.

다음으로 관료형 권위주의가 정권의 몰락을 가져왔다. 박정희 정권은 관료들의 천국이었다. 관료들에게 일을 시키고 그들에게 계급을 올려주다 보니 행정체계가 피라미드형에서 역 피라미드형으로 변하면서 고위층의 숫자만 늘려나갔다. 이것은 독재형에서 나타나는 관료형으로 많은 사람들에게 표창장을 주고 계급을 올려주는 것으로 관료들이 박정희 정권에 충성을 강요하는 관계를 유지하게 되었다. 따라서 이러한 충성도는 위로 올라가면 갈수록 심화되었다.

최고의 권력기관인 청와대와 중앙정보부와의 권력 갈등도 권력 1인자에 대한 충성도를 높이기 위한 암투에서 나온 갈등현상이라고 규정할 수 있다. 결국 최고 권력자의 최측근인 중앙정보부장과 청와대 경호실장 간의 충성도 암투가 10·26 대통령 암살 사건을 불러왔으니, 충성도 암투가 결국은 박정희 정권의 붕괴를 초래한 직접적인 요인이라고 할 수 있다.

10·26 사태의 개요는 다음과 같다. 1979년 10월 26일 청와대 근처의 궁정동 중앙정보부 안가에서 정보부장 김재규가 초청한 연회에 박정희가 참석하였다. 박정희는 6시에 참석하여 당시 경호실장 차지철과 비서실장인 김계원이 동석하였다.

연회 도중 박정희는 김재규에게 부마사태에 대해서 강하게 비난하자 옆에 있던 차지철 역시 김재규를 비난하였다. 그러자 김재규는 밖으로 나가 권총을 들고 와서 박정희에게 쏘고 다시 차지철을 향해서 쏘았다. 차지철이 화장실 쪽으로 도망가자 김재규는 박정희에 한 발 더 쏴서 확인 사살을 하였다.

그리고 화장실 쪽으로 도망간 차지철을 따라가서 다시 한 발을 쏴서 차지철을 죽였다. 그리고 동행한 중앙정보부의 박흥주, 박선호, 이기주, 유성옥, 김태원 등에게 미리 자신의 총소리가 나면 청와대 경호원을 죽이라는 명령을 내렸다.

이로써 박정희 대통령은 현장에서 김재규에 의해 암살되고 27일 새벽 4시를 기해서 최규하 국무총리가 비상계엄을 선포하였다. 그 후 신군부에 의해서 김재규, 김계원, 박선호, 박흥주는 사형선고를 받고 김계원은 풀려나고 나머지는 사형 당한다. 김재규는 1980년 5월 24일 총살 당한다.

김재규의 박정희 암살 사건은 여러 가지 관점에서 해석되고 있다. 우선 김재규가 개인적인 감정으로 인해서 암살했다는 설이다. 김재규는 당시 경호실장 차지철과의 권력 암투에서 밀리는 실정이며 곧 중앙정보부장 자리에서 경질될 처지에 있었다. 또한 차지철의 이간으로 인해 자신이 박정희로부터 신임을 잃었다는 사적인 감정이 암살 배경이라는 설이 있다.

두 번째는 김재규가 박정희의 독재정치에 대해서 쿠데타를 일으켜 정권을 장악하려는 의도에서 암살했다는 쿠데타 설이 있다.

마지막으로 미국의 CIA의 개입설이다. 미국 정보부가 박정희 인권문제에 대해서 관여하여 한국 민주주의의 회복을 위해서 개입했다는 설이 있다. 그러나 박정희 암살 동기에 대해서는 아직까지 확실하게 밝혀지지 않고 미궁에 빠져 있다.

이제 한국의 민주화운동의 전개는 기승전결 중에서 기와 승의 단계를 거쳐서 전의 단계로 넘어간다. 신군부의 등장과 전두환의 제5공화국으로 넘어가면서 한국 민주화 개척은 하이라이트를 맞게 된다.

오,

멀어진 민주화의 꿈,

전두환 정권

(1980~1987)

12·12
군사쿠데타와
5·16
군사정변 비교

10·26 사태 이후 한국은 민주화가 앞당겨질 것이라는 기대감으로 차 있었다. 그런데 10·26 이후 최규하 대통령이 권한대행을 맡아 10월 27일 새벽 4시를 기해서 비상계엄을 선포하였다. 계엄사령관에 정승화 육군참모총장을 임명하였다. 또한 10·26 사태의 합동수사본부장에 전두환 보안사령관을 임명하였다. 그런데 12월 12일 전두환 보안사령관이 정승화 참모총장을 연행하는 하극상의 군사 쿠데타를 감행하여 군부를 장악하였다.

전두환의 12·12 군사 쿠데타로 인해서 한국인들이 그토록 갈망하던 민주주의에 대한 꿈은 물거품이 되고 민주화운동의 개척자들은 또다시 형극의 길을 걷게 된다.

그러면 왜 이런 현상이 되풀이되면서 민주주의의 꿈은 물거품이 되고 말았는가?

여성 정치철학자 하나 아렌트의 '혁명의 사이클'이라는 이론을 적용해 볼 수 있다. 아렌트는 《전체주의와 혁명의 사이클》이라는 저서에서 전체주의는 정치, 경제를 비롯하여 군사와 언론까지 모든 것이 일인 통치하에 들어가는 정치제도를 말한다.

한국의 유신정국은 전체주의 체제의 정치유형이라고 할 수 있다. 유신헌법 체제에서는 입법과 행정과 사법부 위의 초당적인 차원에서 대통령을 올려놓고서 대통령이 국회의원 3분의 1을 지명하고 국민의 대변인인 국회의원의 권한을 대폭축소하고 대법원 소속의 법관 임명권을 대통령이 가졌다. 또한 헌법 심사권도 대법원에서 헌법위헌회에서 심사하도록 하면서 입법부와 사법부는 대통령의 시녀로 전락하고 만다. 여기에 더해서 대통령은 간접선거를 통해 선출하여, 국민들은 선거를 할 수 없도록 하는 통치제도였다.

유신헌법하의 대통령의 권한은 왕정시대의 왕권에 해당할 정도로 막강했다. 루이 14세가 "짐이 국가다"라고 했던 정도와 비등할 만큼 막강한 권력을 가진 유신통치 기구다.

김재규의 말에 의하면 실제로 당시 경호실장 차지철은 박정희에게 "각하, 이 나라는 각하의 국가입니다"라는 말을 했다고 한다.

그렇다면 민주주의의 역사란 무엇인가?

존 보딘의 왕권신수설에서 시작된 왕권을 약화시키기 위해서 민주주의는 시작되었다. 요하네스 알투지우스의 계약론에서 시작된 민주주의는 왕권을 약화시키기 위한 국민과 왕의 계약체결이라고 할 수 있다. 결국 국민들은 시민혁명을 통해서 왕을 없애고 대표자의 권력을 약화시켜 국민들이 직접 선출하는 제도로 바꾸었다.

하나 아렌트는 전체주의 정부는 시민혁명을 통해 붕괴되면서 다시 무정부 상태로 돌아가며 무정부 상태에서 다시 타락된 정부형태인 전체주의로 변화되고 다시 혁명이 일어나는 사이클의 연속이라고 한다.

왜 하나 아렌트는 전체주의가 혁명의 단계를 거쳐 무정부 상태가 되며 다시 전체주의로 변한다고 하였는가?

이는 전체주의 체제를 넘어뜨리는 힘의 주체에 의해서 정부가 붕괴되었기 때문에 그 힘을 능가할 힘이 생길 때까지 정부는 무정부 상태로 되며 다시 무정부 상태에서 전체주의적 정부가 수립된다는 논리이다.

박정희 정권을 무너뜨릴 수 있는 힘은 시민에 의한 혁명밖에 없었다. 그런데 박정희 정권이 시민혁명이 아닌 정권 내부의 힘에 의해서 넘어갔기 때문에 그 공백은 내부의 힘에 의해 메울 수밖에 없는 것이다. 따라서 시민혁명을 거치기 전에는 주변의 강한 조직에 의해서 새로운 힘이 등장하게 된다는 것이다.

박정희 체제의 전체주의는 결국 정치화되고 조직화된 군부가 정권을 찬탈할 가능성이 크다고 할 수 있다. 모든 기능이 마비된 상태에서 가장 강한 조직력을 가진 집단은 군부이기 때문이다.

그 결과 구정통파 세력인 정승화 참모총장과 신군부 세력인 전두환 세력이 박정희 전체주의의 갑작스런 붕괴로 인한 힘의 공백을 메우기 위해서 힘겨루기를 하였다. 결국 정승화와 전두환의 싸움에서 전두환이 승리를 한 것이 바로 12·12 군부 쿠데타라고 할 수 있다.

12·12는 박정희 전체주의 체제가 만들어 놓은 직업 정치군인들이 일으킨 군사 반란이라고 할 수 있다. 1961년 군사정변이 일어나면서 시작된 군의 정치개입은 군인들이 정치에 개입하는 일을 당연시 여기게 되었다. 이번 12·12 군사 쿠데타는 일부 정치군인들이 권력욕에 사로잡혀서 일으킨 반란행위이다.

군은 계급사회이다. 계급에 따라서 철저하게 상사와 부하 간 명령계통에 의해서 움직이기 때문에 상관의 명령에 불복종하는 경우에는 민간 조직보다도 더 강한 처벌이 내려진다. 군의 하극상을 일으킨 사건도 박정희의 5·16 군사정변이라고 할 수 있다. 박정희는 5·16 당시 육군 소장이었다. 당시 군에서는 박정희가 진급이 늦었으며 박정희보다 더 높은 중장들이 많이 있었다.

후에 전두환이 12·12 쿠데타를 일으키면서 정당화 시킨 말이 '박정희도 무명의 육군 소장이었다'는 말이었다. 전두환이 12·12 군사 쿠데타를 일으키기 전 김재규 사건 합동수사본부장을 맡으면서 그가 세상에 처음 알려졌다. 그는 김재규 사건을 이용하여 자신의 존재감을 알리려고 필요 없는 일까지 일부러 기자회견을 자주 하였다. 이때 이미 전두환은 권력이 공백 상태이며 민간인보다는 군부조직이 강하다는 것을 직감하고서 군부 쿠데타를 음모하였다.

그렇다면 군부 내에서 일어난 권력 투쟁의 장본인인 정승화와 전두환은 누구인가?

정승화 역시 당시 육군참모총장 자리까지 올라갔으니 직업군인이 아닌 정치군인이었다. 정승화는 5·16 군사정변 당시 대령에서 준장을 달고 최고통치비상기구인 국가재건최고회의의 최고위원으로 근무하였다. 이것은 바로 정승화가 정치군인이라는 증거이며 이후 월남전 파병의 심사위원으로 나갈 정도였으니 말할 것도 없다.

정승화는 1929년 경북 김천 출신이며, 육사 5기생이다. 6·25 동란에서 참전하여 공을 세웠다. 5·16 당시 12사단 부사단장으로 사단장과 함께 군사정변을 지지하였다.

1961년 8월에 준장으로 진급하였다. 방첩부대장을 거쳐서 66년 소장으로 진급하여 국방부 인사국장을 거쳤다. 육군종합행정학교를 창설하여 초대 교장이 되었다. 1973년 중장으로 진급하여 3군단장, 75년에는 육사 교장을 지냈다.

육사 교장 시절 육사 졸업생 중에서 군에서 5년 근무한 사람을 행정부의 사무관으로 채용하는 제도를 만들었다. 이것을 소위 유신사무관제도라고 한다. 78년 5월 대장으로 진급하고 1979년 2월에 육군참모총장이 된다. 그리고 그해 10월에 10·26 사태를 겪고

12월 12일 12·12 사태를 겪으면서 군에서 물러난다.

정승화가 군에서 참모총장까지 갈 수 있었던 가장 큰 배경은 역시 박정희와 동향인 경북 출신이기 때문이다. 만일 그가 비영남권 출신이라면 참모총장 자리까지 올라가지 못했을 것이다.

정승화의 경력을 객관적으로 분석해보면 그는 군인의 탈을 쓴 관료화된 정치군인이다. 육군종합행정학교를 창설하고 소위 말하는 육사 출신의 유신사무관제도를 만들 정도이니 말이다. 또한 국가재건최고회의 최고위원과 육군본부 인사국장, 월남 파병 심사위원 등을 역임한 경력을 보면 그는 당시 적응력이 뛰어난 군인 정치인이다.

만일 전두환이 12·12 군사 쿠데타를 일으키지 않았더라면, 정승화는 분명히 쿠데타로 정권을 잡을 가능성이 매우 큰 정치적 야심을 가진 인물이다. 특히 박정희가 갑자기 암살당하고 힘의 공백 상태에서 계엄사령관을 맡았기 때문에 정승화는 군사 쿠데타를 일으켰을 가능성이 큰 위험한 인물이다.

그러면 전두환은 누구인가?

전두환은 1931년 1월생으로 1930년생이라고 할 수 있다. 육사 기수로는 정승화가 5기 전두환은 11기이기 때문에 차이가 많아 보이지만 사실은 나이로 보면 비슷한 또래이다. 정승화와는 1년 정도의 나이 차이밖에 나지 않는다.

경남 합천 출신으로 1951년 대구공고를 졸업하고 1955년 정규 육사를 졸업한다. 1958년 이규동 장군의 딸 이순자와 결혼한다. 1960년 미 육군 보병학교를 졸업하고 1965년 육군대학을 졸업한다. 1961년 국가재건최고회의 의장 민원비서관, 1963년 중앙정보부 인사과장, 1969년 육군본부 수석부관 등의 경력이 있다.

1970년 백마부대장으로 월남전에 참전, 1971년 제1공수특전단장, 1976년 대통령 경호실 차장보, 1978년 1사단장을 역임, 1979년 보안사령관이 되었다.

전두환 역시 그의 군 경력을 보면 일반 정통 군인이 아닌 정치군인의 길을 걸었음을 알 수 있다. 이미 초급장교 시절부터 국가재건최고회의를 비롯하여 중앙정보부 등 권력기관과 청와대 경호실 차장보 등의 정치적 요직을 겪은 것을 보면 그는 군인이 아닌 정치군인이다.

전두환이 개인적으로 동료들에 비해 높은 리더십을 보인 부분은 그가 1951년 영남 중심의 동기생인 노태우 등과 하나회의 전신인 5성회를 조직했다는 점이다. 이 5성회는 칠성회로 성장하고 나중에 하나회라는 조직으로 성장해 하나회가 12·12 군사 쿠데타를 일으켜서 성공시키는 결정적인 역할을 한다.

객관적이고 중립적인 관점에서 보면 박정희는 평소 모든 권력을 민간인 아닌 군에게 편중시켰다. 그래서 박정희 사후에 모든 힘이 군부에 있었다. 따라서 누가 쿠데타를 하든 군부의 정치 장악으로 인해서 한국은 군정시대가 지속되지 않을 수 없는 상황이었다.

정권을 잡은 군부는 얼마 후 민간인 집단과 힘겨루기를 한다. 이것이 바로 광주민주항쟁이다. 결국 광주민주화항쟁은 조직력이 강한 군부에게 패하고 엄청난 유혈사태를 초래한다.

결국 10·26 이후 군부에서 형식상의 1인자인 정승화 참모총장과 실질상의 1인자인 전두환 보안사령관의 권력 투쟁이 바로 12·12 군사 쿠데타이다. 결국 실질상의 군부 실력자인 전두환이 형식상의 실력자인 정승화를 제거하고 권력을 잡아 군사정권을 수립한다.

지역적으로도 해방 이후 5·16 군사정변까지는 군부에서 이북 출신들이 군부를 장악했다. 왜 이북 출신들이 군부를 장악했는지는 확실하지가 않지만 아마 만주군관학교가 지리적으로 이북과 가까운 만주 봉천과 신경에 있었기 때문이라고 생각된다. 또한 이승만 역시 황해도 출신이어서 동향의 인사를 선호한 것과 어느 정도 관련성이 있다고 생각되나 확실하지가 않다. 또한 군은 부하들을 통치하는 집단적 특성상, 북한의 평안도, 함경도 사람들의 성격이 매우 괄괄하기 때문에 군의 체질과 잘맞는다고 할 수 있다. 5·16 이전의 군부는 정일권, 백선엽, 이한림, 이형근 등 대부분이 이북 지역 출신들이었다.

그러나 박정희 정권이 들어서면서부터는 대부분 영남 지역 출신으로 바뀌었다. 그 대표적인 인물이 정승화, 김재규, 윤필용이다. 정승화는 육사 5기 출신이며 김재규는 육사 2기, 윤필용은 육사 8기 출신이다.

정승화는 경북 김천 출신이며 김재규는 박정희와 동향인 경북 선산 구미이며 윤필용은 경북 청도 출신이다. 즉, 세 사람 모두 경북 출신이다. 이들이 군을 장악하면서 후배 군인들을 키웠다. 그중에서 전두환을 키운 인물은 바로 윤필용이다.

윤필용은 육사 8기 김종필과 동기로서 당시 정계에서 4인방 항명사건으로 유명한 길재호, 오치성 등과 함께 육사 8기의 선두주자로 군에 남아서 군을 관리하던 인물이었다. 나중에 알려진 사실이지만 군의 사조직이며 12·12 군사 쿠데타를 주도한 전두환이 이끄는 하나회의 후견인이기도 했다. 결국 군의 사조직인 하나회는 당시 보안사령관이었던 강창성이 윤필용 사건을 지휘하면서 윤필용이 전두환의 사조직 하나회의 후견인이라는 것을 박정희에게 알리며 조직은 타격을 입게 된다. 그러나 박정희는 하나회 조직이 영남 중심의 군인들이기 때문에 그냥 넘어가고 말았다.

전두환이 일으킨 12·12 군사 쿠데타의 주역들은 정규 육사 출신들이었다. 육사 10기까지는 정규 4년제가 아니었다. 그러다가 1951년 6·25 전쟁 중 창설된 학교가 정규 4년제 육군사관학교다. 이들은 그 전의 기수와는 완전히 다른 기수들이며 굉장한 자부심을 가진 군의 엘리트들이다. 전두환과 노태우가 육사 11기로 정규 육사 1기다. 그리고 전두환과 함께 12·12 쿠데타를 주도한 인물들이 바로 17기 대령들이다.

여기서 전두환과 박정희 그리고 육사 17기와 육사 8기를 한번 비교해 보아야 할 것이다.

전두환이 자신의 쿠데타를 정당화시켰던 '박정희도 무명의 육군 소장이었다'는 말처럼, 박정희와 전두환 모두 육군 소장 출신이다. 박정희와 전두환은 군에서 두각을 드러내는 인물이었다. 박정희는 영등포 지역에 있는 6관구 사령관을 역임했다. 전두환은 보안 사령관을 지냈다. 또한 군에서 동료들에 비해 약간 연장자였다. 박정희는 육사 2기 동료들보다 5년 정도 위였고, 전두환 역시 동료들보다 2살 정도 위였다.

실제 군사 쿠데타의 실무를 담당하여 성공시킨 주역들은 5·16 군사정변 당시에는 육사 8기였다. 육사 8기는 7기까지와는 다른 자부심을 가지고 있었다. 8기는 육사에서 처음으로 민간인을 정식 모집하여 정당한 경쟁을 거쳐서 합격한 군인들이었다. 이전 기수들은 대부분 전직 경찰이나 전직 일본군이나 만주군에서 사병으로 일한 이력으로 추천을 통해서 들어온 사람들이었다. 따라서 육사 8기는 이들과는 다르다는 자부심을 가지고 있었다. 또한 대부분 군에서 중령으로 있었으며 보직은 국방부나 육군본부의 정보과나 정보계통의 보직 경력을 가지고 있었다.

전두환의 12·12 사태를 성공시킨 실무진은 육사 17기였다. 그들은 대부분 대령으로 당시 보직은 대부분 보안사, 수경사, 육본 등의 군의 정보계통에 보직을 가진 인물이다. 따라서 두 쿠데타의 주역은 모두 육군 소장이며, 실무는 중령과 대령급의 중대장이나 연대장의 영관급 인사가 맡았다는 공통점을 가진다.

육사 8기는 군에서 다른 기수들과는 다른 자부심이 매우 강한 기수들이다. 사실상 육사 8기는 1,263명이 졸업한 역대 기수 중에서 가장 많은 졸업생을 배출하였으며 6·25 당시 가장 많은 수가 사망했다. 따라서 그들은 단결력이 매우 강했다. '6·25는 우리가 막았다'는 자부심을 가지고 있었다.

육사 17기 역시 입시 경쟁이 치열하였다. 당시 육사는 미리 시험을 보고 나중에 일반대학 입시를 치르는 입시 제도였다. 육사 합격생 중에서 상당수가 일류대학에 이중합격한 뒤에 육사를 택하는 경우가 많았다. 따라서 육사 17기 역시 육사에 대한 자부심이 매우 강했다.

따라서 5·16과 12·12는 상당한 유사점을 가지고 있다. 이론적인 관점에서 보면 대부분 아프리카나 남미에서 발생하는 군사 쿠데타의 모델은 바로 한국에서 발생한 5·16 군사정변과 12·12 군사 쿠데타와 매우 유사하다고 할 수 있다. 아프리카 신생국가 중 남미 국가들의 군사 쿠데타 모델은 구심점이 되는 인물이 육군 소장이며 실무진은 영관급의 중령이나 대령들이다. 이러한 점에서 한국에서 일어난 5·16과 12·12는 아프리카나 중남미의 쿠데타 모델과 같다고 할 수 있다.

따라서 만일 전두환이 군사 쿠데타를 일으키지 않았더라도 다른 군부 세력이 쿠데타를 일으킬 가능성이 높았다. 이야기한 것처럼 전체주의에서 나타나는 힘의 공백 상태를 메울 만큼 강한 조직이 존재하지 않았기 때문이다.

그러면 많은 군부 세력 중 어떻게 전두환이 쿠데타를 성공 시킬 수 있었는가?

우선 전두환이 10·26 사태의 합동수사본부장을 맡은 것이 쿠데타를 성공시킬 수 있었던 가장 큰 이유다. 보안사가 군의 정보를 장악하고 있다고는 하지만 합수부장을 맡음으로써 군에서 전두환의 위상이 상승함과 동시에 모든 언론과 국민들의 관심을 받으면서 군부 내에서 동료나 선배 군인들보다 위상이 높아졌다고 할 수 있다. 그리고 비상계엄하에서는 참모총장이 사실상 국가 권력의 제1인자다. 그다음 서열이 합수부장이라고 할 수 있다. 따라서 전두환이 마음만 먹으면 쿠데타를 일으킬 수 있는 명분을 얻은 셈이다.

12·12 쿠데타를 일으키기 전에 전두환은 쿠데타에 뜻을 함께할 자신의 선배들과 동료 및 후배들과 11월 중순 미리 사전 계획을 짰다.

쿠데타 음모에 가담한 군인들을 보면 국방부 군수차관보 유학성, 1군단장 황영시, 수도군단장 차규헌, 9사단장 노태우, 20사단장 박준병, 1공수 여단장 박희도, 3공수 여단장 최세창, 5공수 여단장 장기오 등이며 영관급 실무진으로는 이학봉 보안사 대공처장, 허삼수 보안사 인사처장, 우경윤 육본 범죄수사단장 등이 포함되어 있다.

쿠데타 성공을 위해서는 반대 세력의 제거가 가장 큰 문제였다. 그중에서도 형식상의 책임자인 정승화 참모총장과 실질적으로 쿠데타를 막을 반대 세력을 제거하는 일이 가장 큰 문제였다. 정승화 참모총장은 이미 전두환이 자신의 명령을 듣지 않는다는 것을 알고서 동해경비사령관 발령을 준비하고 있었으며, 전두환은 이번 기회를 놓치면 쿠데타를 일으킬 기회가 없음을 알고 있었다.

제1단계로 자신의 최측근 심복이면서 하나회 회원인 허삼수 보안사 인사처장과 우경윤 육군본부 범죄수단장, 33경비단장 소속 50명을 함께 육군본부 총장 공관으로 보내서 정승화를 체포하도록 하였다. 다음으로 보안사 비서실장 허화평을 보내 연희동에서 요정 만찬을 열어서 실무진인 장태완 수도경비사령관과 정병주 특전사령관 및 김진기 헌병감 등 반대 세력이 연회에 있는 동안 쿠데타를 감행하였다. 또한 박희도, 장기오 공수여단장을 보내서 육군본부와 국방부를 점령하도록 하였다.

결국 정승화는 부상을 입고 보안사 서빙고 분실로 강제 연행되었다. 연회에 참석했던 실무진인 장태완, 정병주, 김진기 등은 힘 한 번 못쓰고 체포되고 말았다.

마지막으로 전두환은 최규하 대통령을 찾아가 정승화 체포에 서명하도록 하였지만 실패하면서 국방장관 노재현을 체포하여 최규하에게 끌고 가서 결국 사후재가에 정승화 체포동의안을 받아내면서 12·12 군사 쿠데타는 성공하였다.

다음에 나타나는 민주화 개척은 뒤이어 나타나는 서울의 봄과 광주 시민항쟁으로 이어지면서 한국의 민주화 개척사는 가장 힘든 시기로 접어들게 되었다. 그 근본적인 원인은 권력은 총대에서 나온다는 전형적인 군사 쿠데타 때문이다. 박정희가 만들어 놓은 직업 정치군인들의 권력 욕망에서 '총대 잡은 자가 최고다'라는 것을 증명하는 전형적인 하극상이자 군사반란의 케이스였다.

프라하의 봄이 된
서울의 봄

한국 민주주의는 1980년에 들어서면서 새로운 국면에 들어서게 된다. 10·26 사태 이후 1980년 5월 17일 비상계엄선포 사태까지의 과도 기간을 서울의 봄이라고 부른다.

서울의 봄은 1968년 4월 체코의 둡체크가 일으킨 개혁혁명인 체코 프라하의 봄의 민주화운동과 유사한 점으로 인해서 서울의 봄이라고 부른다. 체코의 둡체크의 민주화운동은 결국 8월 20일 소련군의 강제진압으로 인해서 실패로 돌아가고 말았다.

서울의 봄이라 불리는 1979년 10월부터 1980년 5월까지 약 7개월간 한국은 무정부 상태에 돌입하게 되었다. 이러한 무정부 상태에서 나타나는 현상은 하나 아렌트의 '혁명의 사이클' 이론이 그대로 적용된다고 할 수 있다. 이 기간 동안 한국의 민주화는 혁명의 사이클에 바로 적용할 수 있다. 유신 전체주의 체제의 붕괴로 인해서 한국은 무정부 상태로 진입하게 된다. 그리고 무정부 상태에서 그것을 진압할 세력은 바로 조직적인 무력을 갖춘 군부밖에 없다. 군부의 등장이 바로 전두환의 계엄선포 확대다.

전두환의 계엄선포 확대는 결국 광주민주화항쟁을 일으키면서 서울의 봄은 사라지고 만다. 이것은 1968년 4월 프라하에서 발생한 민주화항쟁이 강한 힘을 가진 소련 군인들의 무력진압에 의해 수포로 돌아가고 만 것과 같은 맥락에서 이해할 수 있다.

일정한 구심점을 상실한 한국은 민주화운동을 주도한 김대중,

김영삼을 비롯하여 재야인사와 종교계단체와 해직 교수단체와 해직 언론인 등이 주도가 되어서 한국 민주주의를 회복시키려고 노력하였다. 그리고 학생과 노동자 및 일반시민들이 민주화의 행동대원으로 참가하게 된다.

그러면 서울의 봄 당시 김영삼 김대중의 양김과 학생과 노동자 및 시민들의 상황은 어떠했을까?

10·26 사태가 발생하고 여당인 공화당은 구심점을 잃어버린다. 그러면서 공화당은 만장일치로 김종필을 총재로 추대한다. 김종필은 그동안 박정희와 등을 돌리고 있었다. 그 이유는 김종필이 공화당의 2인자이기 때문에 2인자는 절대로 키우지 않는 권력의 속성 때문이다. 그래서 그동안 김종필은 그늘에 있었다. 그러나 박정희가 사라지면서 김종필은 갑자기 공화당 내의 1인자로 다시 등장하며 양지로 나온다. 하지만 김종필의 '영원한 2인자'라는 트레이드마크는 민주화 이후에도 사라지지 않아 영원한 2인자로 남게 된다.

그다음으로 급부상한 인물은 김영삼이었다. 김영삼은 10·26 사태가 자신의 공으로 이루어진 것처럼 행세하였다. 사실상 박정희가 암살된 것에 김영삼이 간접적인 요인인 것은 맞다. 따라서 김영삼은 이제 서울의 봄은 서서히 겨울의 눈을 녹이고 봄의 훈풍을 불게 할 것이라는 생각으로 '민주주의는 당장 우리 코앞에 있다'는 말을 하면서 대선에 나갈 준비를 하기 시작하였다.

그러면 김대중은 무엇을 하였는가?

김대중은 1976년 3·1절 명동성당 사건 이후에 진주교도소에서 수감생활을 하다가 1978년 12월 27일 박정희의 대통령 취임 특사로 풀려나서 집에서 가택 연금된 상태에 있었다. 당시 복권이 되지 않은 상태에 있었지만 신군부에 의해서 최규하 대통령이 1980년 2

월 27일 김대중을 사면 복권시키면서 정치활동을 할 수 있게 되었다. 김대중은 1972년 10월 유신정국 이후에 원내 정치 활동은 금지되고 재야인사로서 거의 감옥살이 또는 구금상태에 있었다. 따라서 신군부의 김대중 사면 복권은 여러 가지 의미를 포함하고 있었다. 김대중의 정치활동 재개는 라이벌 관계인 김영삼과의 마찰과 갈등을 피할 수 없게 하여 사회적 혼란을 일으킬 수 있다는 생각을 염두에 두고 있었다.

김대중이 사면 복권 되면서 추종 세력들은 차기 대통령으로 김대중을 지지하기 시작하면서 선거를 준비하기 시작하였다. 동시에 김영삼은 김대중이 원내정치 활동이 금지된 기간 중에 원내 당 총재로서 활동하였다. 이 때문에 당내 경선에서는 김영삼이 절대적으로 유리하였다. 따라서 김대중과 김영삼은 다른 방향으로 대통령의 기반을 구축 하였다. 김대중은 재야단체를 기반으로, 김영삼은 정치인들을 상대로 대통령 준비를 하고 있었다.

김종필에 대해서는 유신인물이라는 이유 때문에 평가 절하된 상태였다. 김종필은 유신시대를 산업화 시대로 평가하면서 집권당인 공화당의 재평가를 요구하고 나섰다. 1980년 2월 25일 인촌 김성수 선생 기념회에 김상만 동아일보 회장의 초청으로 김영삼, 김대중, 김종필 3김이 모였다. 이때부터 언론은 3김으로 부르면서 한국정치는 3김 시대의 역사를 열기 시작하였다.

그러나 김영삼 김대중과는 달리 김종필은 자신이 직접 5·16 군사정변을 일으킨 인물 중 한 사람이기 때문에 군의 동향에 대해 의구심을 가지기 시작하였다. 특히 전두환의 행동에 대해서 쿠데타 가능성을 비치기 시작하였다. 따라서 김종필은 아직 민주화의 봄에 대해 확실하지가 않다고 본 것이다.

4월이 되면서 나라는 혼란 속으로 빠져들기 시작하였다. 대학은 유신을 도운 어용학자들의 처벌을 요구하고 나섰다. 노동자들의 임금인상과 근로시간 단축과 퇴직금제도 개선 등을 요구하는 시위가 연일 일어나기 시작하였다. 재야인사와 해직 언론인, 해직 교수 등도 민주화 완성을 위해 최규하 임시과도정부에게 유신이전의 민주주의 헌법을 요구하면서 전국은 혼란의 도가니 속으로 빠져들었다.

그러면 국가의 주인이면서 가장 중요한 시민들은 어떠한 태도를 보였으며 동시에 한국과 동맹관계를 맺고 한국군에게 압력을 행사할 수 있는 미국은 어떠한 반응을 보였는가?

프랑크푸르트 학파이며 일차원의 인간으로 알려진 허버트 마르쿠제는 다음과 같이 말했다. 혁명의 주체는 소수의 지식인이 불씨를 지피고 일으켜서 그다음으로 노동자들이 과격한 행동을 주도하고 시민들이 합세하면 정부를 전복할 수 있는 힘이 형성되어서 국가의 혁명은 성공할 수 있다는 것이다.

정확하게 말하면 서울의 봄은 1979년 10월 26일부터 1980년 5월 17일까지의 기간을 말한다.

최규하 과도정부는 1979년 12월 6일을 기해서 긴급조치를 해제하여 개헌을 논의할 수 있도록 하였다. 또한 긴급조치로 인해서 구속된 재야인사들을 사면하여 복권시켰다. 긴급조치 해제로 인해 복권된 윤보선 전 대통령 등 재야인사들이 헌법 개정을 요구하고 나서면서 민주화는 추진되기 시작하였다. 이러한 민주화의 불씨는 여론을 조성하기 시작하였다. 1980년 2월 27일 김대중의 사면 복권이 이루어지고 3월 대학교 신학기가 시작되었다. 대학은 2·29 복권 조치로 인해 긴급조치로 구속된 학생과 교수들이 학교로 돌아오면서 학원가는 민주화운동의 열기가 달아오르기 시작하였다. 그리고 학생회와 평교수회 등이 부활되면서 민주화운동의 산실이 되었다.

학생들은 학원 내 언론의 자유, 어용교수 퇴진 등을 요구하였는데, 이 움직임은 3월의 조선대를 시작으로 전국적으로 번져 나갔다. 4월 14일 전두환 보안사령관이 중앙정보부장 서리를 겸하면서 학생들은 유신 잔당의 퇴진을 요구하였다. 또한 학원 민주화에서 사회 민주화로 투쟁노선을 바꾸면서 학생들은 학원 내에서 학교 밖으로 시위를 벌여 나갔다.

그러면 노동자들은 어떠했는가?

'서울의 봄' 기간 동안 노사 관련 노동쟁의가 유신기간 동안 발생한 노동쟁의 건수인 897건과 비슷한 숫자로 발생하였다. 1978년에 발생한 오일쇼크의 여파로 기업들은 폐업과 단축노동 등으로 경영난에 시달리고 있었다. 이러한 상황에서 노동자들은 노동자들의 인권보호를 위한 노동운동을 벌이기 시작하였다. 대표적인 노동운동은 해태제과 8시간 단축 노동과 사북 탄광노조의 임금인상 및 어용노조 퇴진, 청계천 피복노조의 10인 이상 기업의 퇴직금 지급 요구 등 노동자들의 근로개선과 어용노조퇴진 및 신규노조의 창립 등을 골자로 하는 노동운동을 전개해 나가면서 민주화는 고조되기 시작하였다.

여기에 더해 1978년 찾아온 2차 오일쇼크로 인해서 한국의 경제는 곤두박질치기 시작하였다. 석유 한 방울 나지 않는 한국은 모든 원유를 외국에 의존해야 하는 실정이었다. 2차 오일쇼크는 이란이 미국 등 서방국가와의 갈등으로 인해서 석유공급을 감소시키면서 발생한 사건이었다.

전 세계 경제는 불황에 접어들었다. 한국의 경제는 더욱더 심각한 위기로 치닫기 시작하였다. 여기에 더해서 한국은 오일을 많이 필요로 하는 중화학공업에 집중했던 것이 더욱더 큰 악재였다. 그 결과 생필품 품귀 현상이 발생하면서 한국의 물가는 1980년 전년 대비 30퍼센트대로 인상되었다. 또한 1979년부터 경제성장률도 급감하면서 1980년은 마이너스 성장률을 보였다. 어려운 경제 여건 하에 국민들은 허리띠를 졸라매야 하는 생활고에 시달리기 시작하면서 국가에 대해서 불만이 커지기 시작하였다. 청년 실업률도 급증하기 시작하면서 사회는 혼란 속에 빠졌다.

이러한 혼란 속에 12·12 사태로 군을 장악한 신군부는 유신개헌에 반대하면서 정권 찬탈 계획을 준비하고 있었다. 그리고 이러한 상황에 학생들은 5월 2일 서울대를 중심으로 하는 민주화 대총회를 시발로 민주화 대행진에 돌입하면서 학생시위는 전국적으로 확산되기 시작하였다.

학생운동이 전국적으로 확산되면서 5월 13일 6개 대학 2,500명이 광화문에서 가두시위를 벌이자 13일 밤 11시에 서울의 27개 대학의 총학생회장들이 모여 14일부터 가두시위를 벌이기로 했다. 14일 서울의 21개 대학 5만 명이 광화문, 종로, 시청 등을 돌면서 시위를 벌였는데, 시위는 폭력시위로 번지면서 부상자가 300여 명이 이르고 경찰차량이 파손되었다. 지방과 도시 등 11개 지역의 10개 대학들도 시위를 벌였다.

다음 날인 15일에는 서울역 광장에 학생 10만 명과 시민 5만 명이 합세하여 계엄철폐와 유신잔당의 퇴진을 요구하는 시위를 벌였다. 이 과정에서 전경 1명이 사망하고 113명의 부상자가 나왔다.

학생들의 과격한 행동에 대해서 당시 국민들은 크게 호응하는 기미가 보이지 않았다. 동시에 군의 이동설 등 여러 가지 설이 난무하는 가운데 서울대를 중심으로 하는 학생들은 시위를 계속하자는 '매파'와 시위를 일단 중단하고 학교 내로 들어가서 학업을 계속하면서 잠시 관망하자는 '비둘기파'로 갈렸다.

당시 서울대 총학생회장은 서울대 영어교육과의 심재철이며 고대 총학생회장은 고대행정학과의 신계륜이었다. 학생들의 의견이 분분하자 학생들은 일단 해산하고 학내에 들어가 공부하면서 관망하는 쪽으로 의견을 모았다. 그리고 학생들은 해산하였다. 다음 날 16일 이화여대에서 전국대학총학생대회를 열어서 시위 중단과 관망의 입장을 결정하고 학생들은 학교로 돌아왔다.

16일부터 잠잠해진 계엄사령부는 17일 24시를 기해 전국적으로 비상계엄확대령을 내리면서 그토록 민주화를 갈망하던 민주화의 꿈은 좌절되고 말았다.

심재철과 신계륜,
이태복, 윤상원의
의견대립
그리고 위화도 회군

민주화를 위한 학생들의 시위는 5월 15일을 기해서 중단되었다. 그리고 다음날 이화여대에서 전국총학생회장단은 시위를 중단하고 학교로 복귀하여 학업을 계속하기로 합의를 보았다. 이 틈을 타서 계엄사령부는 17일 비상국무회의를 열고, 최규하 대통령이 17일 24시를 기해 전국 비상계엄령을 내리면서 사실상 민주화운동은 좌절되고 말았다.

그러면 학생운동을 실패하도록 만든 장본인은 누구인가?

학생운동 실패의 원인은 각 대학의 학생회 지도부의 의견 분열 때문이다. 당시 학생시위는 서울대가 주도했다고 할 수 있다. 4월 24일 대학교수들의 유신철폐 민주화 성명 발표와 더불어 성균관대 학생들의 병영집체훈련반대와 유신철폐 성명이 있었다.

5월 9일 고려대에서는 전국 23개 대학에서 계엄해제와 유신철폐 성명을 내고 교내에서만 시위를 벌이기로 하였다. 교내 시위만을 하기로 한 것은 군사쿠데타설이 나돌았기 때문에 쿠데타 빌미를 주지 않기 위해서다.

5월 12일 군부가 북한 남침 전쟁설을 흘렸으며 12일 미 국방부는 미군 순찰대가 밤 10시 30분경 비무장지대 공동관리구역에서 정체불명의 괴한들과 교전을 벌였으나 인명피해는 없었다고 발표했다.

이 기사는 당시 국민들에게 불안감을 심어 주고 전쟁 발생에 대해 우려하게 만들어, 학생들과 시민시위대가 국민들의 공감대를 형성하지 못하게 하였다. 이는 3일 후에 일어난 대규모 시위인 15일 서울역 시위 이후의 시위를 중단시키는 결정적인 요인으로 작용했다. 그러나 미 국방부 발표와 북한의 남침도발설은 당시 일본의원단들의 등소평과의 회담에서 북한의 남침설을 단호히 거부했다. 프랑스 르몽드지 역시 북한의 남침설을 거부했다.

5월 14일 학생들이 시위를 결정하자 신군부는 시위진압본부를 개설했다. 7만 명이 가두시위를 하고 신민당은 계엄해제 건의서를 국회에 제출하였다.

5월 15일에는 학생 10만 명이 서울역에서 시위를 벌였다. 언론계에서는 경향신문이 15일까지 계엄철폐를 요구하고 나섰으며 이어서 동아일보와 한국일보 등도 가세하면서 전국적으로 확산되었다. 교수 134명도 시국선언을 하면서 계엄철폐를 요구하고 나섰다. 학생들의 시위에 재야인사들은 학생들을 동조하기 시작하였다.

5월 16일에는 정치권에서 김영삼과 김대중이 회동을 갖고 계엄철폐 등 6개 수습안을 요구했다. 중동 순방 중이던 최규하는 남은 일정을 취소하고 즉시 귀국했다. 그리고 5월 17일 밤 9시 40분 비상국무회의를 열어 17일 24시를 기해 비상계엄을 전국으로 확대한다고 발표했다.

결국 학생운동은 실패하고 말았다. 왜 실패를 했는가?

학생회 지도부의 의견충돌이 결정적인 원인이라고 할 수 있다. 우선 학생운동 지도부의 인물들에 대해서 간단하게 설명할 필요성이 있다.

먼저 심재철은 누구인가?

심재철은 1958년 광주 출신으로 광주제일고와 서울대 영어교육과를 나왔다. 1980년 5월 서울의 봄 당시 서울대 총학생회장으로 5월 15일 서울역 시위를 주도하다 시위의 중단을 요구하고 교육부 장관과 협의하에 당시 학생처장이던 이수성의 인도로 학생들을 모두 무사히 귀가 시킨 장본인이다.

신계륜은 누구인가?

신계륜은 1954년 전남 함평 출신으로 광주고등학교와 고려대 행정학과를 나왔다. 1980년 서울의 봄 당시 고려대 총학생회장으로 심재철의 학내 투쟁에 반대하여 고려대 학생들을 이끌고 가두 시위를 벌였다.

이태복은 누구인가?

이태복은 1950년 충남 보령 출신으로 국민대를 졸업했다. 1977년 출판사 광림사를 설립하여 노동관련 서적을 출간하였다. 1980년 5월 15일 서울역 광장 시위에서 학림파로서 당시 심재철의 무림파와 대립하여 학생과 노동자의 연계 투쟁을 주장하였다.

윤상원은 누구인가?

윤상원은 1950년 광주의 광산 출신으로 전남대 정치외교학과를 졸업하고 1979년 들불야학을 설립하여 노동자들을 교육하였다. 1980년 5월 15일 서울역 시위에서 이태복과 같이 노동자와 학생들의 연계 투쟁을 주장하였다.

당시 학생운동은 서울대가 주도했다고 할 수 있으며 서울대 학생회의 영향은 다른 학교보다도 컸다고 할 수 있다. 그런데 당시 서울대 학생회장은 심재철이며 심재철은 온건노선을 걸어가는 과격파의 사상을 가진 인물이었다. 심재철의 사상은 학생들이 학내에서의 투쟁을 통해서 개헌을 하고 선거를 통해 보수야당을 만들어서 정권을 바꾸자는, 보수적인 색채가 강한 개혁주의자였다. 따라서 심재철은 학내의 투쟁과 더불어 학생들은 공부를 지속적하면서 군부를 압박하자는 주장을 하고 있었다.

특히 심재철은 1980년 5월 12일 북한의 남침설 유포에 대해서 상당히 위축된 상황에 처해 있었다. 학생운동으로 인한 사회불안은 결국 북한에게 남침의 빌미를 제공하기 때문에 과격한 학외 시위는 국민들의 호응을 얻을 수 없다는 소극적인 사고를 가지고 있었다. 심재철과 함께 같은 생각을 가진 학생지도부를 무림파라고 불렀다. 무림파는 모 아니면 도식의 군과 대결에서 제로섬게임의 확실한 노선을 걷지 못했다.

다음으로 유시민 당시 학생회 대의원회 의장의 영향력을 들 수 있다. 유시민은 심재철의 온건 노선에 비해 매우 강한 급진적인 노선을 걸으면서 학원 외의 투쟁을 고집하였다. 하지만 결국 당시 학생회장이면서 주도권을 쥐고 있던 심재철과의 논쟁에서 밀려 서울대학은 심재철의 온건노선을 택하게 되었다.

다음으로 고려대 총학생회장 신계륜의 노선을 분석할 필요성이 있다. 신계륜은 학내로 돌아가자는 심재철의 의견에 반대하여 5월 16일 고대생 2천 명을 이끌고 가두시위를 벌였다. 신계륜은 학교 밖에서의 투쟁을 통해 민주화를 달성하며 시민들과의 합류를 주장하였다. 즉 신계륜은 심재철보다 강한 노선의 사고를 가지고 있었다. 그러나 신계륜의 독자적인 시도는 심재철의 온건 노선에 밀려 큰 성과를 보지 못했다.

다음으로 국민대의 이태복의 사고이다. 이태복은 학생운동을 노동자들과 연계 진행하여 노동자 학생운동으로 학생운동을 몰고 가서 계엄군에 적극적으로 대처하자는 주장을 펼쳤다. 심재철과 신계륜보다 매우 강한 노선이었다. 결국 이태복의 당시 학생운동에 대한 사고는 학생 운동을 바탕으로 한 노동자 혁명을 통해서 계엄군과 맞서서 민주화를 성취하자는 것이었다. 따라서 이태복의 사고는 심재철과 신계륜의 사고보다 한 단계 더 과격한 사고를 가진 진보적인 노선을 택하고 있었다.

마지막으로 전남대의 윤상원의 사고를 들 수 있다. 윤상원의 사고는 이태복과 거의 같은 학생과 노동자를 연계하여 학생운동을 시민운동으로 끌고 가자는 사고이다. 다만, 윤상원의 사고는 이태복보다 약간 더 급진적이었다고 할 수 있다. 이태복은 학생과 노동자의 비중을 같은 비중으로 생각한 반면에 윤상원은 노동자 중심의 노동운동에 학생운동을 가미하자는 노동자 중심의 운동으로 민주화를 달성하자는 생각이었다.

서울대와 고려대, 국민대와 전남대의 학생대표들의 사고는 이렇게 달랐다. 학생지도부의 분열로 인해서 서울의 봄 학생운동은 결국 좌절되고 말았다. 그리고 5월 15일 서울역 시위는 5월 18일 광주민주화 시민항쟁으로 변하게 되었다.

이태복과 윤상원의 투쟁사상은 정통 마르크스 사상인 노동자 중심의 투쟁으로 민주화를 원했으며 신계륜과 심재철의 사상은 네오 마르크스 사상인 지식인인 학생이 주도하는 투쟁을 원했던 것이라 볼 수 있다.

광주민주화운동

1980년 5월 15일 이후 학생운동은 학생들의 교내투쟁과 관망으로 인해 소강상태에 접어들었다. 그러자 신군부는 5월 17일 24시를 기해 최규하 대통령이 긴급조치 10호를 발동하고 지역계엄에서 전국계엄으로 확대하였다.

그리고 모든 정치활동을 금지하고 언론 출판의 사전 검열을 행했으며, 전국 학교의 휴교령과 옥내외 집회 활동의 금지와 파업과 태업 및 노동시위 등을 금지시켰다. 그리고 김대중, 김상현, 김종필, 이후락 등 26명의 정치인들을 내란음모 및 부정축재혐의로 체포·구속하였다. 또한 학생시위를 주도했던 학생 간부들도 급습하여 구속시켰다. 김영삼은 가택 연금되었다.

1980년 5월 18일 광주 전남대 학생들이 등교하려다 계엄군들과 학생들 간의 마찰이 생겨 학생과 군인들 간에 무력충돌이 발생하였다. 이 사건은 결국 1980년 5월 27일까지 10일간 계엄군과 전남 및 광주시민들 간에 발생한 무력충돌의 계기가 된다. 그리고 이는 역사적인 민주화항쟁으로 기록된다.

광주민주화운동과 관련한 공식적인 발표는 191명의 사망자와 852명의 부상자 등 엄청난 피해자가 속출했다고 했지만, 실제로는 그보다 더 많은 희생자가 났으며 동시에 누가 발포를 했는지에 대한 책임자가 확인되지 않고 있다. 그러나 광주민주화운동은 전두환을 비롯한 신군부가 민주화운동을 무력으로 진압하는 과정에서 발생한 사건으로 책임자는 당연히 전두환과 신군부 세력이다. 또한 한미군사동맹 관계를 맺고 있는 미국이 5·18 항쟁 과정에서 소극적인 대응으로 묵인한 사실이 국민들에게 알려지면서 한국에서 반미 감정이 일어나는 계기가 되었다.

5·18 민주화운동은 독재에 대한 국민들의 의식수준이 '일상적, 무의식적, 소극적 저항'에서 '일상적, 의식적, 적극적 저항'으로 변화하여, 국민들의 민주주의에 대한 의식수준이 한 단계 높은 수준으로 올라섰다는 것을 의미한다.

광주민주화운동으로 인해 가해자인 군부는 더 이상 국민에게 폭력을 가할 수 없다는 것을 알게 되었다. 이후부터 전두환 정권은 민주화운동을 두려워하기 시작하였다. 이것은 1987년 전두환의 직선제 개헌수용으로 한국 민주주의를 위한 민주화운동의 결실을 맺는 데에 결정적인 역할을 하였다는 데 역사적인 의미를 부여 할 수 있다. 동시에 우리의 민주주의는 우리가 투쟁하여 얻어야만 한다는 정체성을 확립하는 계기가 되었다.

그러면 광주민주화운동의 전개 과정과 결과에 대해서 간단하게 설명할 필요가 있다.

1980년 5월 18일 광주 전남대 앞에서 계엄군이 학생들의 등교를 막았다. 이에 학생 200여 명이 계엄군에게 항의하자 계엄군은 학생들을 폭행하였다. 여기서 학생들과 시민들이 합세하여 계엄군의 폭력행위에 무력으로 대항하면서 사건은 시민혁명으로까지 번져 나갔다.

19일 시민들은 광주 금남로를 중심으로 결집하여 문화방송을 공격하여 접수하였다. 21일 광주 시민들은 전남도청을 습격하여 도청을 항쟁의 근거지로 삼고 계엄군과 치열한 공방전을 벌였다. 이

과정에서 많은 사상자가 발생했다.

시민들은 예비군 무기고를 습격하여 무기를 탈취해 무장하고 계엄군과 항쟁하였다. 또한 주변의 나주와 화순 등지의 예비군 무기고를 습격하여 무기를 수송해 전투를 벌였다. 시민들의 저항에 계엄군은 일단 퇴각하고 광주의 외곽지대를 둘러싸고 광주를 오가는 길목을 차단하였다.

23일 종교계와 교수 등 지도층이 계엄군과 협상을 시도하고자 하였다. 지도층 사이에서도 협상을 하자는 파와 항쟁을 계속하자는 파의 의견이 갈렸지만 결국 투쟁을 계속하자는 강경파 쪽으로 의견이 모아지면서 항쟁은 계속되었다. 26일부터는 계엄군이 병력을 증가시켜서 집중적 공격을 가하여 항쟁의 근거지인 도청이 함락되면서 결국 27일 광주민주항쟁은 끝이 나고 말았다. 앞에서 언급한 것처럼 이 과정에서 엄청난 사망자와 실종자 및 부상자들이 속출하였다.

광주민주화운동은 '민주주의는 피를 먹고 자란다'는 말과 같이 서양에서 수백 년 걸려서 성취한 민주주의를 한국은 훨씬 단축시켜서 이룬 역사적인 사건으로 기록되고 있다. 광주민주화운동을 계기로 한국은 1987년 민주화의 목표를 달성할 수 있었다.

국보위의 조직과
역할 및 김대중
내란음모 누명

1980년 5월 27일 광주민주화운동을 진압한 전두환 신군부는 1980년 5월 31일 국가보위비상대책위원회 즉 국보위를 설립하였다. 국보위는 입법, 사법, 행정을 초월한 초당적인 위치에서 존재하는 국가 비상시에 설치된 기구다. 이것은 1961년 5·16 군사정변 당시에 설립된 국가재건최고회의와 같은 기구이다.

국보위는 최규하 대통령이 의장이며 전두환은 13개 분과위원장 중에서 상임위원장을 맡았다. 국보위는 이후 1980년 10월 23일 헌법개정안이 확정된 날짜에 해산되고 대신 국가보위입법회의로 남아서 전두환 5공 정부의 기초 작업을 주도하다 11대 국회가 구성되면서 해산되었다.

국보위는 대통령이 비상업무를 지휘·감독하고 내각과 계엄군 간의 협조체제를 강화하였다. 특히 대통령의 자문보좌기관의 역할을 하기 위해서 당시 대통령이었던 최규하를 의장으로 하였다. 주요 행정관료 10명과 군 장성 14명 이렇게 24명으로 조직을 구성하였다. 위원회의 위임 사항을 전반적으로 심의하고 조정하기 위해서 상임위원회를 두었으며 상임위원장은 전두환 당시 보안사령관 겸 중앙정보부장이 임명되었다. 상임위원회는 13개 분과위원회를 설립하고 국정전반의 업무를 통제하는 역할을 하였다.

1980년 5월 31일 국보위 설치령에 의해 임명된 국보위원들의 명단을 보면 다음과 같다.

당연직 위원

최규하(대통령), 박충훈(국무총리 서리), 김원기(부총리), 박동진(외무장관), 김종환(내무장관), 오택근(법무장관), 주영복(국방장관), 이규호(문교장관), 이광표(문공부 장관), 전두환(중앙정보부장 서리), 최광수(대통령 비서실장), 이희성(계엄사령관), 유병현(합동참모회의 의장), 이희성(육군참모총장), 김종곤(해군참모총장), 윤자중(공군참모총장)

임명직 위원

백석주(육군대장), 김경원(대통령 특보), 진종채(육군 중장), 유학성(육군 중장), 윤성민(육군중장), 황영시(육군 중장), 차규헌(육군 중장), 김정호(해병 중장), 노태우(육군 소장), 정호용(육군 소장)

임명직 위원장

전두환(국군 보안사령관), 이희근(공군 중장), 신현수(육군 중장), 정원민(해군 중장), 강영식(육군 중장), 박노영(육군 중장), 김윤호(육군 중장), 권영각(육군 소장), 김홍한(육군 소장), 노태우(육군 소장), 김인기(공군 소장), 안치순(대통령 정무 비서관), 민해영(대통령 경제비서관), 심현수(대통령 사정비서관)

당연직 위원장

이기백(국방위원장: 육군 소장), 문상익(법사위원장: 대검 검사), 노재원(외무위원장: 외무부 기획관리실장), 이광노(내무위원장: 육군 소장), 김재익(경과위원장: 기획원 국장), 심유선(재무위원장: 육군 소장), 오자복(문공위원

장: 육군 소장), 김주호(농수산위원장: 농수산부 차관보), 조영길(보사위원장: 해군준장), 이우재(교통위원장: 육군준장), 이규효(건설위원장: 건설부 기획 관리실장), 김만기(정화위원장: 중앙정보부 감찰실장), 정관용(사무처장: 공무원 교육원 부원장)

8월 13일 김영삼이 정계은퇴를 선언하였다. 동시에 8월 16일 최규하가 하야함으로써 국보위의 정치적 조정 작업이 마무리 되었다. 8월 27일 통일주체국민회의에서 전두환은 제11대 대통령으로 선출되었다.

개정헌법이 10월 23일 확정되자 국회, 정당, 통일주체국민회의가 해산되고 국보위는 국가보위입법회의로 개편되었다. 국가보위입법회의는 제반 법과 제도를 정비하며 신군부의 제5공화국 출범을 위한 기반을 마련하였다. 그 후 11대 국회가 개원되면서 해산되었다.

국보위의 형식적인 역할은 안보태세의 강화를 비롯하여 경제난국을 타개하는 데 목적을 두고 있었다. 동시에 정치발전을 추구하며 사회악 일소를 위한 국가기강 확립을 목표로 하였다. 이러한 목적을 달성하기 위해서는 유신체제하의 핵심세력을 제거하고 비리 공직자 숙청이 필요했다. 경제적인 차원에서는 중화학공업 투자의 재조정을 비롯하여 졸업정원제와 과외금지 및 출판 및 인쇄물의 제한, 삼청교육 실시 등을 통해서 사회를 개혁하고 혁신시키자는 명문을 보였다.

그러나 국보위의 근본 목적은 정적을 제거하고, 쿠데타로 정권을 장악한 군부는 광주항쟁으로 인한 민심을 수습하고 조기에 전두환을 중심으로 하는 신군부의 정권을 창출하는 데 있었다.

광주민주항쟁 이후 반대 세력을 제거하기 위해서 정권수립에 가장 장애물이 되는 김영삼, 김대중, 김종필의 3김부터 제거할 명분을 만들어 나가기 시작하였다. 우선 가택 연금 상태인 김영삼이 정계에서 은퇴하도록 압력을 넣어서 결국 8월 13일 김영삼을 정계 은퇴시켰다. 5월 17일 비상계엄확대를 선포하면서 김종필을 중앙정보부로 끌고 가서 부정축재자로 몰아 전 재산을 헌납하게 하고 정치활동을 규제하였다.

5월 17일을 기해 신군부는 재야인사인 문익환, 이문영, 예춘호, 고은 등을 구속시켰다. 또한 박정희 정권에서 활약하던 이후락 등 여러 인사들도 부정축재자로 몰아서 재산을 헌납시키고 정치활동을 금지 시켰다. 또한 8월 16일 최규하를 10대 대통령직에서 하야하도록 한 후에, 8월 27일 장충체육관에서 통일주체국민회의 2,525명이 투표하여 2,524표의 만장일치로 전두환이 대통령에 당선이 되면서 전두환 제5공화국 정권이 탄생하게 되었다.

전두환 정권은 주요 정치인의 정치활동 규제와 재야인사들과 학생회 간부들의 구속을 통해서 정권을 완전히 장악하였다. 문제는 김대중이었다. 광주민주항쟁을 김대중 구속과 관련하여 김대중이 광주민주항쟁을 일으킨 장본인으로 조작하였다.

신군부는 김대중을 광주항쟁의 배후조정자로 규정하고 동시에 북한과의 연계 등을 조작하였다. 학생선동과 북한사주 및 사회혼란 등을 이유로 대법원은 김대중에게 1981년 1월 사형 선고를 내렸다. 결국 신군부가 김대중을 북한 용공분자로 몰아세운 것은 1959년 당시 자유당 이승만 독재정권에 대항하여, 제3당인 진보당을 만들어 대통령에 출마해 근소한 표 차이로 패배한 조봉암에게 준 사형선고와 같은 맥락에서 이해할 수 있다. 당시 이승만 독재정부는 진보당의 조봉암을 자신들의 독재정치에 위협적인 인물이라는 이유로 북한과 결탁한 용공분자로 몰아서 사형을 집행했었다.

김대중 역시 신군부에 가장 위협적인 존재였다. 사형 선고를 받은 김대중의 말은 엄청난 파장을 일으켰다. 그는 "이 땅의 민주화를 위해서 투쟁한 사람이 다시는 자기와 같은 죽음을 당하는 일이 발생하지 않도록 후세인들에게 당부한다"는 명언을 하였다.

김대중의 말은 그 당시 언론이 통제된 상황에서 비밀리에 전 세계에 알려지게 되었다. 당시 새로 부임한 로널드 레이건 미국 대통령과 전임 대통령이자 인권주의자 지미 카터는 김대중의 사형 선고를 강력하게 규탄하고 석방을 요구하였다. 레이건 대통령은 당시 국방장관인 와인버거와 그레그 주한 미국 대사를 한국 행정부에 특사로 급파하여 김대중 석방을 요구하고 나섰다. 또한 인권 운동가이자 존 에프 케네디 대통령의 동생인 에드워드 케네디 역시 한국 정부에 강력하게 규탄하고 나섰다. 전 세계 각국에서는 김대중 구명운동에 나섰다.

교황 바오르 2세는 한국 주교단을 통해서 김대중의 선처를 촉구하였다. 특히 빌리 브란트 독일 사민당 총재는 김대중 석방을 요구하고 동시에 미국의 레이건 행정부에도 석방을 요청하였다. 가장 이웃인 일본 정부들의 각료들 역시 김대중의 석방을 요구하였다. 전 세계 지도자들과 인권운동가들은 김대중 구명운동에 나섰다.

그 결과 김대중은 무기징역으로 감형되고 후에 다시 20년 형으로 감형되었다. 세계 각국의 압력에 못 이겨 전두환은 1982년 광복절 특사로 김대중을 석방하려고 했으나 군부의 반대로 성사되지 못하였다. 얼마 후 전두환은 노신영 당시 안기부장에게 석방을 지

시하고 안기부장은 김대중에게 국외로 나갈 것을 권유했다. 김대중
은 국외에서의 정치활동 금지를 약속한 후에야, 82년 12월 감옥에
서 출소하여 망명길에 올랐다.

신군부의 위협,
삼청교육대

　　이렇게 무력으로 정권을 잡은 전두환은 사회정화 차원에서 국민들의 신뢰를 회복하고 사회의 안정을 추구한다는 명목으로 당시 최고 통치기구인 국보위법으로 각 군내에 삼청교육대를 창설하여 사회의 불량배를 비롯하여 불순분자를 소탕하고자 하였다. 삼청교육대라고 이름을 붙인 이유는 당시 군경 합동수사단의 작전이름이 삼청교육이라는 데에서 붙여진 것이다.

　　삼청교육대는 신군부가 5·16 군사정변 당시 시행했던 국토건설단을 모방한 것으로 간주된다. 국토건설단은 원래 장면 정부에서 청년실업자를 구제하기 위해서 실시한 것이다. 그것을 박정희 정부에서는 1961년 12월에 병역기피자들을 대상으로 그들을 국토건설대에 보내 도로건설작업 등의 용역원으로 이용하였다. 또한 예비역 장교 3천 명도 기간제 요원으로 활용하였다. 그러나 1962년 11월 여러 가지 잡음이 생겨서 정부에서는 국토건설단을 폐지하였다.

　　전두환 신군부는 삼청교육대를 1980년 8월 4일부터 다음 해 1981년 1월 25일까지 시행하였다. 사회정화 차원에서 실시한 순화교육이라는 명목이었지만 정작 교육대상자들의 35.9퍼센트가 전과기록이 없는 사람들이었다.

　　국보위의 사회정화위원회가 주관이 되어서 군·검·경 합동검거반이 편성되었다. 교육대상자는 총 6만 755명으로 A, B, C, D의 4개 등급으로 분류되어졌다. A등급은 3,252명으로 이들은 군법회의에 회부되었다. 그다음 등급인 B, C등급은 3만 9,786명으로 4주 교육과 6개월간의 훈련을 거쳐 2주간의 교육을 거친 후 훈방조치 되었다. D등급인 1만 7,717명은 경찰에서 훈계방면 조치를 취하였다.

그런데 문제는 교육과정에 있었다. 교육 중 훈련장에 헌병들이 집총을 하고 조교들이 훈련생들에게 엄청난 육체적인 고통을 가하면서 심각한 인권유린이 발생한 것이다. 삼청교육 과정에서 생긴 사고에 의한 사망자 52명, 훈련의 후유증으로 인한 사망자는 397명, 교육으로 인한 신체적인 부상과 정신적인 질환을 앓는 부상자는 2,678명에 달했다. 삼청교육대 인권 침해 사건은 전두환 정부가 저지른 가장 대표적인 인권 침해로 역사적인 사건으로 남게 되었다.

그러면 전두환 신군부는 왜 삼청교육대를 신설하고 사회정화 차원에서 순화교육을 실시하였는가?

삼청교육 대상자들을 보면 35.9퍼센트가 전과기록이 전혀 없는 사람들이다. 또한 6만 명 이상의 사람들을 군·검·경이 교육대상으로 삼은 것은 신군부가 국민 위에서 국민들의 신체를 비롯한 모든 것을 속박시킬 수 있다는 위협을 보여줌으로써 모든 국민들이 신군부가 무섭다고 인식하도록, 일종의 공포정치를 보여준 결과로 볼 수 있다.

동시에 삼청교육생들에게 육체적인 고통을 가하여 그들이 당한 육체적인 고문은 한국 국민 누구든 언제든지 당할 수 있다고 위협한 것과 같다. 즉 간접적으로 신군부가 국민 위에서 무력으로 인권을 유린할 수 있다는 것을 보여주는 전시 효과를 노린 위협이며 신군부가 국민에게 보낸 경고의 메시지라고 볼 수 있다.

종속이론과
독재정부

1980년 미국 대선에서 민주당의 카터 대통령이 공화당의 도널드 레이건 후보에게 패하고 말았다. 카터는 인권을 바탕으로 하는 세계외교 정책을 추진해 나갔었다. 따라서 한국의 민주화를 위해서는 카터의 재선이 우리에게 절실히 필요했다.

그러나 카터는 1979년 당시 이란 인질극 사건을 원만하게 해결하지 못하면서 국민들의 신임을 잃어갔다. 동시에 1979년 구소련인 러시아의 아프간 침공 사태로 인해서 미국의 위상은 엄청난 타격을 입게 된다.

1981년 새로 부임한 로널드 레이건은 '미국은 더 이상 인권을 바탕으로 하는 외교 정책을 추진해 나가지 않을 것'이라고 천명하였다. 또한 레이건은 진 커크 패트릭의 이론을 외교 정책의 기조로 삼았다. 이것은 여성 국제정치학자이자 레이건 정부에서 주유엔 대사를 지낸 진 커크 패트릭의 '커크 패트릭 독트린'으로 유명하다. 그의 논리는 비록 독재국가일지라도 미국의 국익을 위한다면 독재국가를 지원한다는 것이다. 패트릭은 더 이상 미국을 카터 때와 같이 인권이나 팔러 다니는 나약한 국가처럼 보이게 하고 싶지 않다는 것이다. 사실상 카터 행정부는 미국 역사상 가장 나약한 국가였다. 1975년 월남전의 패망과 1979년 이란 인질극 사건, 1979년 소련의 아프간 침공으로 미국의 위상은 추락하고 말았다.

레이건은 최대 다수의 최대 행복론인 존 스튜어트 밀의 공리주의 사상을 바탕으로 하는 신공리주의론을 내세우면서 러시아와 새로운 전쟁을 시작하는 신냉전 시대로 접어들었다. 결국 8년 후 레이건은 러시아를 비롯한 동구권 국가들인 공산주의 국가들의 몰락을 초래하게 만들었다.

레이건의 이러한 독재국가 지원론은 당시 남미와 필리핀을 비롯하여 동남아시아 국가 및 아프리카 신생국가들의 독재정부를 지원하고 있다는 소문이 당시 제3세계의 급진적인 사고를 가진 지식인들 사이에 공공연하게 알려지기 시작하였다. 따라서 레이건 행정부가 당시 전두환 독재정권과 밀접하게 유착하고 있다는 소문이 급진적 사고를 가진 대부분의 한국 대학생들 사이에 번져 나가기 시작하였다. 또한 80년 당시 대부분 대학생들 사이에는 미국과 제3세계 독재국가들 간의 관계에 관한 이론을 종속이론으로 적용하고자 하였다.

그러면 종속이론이란 무엇인가?

종속이론은 여성 유엔대사를 지낸 진 커크 패트릭의 《이중 표준 잣대와 민주주의》라는 저서에서 나온 것으로 미국의 민주주의 원칙은 이중적이라는 말을 사용하고 있다. 종속이론이란 간단하게 설명하면 미국과 이란과의 관계의 예를 들면 쉽게 이해할 수 있다. 이란은 세계에서 사우디아라비아 다음으로 많은 석유 매장국이며 산유국이다. 그 많은 석유를 미국은 이란으로부터 건설과 교육 명목으로 거의 전부를 수탈한다. 그리고 미국은 이란의 왕인 팔레비 왕의 독재정부를 옹호하고 지원하고 있다. 만약 국민들이 독재자 팔레비 왕의 퇴진이나 독재에 항거하는 시위를 하는 경우 미국은 독재왕국을 지원하기 위해서 미국 군대를 지원하여 반정부시위를 진압한다는 것이다. 이것은 당시 독재정치를 하고 있던 제3세계 국가들의 급진적 사고를 가진 지식인들에 널리 퍼진 사고이다.

다시 말하면 종속이론이란 미국과 독재국가가 서로 계약관계를 맺고서 제3의 독재국가로부터 경제적인 수익을 올리는 대신에 미국은 독재국가가 국민들을 채찍으로 몰고 갈 수 있도록 군사적으로 후원을 해주는 관계를 종속이론이라고 간략하게 규정할 수 있다.

한국의 경우를 대입해 보면 전두환이 군사 쿠데타를 일으키고 민주화운동을 하는 시민들을 폭력으로 탄압하고 있는데도 미국은 방관만 하고 있었다는 사실도 한미동맹관계를 체결한 우방국가인 미국으로서는 한국의 독재정부를 지원하고 있다는 것이다.

다시 말하면 종속이론은 미국과 한국이 묵시적인 계약관계를 맺고서 한국은 미국에 경제적 이익을 제공하는 대신 미국은 한국이 군과 경찰을 동원하여 국민들의 인권을 유린하고 국민들이 군부가 요구하는 방향으로 따라오지 않는 경우 채찍으로 때리도록 뒤에서 군부 독재정치를 도와주는 관계가 바로 종속이론이다.

사실상 5·18 광주민주화운동 당시 미국은 한국에 대해서 적극적인 자세로 전두환 정권의 인권탄압을 막지 않고서 방관하는 자세를 취하였다. 따라서 대부분 한국의 급진파 세력들은 미국과 전두환 독재정권은 밀착관계를 유지해 나가면서 한국 독재정부의 인권유린을 뒤에서 도와주고 있다는 생각을 하고 있었다. 그 결과 당시 한국의 대부분 젊은 지식인들은 미국에 대해서 반미감정을 가지게 되었다.

한국에서의 반미감정은 80년의 광주민주화운동을 계기로 시작되었다고 할 수 있다. 반미감정은 민주화운동에 소금 역할을 하였다고 할 수 있을 정도로 한국 민주화운동을 전개해 나가는 데 중요한 역할을 하였다. 결국 1987년 6·10 민주항쟁 당시 한국 정부의 계엄선포에 미국이 적극적으로 반대 입장을 표명함으로써 한국 개척기의 민주화운동은 성공을 거두게 된다.

광주 미문화원
방화 사건

광주 미문화원 방화사건
은 사실상 반미감정에 의해서 일어난
최초의 사건이다. 그러나 이 사건은 광
주민주화운동 당시에 일어난 미문화원 방화사건이기 때문에 은폐
되었다가 나중에 알려진 사건이며 사실상 반미주의를 일으키는 계
기가 되었다.

광주민주화 항쟁이 종반으로 치닫던 급박한 시기에 광주 시민
들의 희망은 6·25 한국동란 이래로 한국을 위기에서 구해주었던
미국의 광주항쟁을 도와서 광주민주화운동을 해결해 주리라는 기
대감에 있었다.

광주도청의 옥상에서는 연일 스피커를 통해서 "광주 시민 여러
분 지금 목포 앞바다에는 미국 항공모함 두 척이 우리를 도와주기
위해서 도착하였습니다. 그러니 여러분 조금만 용기를 내서 마지
막까지 계엄군에 투쟁하십시오. 광주 시민 여러분 힘을 내십시오.
미군들이 우리를 지키기 위해서 광주로 들어오고 있습니다"라는
방송이 흘러 나왔다. 이렇듯 광주 시민들의 마지막 희망은 미국이
었다.

그런데 정작 미국은 광주항쟁에 대해서 소극적인 자세로 방관
하는 태도를 보였다. 이러한 미국의 태도에 대해서 광주 시민들은
미국이 계엄군과 단합하여 전두환 군사정권을 도와준다는 생각으
로 돌변하였다. 1980년 5월 26일은 계엄군이 증파되어서 외곽을

둘러싸고 도청을 두고서 광주 시민들과 치열한 격전을 벌이기 직전이었다. 그날 광주 가톨릭회 청년단 소속의 정순철과 김동혁 등 몇 사람은 광주 미문화원 지붕에 올라가 지붕에 구멍을 뚫고서 기름을 부어서 문화원에 불을 질렀다.

하지만 광주 미문화원 방화사건은 광주항쟁 도중에 발생한 사건이기 때문에 은폐되고 말았다. 그러나 나중에 이 사실이 알려지면서 광주항쟁에 침묵을 지킨 미국에 대한 반미감정이 이때부터 시작되면서 부산 고신대생들이 일으킨 부산 미문화원 방화 사건의 직접적인 원인을 제공하였다.

부산 미문화원
방화 사건

1982년 3월 18일 부산 고려신학대 학생인 문부식과 김은숙 등 고신대 학생들이 부산 미국문화원에 방화를 한 사건으로 이 과정에서 문화원에서 책을 보던 동아대 학생 장덕술이 사망하는 사건이 발생하였다. 문화원 방화사건이 발생한 지 14일 만인 4월 1일, 문부식과 그의 애인인 고신대 김은숙이 자수하였다.

그런데 사건의 수사과정에서 이들의 배후에는 김현장이 있음이 밝혀졌다. 김현장의 사주로 인해서 문부식이 문화원 방화를 일으킨 것이다. 그동안 천주교 원주 교구의 최기식 신부와 서울 성당의 함세웅 신부가 이들을 숨겨 주었으며 함세웅 신부와 최기식 신부가 자수를 권유하여 자진해서 경찰에 자수하였다.

경찰이 최기식 신부를 범인 은닉죄로 검찰에 송치하자 4월 19일 김수환 추기경이 천주교정의구현전국사제단과 함께 최기식 신부 구속 문제에 대해서 항의하자 문제가 크게 확대 되었다. 결국 김현장과 문부식은 사형을 선고 받고 김은숙은 무기형을 받았으나 다음 해에 감형 조치를 받았다.

그런데 부산 문화원 방화 사건 중 '광주민주항쟁의 배후인 미국은 물러가라'는 내용과 '남북통일을 분단시키는 미국은 즉각 미군을 철수하고 물러가라'는 내용의 삐라가 발견되었다. 부산 문화원 방화 사건은 당시 급진사상을 가진 학생들이 10·26 사태 이후 전두환 독재와 광주항쟁의 묵인 등이 미국이 독재체제를 지원하고 있을 것이라는 사고에서 발생한 사건이었다.

사실상 전두환은 81년 2월 레이건 정부가 들어서면서 가장 먼저 미국을 방문한 국가원수로서 이것은 미국이 한국의 군사독재정부를 인정한다는 의미라고 학생들에게 인식되었다.

한국의 학생들은 미국에 대해 더 이상 우리의 동지가 아니며 통일을 방해하는 국가라고 생각하였다. 또한 미국은 자국의 이익을 위해서 미군을 한국에 파견하고 군사독재정부를 지원하여 한국 경제를 수탈하는 적대국이라는 이미지를 갖게 되었다.

부산 문화원 방화사건은 테러리스트식 투쟁방식을 택하는 바람에 여론의 비난을 받았으나 반미주의 운동의 효시라는 점에서 의의가 있다.

대구 미문화원
폭발 사건과
미문화원 점거농성

　　　　　　　　　부산 고신대생들의 미문
화원 방화 사건을 시작으로 전국 대학
생들 사이에는 반미감정이 고조되기 시
작했다. 또한 미국은 한국 민주주의 회복과 남북통일에 가장 큰 걸
림돌이라는 사고가 급진적 사고를 가진 학생들 사이에 번져 나가기
시작하였다.

　82년 3월 18일에 발생한 부산 문화원 방화 사건은 다음 달인
1982년 4월에 강원대생들의 성조기 공개소각 사건으로 이어졌다.
이어서 같은 해 11월에는 광주 미문화원에서 2차 방화사건이 터
졌다.

　이처럼 전국적으로 대학생들 사이에 반미감정이 확산되는 가운
데 대구 삼덕동에 위치한 대구 미문화원에서도 폭탄테러가 발생하
였다. 1983년 9월 22일 21시경에 대구 미문화원에서 대학생이 미
문화원 정문 앞에서 폭탄을 투척하는 사건이 발생한 것이다. 마침
경비원이 발견하고 그 폭탄을 문화원 밖으로 내던졌다. 하지만 이
사고로 대구 중부경찰서 소속 김철호 순경 등 4명이 중상을 당했
다. 경찰은 이 소행을 생포된 간첩 진충남 등이 저지른 소행이라고
발표하였다.

　이후 전국 미국 문화원에 방화 사건과 투석 및 폭탄 테러 사건
이 연속적으로 발생하게 된다. 이렇게 급진적 사고를 가진 대학생
들 사이에 미국에 대한 반미감정이 고조되면서 1985년 5월 23일

서울의 5개 대학의 학생 73명이 서울시청 을지로 소재 미국문화원을 점거하여 농성을 벌인 사건이 발생하였다.

이들은 '미국이 광주학살사건에 대해서 책임을 지고 공개 사과하라'고 하면서 2층 도서관에서 농성을 벌이며 경찰과 대치하였다. 농성의 주동자는 함운경 서울대 삼민투위원장이었다. 이들은 72시간의 단식 농성을 벌인 후 자진하여 해산하였다.

경찰은 함운경과 신정훈 등 25명을 연행하고 김민석과 고진화에 대해서도 관련자로 연행 수사하였다. 하지만 재판과정에서 학생들의 묵비권행사와 재판거부 및 재판기피 신청 등으로 재판에 어려움을 겪었다.

보수와 진보의
기준과 잣대

광주민주화운동은 한국인에게 코페르니쿠스식 의식구조의 변화를 초래한 사건이었다. 광주민주화운동은 한국 사회에 두 개의 큰 물줄기를 탄생시킨다. 한 줄기는 보수와 진보의 기준을 가름하는 잣대를 만든 것이고 다른 한 줄기는 급진적 지식인들인 대학생들 사이에 반미주의에 대한 체계적인 연구와 행동이다.

일반적으로 서양 민주주의 사회에서 나타난 보수와 진보에 대한 기준과 잣대는 대체로 다음과 같이 규정할 수 있다.

보수와 진보의 차이는 인간의 사유재산과 생명문제, 남녀 간의 차별문제, 인간 개인 간의 능력문제, 소수엘리트 통치문제, 인간존재의 불완전성 등의 문제에 대한 사고의 차이를 들 수 있다.

보수는 이러한 문제를 그대로 유지해 나가면서 기득권을 지키려는 성향을 가진다. 반면 진보는 사회의 급격한 변혁을 통해서 기득권층이 가지고 있는 특권을 빼앗아 고루 고루 분배하자는 성향을 보인다.

진보는 큰 그림을 그리겠다는 이상주의적 접근법을 사용하고 있으며 추상적인 사고를 가지고 있다. 보수는 구체적인 생각과 현실적인 접근법을 사용한다. 또한 진보는 역사를 한 단계 높이 끌어 올려보려고 한다. 보수는 현상유지를 바탕으로 한 점증적인 발전을 원한다.

광인의 대한민국 총제대통령제 1

서양 역사에서 보수주의의 대명사는 에드먼드 버크를 들 수 있다. 에드먼드 버크는 프랑스 혁명에 반대하였다. 그는 그의 명저《프랑스 혁명에 관한 고찰》에서 점진적인 개혁을 통한 사회발전을 주장하고 있다. 반면 서양 진보의 대명사인 마르크스는 투쟁을 통한 사회의 급진적인 변혁을 주장하고 있다.

마르크스 후기에 나타난 네오 마르크스주의자들의 사상은 보수보다는 급진적인 사회개혁을 주장하고 있다.

1980년대 광주민주화 이후에 나타난 한국의 신사상은 급진적인 사상으로 점진적 개혁보다는 급진적인 개혁을 통한 사회변혁을 주장하는 쪽이 우세하였다. 특히 대학생을 중심으로 하는 신지식인들은 대부분 급진적인 사고를 가지고 있었다.

그러면 광주항쟁이 이후에 나타난 한국인의 의식은 어떠했는가?

광주항쟁 이후에 나타난 진보와 보수의 기준과 잣대는 남북한 통일사상이 기준이 되었다.

보수는 한민족 공동체와 한미공조문제에 있어서 한미공조관계를 우선시 하였다. 따라서 미국을 한국의 동반자로서 생각하고 미국은 한국의 평화와 안전을 위해서 큰 역할을 하고 있다는 사고를 가지고 있다.

반면 진보는 한미공조보다는 한민족 공동체를 기준으로 미국은 한국의 통일에 방해가 된다고 생각한다. 따라서 미국에 대해서 한반도 분단책임론자로 규정하고 있다. 즉 미국은 우리의 적이기 때문에 주한 미군은 철수해야 한다는 것이 진보주의적 사고이다.

이 중에서도 급진적 진보와 온건적 진보로 나눌 수 있다. 급진적 진보는 북한의 김일성 주체사상을 신봉한다. 한반도 통일을 위해서 우리 스스로가 주체가 되는 주체사상을 바탕으로 통일을 성취하여야만 한다고 생각하기 때문이다. 따라서 우리 민족이 하나가 되어서 우리 민족의 정체성을 찾고서 외부의 도움 없이 우리 민족 스스로가 하나로 뭉치는 통일을 이루어야 하며, 미국은 우리의 주체사상을 침해하는 파쇼집단이라고 생각한다. 따라서 이러한 미국과 같은 자유진영의 파쇼집단을 한반도에서 영원히 몰아내야 한다는 것이 급진적 진보 사상이다.

반면 보수 중에서도 극우보수는 만일 미국이 없었더라면 6·25 동란으로 인해서 남한은 북한의 공산주의로 넘어가서 김일성 전체주의에 시달리고 있을 것이라고 생각한다. 따라서 미군이 한반도에서 절대적으로 주둔을 해야만 한다는 사상이 극우보수이다.

보수 중도론은 한민족 공동체 의식과 한미공조론이 조화와 균형을 이루도록 하자는 사고이다.

이렇게 보자면 광주항쟁 이후에 나타난 반미주의 사상은 진보주의자들 사이에서 나타난 현상이라고 규정할 수 있다.

NLPDR파 NL파와
PD파와 주사파와
민주화운동

반미주의는 1980년 5·18 광주항쟁을 통해 보다 조직적이고 체계적으로 발전하기 시작하였다. 초기의 NLPDR파는 NL파와 PD파를 합친 파로서 이들의 사상은 국가해방론과 사회계층 간의 불평등론의 양자를 합친 논리를 주장하고 나섰다. 다시 말하면 혁명을 통해서 미 제국주의를 몰아냄과 동시에 자본주의의 불평등한 계급을 혁명을 통해서 평등한 사회를 만들자는 사상이었다.

이들의 사상은 마르크스의 사회혁명론을 이론적 근거로 삼아서 미 제국주의 국가를 몰아내는 일과 또한 한국 내에서 계급간의 불평등한 계급을 타파하고 다 같이 균등한 삶을 살 수 있도록 만드는 일이 그들의 사명이었다.

정통마르크스 사상은 투쟁을 통해서 자본사회는 노동자와 부르주아 간의 갈등과 투쟁을 통해서 프롤레타리아 즉 노동자가 승리하여 노동자 일당 독재 즉 노동자 중심의 사회로 만드는 사회주의 사회를 만드는 일이 목적이었다. 그러나 노동자들 간의 갈등은 계급이 없는 공산주의 사회로 변화 되면서 가장 이상주의 사회로 변화된다는 논리이다.

NLPDR파 내에서는 민족해방이 우선이냐 아니면 사회평등이 우선이냐를 두고서 갈등과 마찰이 생기기 시작하였다. 결국 NLPDR파는 NL파와 PD파로 갈라지게 되었다.

NL파들은 종속이론을 바탕으로 자신의 세력을 넓혀 나갔다. 반면에 PD파는 네오 마르크스 사상을 바탕으로 세력을 넓혀 나가기 시작하였다. 여기에 대학가에 새롭게 나타난 주사파는 북한의 김일성 주체사상을 이론적 근거로 세력을 넓혀 나갔다.

1980년대 중반부터 대학생들 간에는 주사파가 주도해 나가기 시작하였다. 주사파는 NL파인 민족해방의 사상을 바탕으로 하는 사상에 김일성 주체사상을 첨가해서 만들어낸 사상으로 NL파의 한 계열이라고 할 수 있다. 그러나 엄밀히 따지면 김일성 신봉사상이라고 할 수 있다.

1980년 후반에 들어서면서 주사파가 서울대를 비롯하여 전국대학을 장악하면서 그 세력이 상당하였다. 특히 1987년 전두환의 호헌 유지 등 개헌에 정부가 개헌에 반대하는 어정쩡한 태도를 보이자 서울대 주사파와 전국대학생협회의 주사파가 적극적으로 시위를 주도하면서 결국 직선제 개헌을 쟁취하면서 자신들이 민주화를 쟁취한 장본인이라는 성취감에 빠져있었다.

그러나 그 후 공산주의의 몰락과 그들의 주체사상이 한국현실에 맞지 않다는 비판을 다른 파로부터 비판을 받았다. 또한 평양에서 열린 대회에 전대협의 주사파가 참석하여 국민들로부터 비난을 받으면서 주사파 세력은 약화되었다. 김일성이 사망하자 그 세력은 거의 몰락하였다.

1987년 민주화 성취과정에서 앞장서서 시위를 주도하여 민주화에 기여하기는 하였지만 과격한 행동과 북한 김일성 사상을 이론적 근거로 하기 때문에 학생과 국민들로부터 외면당했다.

다음으로 NL파를 들 수 있다. NL파는 민족해방전선을 추구해 나간다는 이론적 토대를 바탕으로 하고 있다. NL파는 민족분단의 책임론을 미국에 두고 있다.

미국이 남북분단의 원흉이며 동시에 군사독재를 뒤에서 조종하고 지원하는 세력이라고 본다. 따라서 미국이 한반도에서 영원히 철수하여야만 한민족이 제국주의 억압 하에서 해방된다는 논리이다.

이를 위해서 무엇보다도 미 제국주의의 타도에 적극적으로 나서야 한다는 이론적 근거를 세워서 행동을 하였다. 이들은 미 문화원 방화사건, 미국 성조기 소각 등 미국에 대한 적대감으로 행동을 하였다. 특히 반미감정을 조성시키는 데 크게 기여를 하였다. 1987년 민주화 열기가 한창 번져나가자 전두환 정부는 1980년 5·17 전국 비상계엄선포와 같은 계엄령을 발포 할 계획을 세웠다.

그러나 미국은 미문화원 방화사건을 비롯하여 반미감정이 일어난 원인이 광주항쟁 때의 불확실하고 소극적인 태도를 보인 것에 대해서 후회를 하였다. 그 결과 1987년 민주화 항쟁에서는 미국이 적극적으로 나서서 전두환 정부의 비상계엄선포를 막음으로써 한국은 직선제 민주화를 얻어낼 수 있었다. 따라서 NL파 역시 민주화에 크게 기여했다고 할 수 있다. 그러나 과격한 주사파에 밀려서 큰 힘을 쓰지 못했다.

마지막으로 PD파를 들 수 있다. PD파는 사회의 평등성을 목표로 활동을 전개 하였다. 따라서 대학생들은 노동자들의 의식개혁을 통해서 노동혁명을 일으키는 것이 주목적이었다.

현재 한국은 자본주의 체제하에서 가진 자와 못 가진 자, 배운 자와 못 배운 자 간의 격차가 심각한 지경에 이르렀다. 그러나 노동자들은 자신의 노동을 착취당하고 있다는 것을 모르고서 자본주에게 끌려 다닌다는 것이다.

그 이유는 자본주는 노동자들에게 가장 최소한의 임금과 휴식

시간을 주기 때문에 노동자들은 그 돈과 시간을 가지고 자본주인 사장의 딸과 마찬가지로 노동자들의 자식들도 같은 옷을 입고 먹고 한다. 자본가가 휴식을 주는 이유는 휴식을 줌으로써 보다 더 낳은 노동력을 착취할 수 있기 때문이다.

자본주는 노동자들의 노동력을 잉여 노동력으로 활용하여 더욱더 부자가 된다. 그러나 노동자는 아무런 비전이 없이 노동력만 착취당하면서 사회는 점차적으로 더욱더 불평등한 사회로 변하게 된다는 것이 PD파의 주장이다.

따라서 그들에게 필요한 것은 노동자들의 의식개혁을 통한 노동혁명인 것이다. 노동혁명은 학생 등 소수의 엘리트 지식인이 주도하여 노동자 혁명이 일어나도록 만들어야만 한다는 논리이다.

PD 사상은 정통 마르크스 사상을 물려받은 프랑크푸르트 학파 등 네오 마르크스주의자들의 이론을 바탕으로 활동 하였다. 그들은 주로 노동자들이 일하는 현장에 위장취업하여 노동자들의 의식개혁을 주도하면서 근로조건 개선과 인권 등에 적극 적으로 참여하여 노동자들이 민주화운동에 참여하는 데 크게 기여하였다.

1987년 성취된 직선제 개헌 시위에 학생과 노동자들의 역할이 매우 컸다고 할 수 있다.

이상의 80년대 한국에서 발생한 반미주의는 군사독재 정치를 막는데 결정적인 역할을 했다. 또한 1987년의 민주화의 하이라이트인 직선제 개헌을 얻어내는데 결정적인 역할을 했다.

만일 학생을 중심으로 한 급진세력들이 미국에 대해서 미 문화원 방화사건등 반미주의 운동을 체계적으로 하지 않았더라면 전두환 군부는 또다시 제2의 광주사태를 일으키고도 남음이 있을 정도로 밀어붙이기식 독재정치를 하였을 것이다.

미국은 한국에서 일고 있는 반미주의 운동에 귀를 기울이고 전두환 독재에 대해서 소극적이 아닌 적극적인 반대 움직임을 보이자 마침내 전두환을 중심으로 한 군부는 대통령 직선제 개헌을 추진하면서 한발 물러났다.

앞에서 언급한 80년대 반미감정을 고전적 반미감정이라고 할 수 있다. 당시 급진주의자들이 가지고 있던 사고를 종합적으로 분석하면 다음과 같다.

1980년대 반미감정의 원인을 무엇보다도 분단의 미국책임론을 들고 있다. 대부분 당시 급진적 성향의 대학생과 노동자 등 운동권 출신들은 남북한 분단의 책임은 미국 때문이라는 것에 동의하고 있다. 따라서 미군의 한반도에서 철수론을 강력하게 주장하고 있다.

다음으로 독재정권의 지원이다. 앞에서도 언급한 것처럼 80년대 민주화와 관련하여 일어난 반미주의는 미국이 전두환 군사독재 정부를 지원하고 있다는 사고에서 출발하였다. 그 이유는 광주항쟁에서 보여준 미국의 소극적 태도 때문이다.

세 번째는 군사종속화 문제이다. 한미관계에서 비상시에 미군이 군사작전권을 비롯하여 모든 중요한 권한을 가지고 있다는 것이다. 이것은 한미동맹관계에서 약소국 한국과 강대국 미국은 대등한 관계가 아닌 종속적인 관계에 있다는 것이다. 따라서 한미동맹관계에서 한국은 미국으로부터 종속관계에서 벗어난 대등한 관계를 유지해 나가야만 한다는 것이다 .

이상의 문제에서 대부분 급진주의 사고를 가진 세력들은 미국의 한국에 대한 개입은 제국주의적 팽창주의적 사고에서 한국에 미군이 철수하지 않고 있다는 것이다. 특히 미국은 안보적인 차원에서 미군주둔이 한국의 안보를 목적으로 하는 것이 아니라 동북아에서 대 러시아 군사전략과 관련한 미국 자국의 안보를 위해서 미군이 주둔하고 있다는 것이다.

다음으로 미국은 전두환군사정권을 지원하여 국내독재 권력과 독점자본 세력을 고취시켰다. 그 결과 한국의 권위주의를 적극적으로 지원했다는 것이다. 국내독재 권력과 독점자본과 권위주의로 인해서 한국은 빈부 격차가 심해지고 노동자 계급이 착취를 당하고 있다는 것이다. 이러한 노동자 계급의 착취현상을 일으킨 장본인이 바로 미국이라는 것이다.

군사 종속화 문제로 인해서 약소국 한국과 강대국 미국과의 관계가 대등한 관계가 아닌 상하 수직적 관계로 인해 한반도 긴장을 가속화 시켰다. 궁극적으로는 한반도 통일의 접근 가능성을 감소시켰다는 견해를 가지고 있다. 특히 팀스프리트 훈련등은 한반도 통일을 멀어지게 하는 원인으로 보고 있다. 작전권을 미국이 쥐고 있는 한 한반도 통일은 불가능 하다는 견해이다.

한미통상 마찰문제와 관련하여 미국의 대한 경제정책은 한국을 세계자본주의 체제하에 종속경제로 편재하여 지배수탈의 체제로 강요하여 미국자본의 세력신장과 권위주의 정권의 지속을 조장하고 있다는 견해이다.

앞에서도 이미 수차례 언급한 것처럼 결국 한국의 급진세력이 군사독재체제로부터 민주주의를 쟁취하는데 결정적인 중요한 역할을 하였다. 그 가장 중요한 요소가 바로 급진세력들의 반미주의 운동이라고 규정 할 수 있다. 만일 미국이 시민항쟁에 소극적 내지는 수수방관적 자세를 취했더라면 한국의 민주화는 더욱더 힘들고 어려운 시기를 거치면서 쟁취하였을 것이다.

김영삼 단식농성과
김대중의
허클베리 핀의 모험
귀국

광주항쟁으로 시민과 군
부와의 투쟁에서 일단은 군부가 승리를
거두었다. 본 게임이 아닌 오픈 게임에
서 군부는 승리를 하였다.

대부분 한국의 국민들도 점차적으로 지치고 있었다. 이때 한국
국민들에게 민주화의 불씨를 다시 지펴준 리더는 바로 김영삼과 김
대중이다. 이들은 민주화 열기가 식어가는 과정에 국민들에게 민주
화 정신이 다시 도지도록 활력소를 불어 넣는 사건을 만들어 주었다.

그 사건이 바로 김영삼의 목숨을 건 단식 농성과 김대중의 허클
베리 핀의 모험과 같은 목숨을 건 위험한 국내귀국 이었다. 만일 김
영삼, 김대중의 이러한 목숨을 건 민주화를 위한 행동이 없었더라
면 한국의 민주화 바람은 점차적으로 꺼져 나갔을지 모른다.

1980년 5월 17일 전두환 신군부의 전국 비상계엄확대로 가택
연금을 당한 김영삼은 이듬해 1981년 5월 1일 가택연금에서 해제
된다.

이후 다음 달 6월 9일 민주산악회를 결성하여 등산을 시작한
다. 민주산악회는 명목상의 등산이지 실질적으로 정치단체였다. 민
주산악회의 조직을 구성하여 자신은 고문으로 회장은 이민우 의원
을 내세웠다.

민주산악회를 기반으로 자신의 정치적 동지들과 등산을 하면
서 민주화운동을 전개해 나갔다. 신군부는 김영삼을 가택연금에서

해제시킨 이유는 정치활동을 하지 않겠다는 조건하에 해금을 시킨 것이다.

그런데 김영삼의 민주산악회의 세력이 확대되면서 또다시 정치 세력화되자 전두환은 김영삼을 다시 가택연금 시킨다. 1983년 5월 18일 김영삼은 광주민주화운동 3주년을 맞아서 6월 9일까지 23일 간의 단식농성에 들어간다.

김영삼의 단식 농성은 당시 전두환 군부의 독재로 인해서 식어 가던 민주화운동에 새로운 불길을 지피는 활력소 역할을 하였다. 만일 김영삼의 목숨을 건 단식농성이 없었더라면 한국의 민주화운 동은 열기가 식어서 군부의 독재는 더욱더 장기간 난폭하게 국민을 괴롭혔을 것이 분명하였다.

이러한 의미에서 김영삼의 단식 농성을 미국 작가이며 허클베 리핀의 모험으로 잘 알려진 마크 트웨인의 사고와 같은 맥락에서 이해 할 수 있다.

마크 트웨인은 미국인들이 초기의 선조들이 강한 개척정신을 바탕으로 한 자연과 싸우면서 서부개척을 거의 마무리하는 단계에 있었다. 그러나 초기의 선조들의 프런티어 정신과는 달리 후손들은 현실에 안주하면서 힘들고 험난한 서부 개척을 포기하려는 위기에 처하였다. 대부분 당시 미국인들은 목숨을 걸고 자연과 싸우면서 또한 인디언들과 힘든 사투를 벌어야만 할 필요성을 잃어가고 있는 시기였다.

바로 그 시기에 마크 트웨인은 미국인들에 서부개척 정신을 되 살리기 위해서 허클 베리핀의 모험을 썼다. 그 결과 당시 미국인들 은 미국인들이 자랑스러워하는 프런티어 정신이 다시 도지기 시작 하면서 미국은 서부 개척의 완성을 하는 역사적인 계기가 되었다.

김영삼 대통령의 단식은 광주항쟁 3주년을 맞아서 국민들은 전두환 독재에 시달려 광주행쟁의 민주화 정신이 꺼져가고 있던 시기였다. 김영삼의 단식투쟁으로 인해서 국민들의 민주화 정신은 다시 살아나기 시작하였다.

또한 정치적 라이벌인 김대중과도 서로 동지애를 만들어서 후에 이루어낸 대통령 직선제는 양김의 합작품이 되었다. 이러한 의미에서 김영삼의 단식농성은 민주화운동의 역사적인 사실로서 기록된다.

그러면 김영삼 단식농성 경과를 설명할 필요가 있다.

김영삼은 1983년 5월 17일 민주화 5개 사항을 요구하며 단식농성에 들어갔다. 1. 언론통제의 금지 2. 정치범 석방 3. 정치활동 규제 해제 4. 해직인사들의 복직 5. 대통령 직선제를 통한 개헌의 5개 사항을 요구하였다.

김영삼의 단식 농성은 당시 언론통제가 심했기 때문에 한마디도 언론에 보도가 되지 않았다. 만일 언론에 알려지지 않는다면 단식에 대한 아무런 의미가 없어지게 되는 것이다. 김영삼의 동지들인 김덕룡 전 비서를 비롯하여 많은 정치동지들이 김영삼 단식돌입이라는 유인물을 만들어서 전국 대학에 살포하였다. 또한 외국에 있는 지인들을 통해서 외국 언론에 알렸다.

이러한 과정을 통해서 미국의 뉴욕 타임즈와 워싱턴 포스트 및 프랑스 르몽드지등이 김영삼 단식을 크게 보도하면서 한국이 전두환 독재에 인권이 유린당하고 있다는 사실이 전 세계에 알려지게 되었다.

국내에서는 김영삼 단식농성에 대해서 전두환의 강한 언론통제에도 불구하고 동아일보가 가십난에 약간 비치자 다른 언론들도 알리기 시작하였다. 부산과 마산에서는 학생들이 거리로 나서서 독재군사정부에 대항하는 시위를 하기 시작하였다. 일본민주회복 단체인 한민통 역시 김영삼의 단식과 함께 단식에 돌입하여 일본 언론이 대대적으로 보도하기 시작하였다.

정치권에서는 김영삼 상도동계 인사 70명이 김영삼 단식농성 대책위원회를 구성하여 동조에 들어갔다. 이어서 전 현직 국회의원 33명을 포함하여 58명의 인사들이 김영삼 단식투쟁에 동조하였다.

또한 이민우, 조윤형, 박영록, 김상현, 김덕룡, 이기택, 황낙주, 박용만, 홍영기, 최형우, 김녹영, 김정두, 이중재등이 13명의 소인회를 구성하여 김영삼의 단식에 대한 대책위원회를 구성하였다. 여기에다 101명의 서명을 받아서 민주화추진범국민단체를 구성하여 대책을 논의하였다. 이것은 후에 민주화추진협의회로 명칭을 바꾸었다.

김영삼의 단식에 재야의 인사인 함석헌, 문익환 목사를 비롯하여 고은시인등도 가세하여 민주화를 위한 성명서를 냈다. 김수환 추기경도 단식중인 김영삼을 방문하여 위로 하였다.

단식 8일째 김영삼의 건강이 악화되자 전두환은 정부요원들을 투입하여 김영삼을 강제로 서울대 병원에 입원시켰다. 강제로 입원된 이후에도 계속해서 의사들의 진료를 거부하자 의사들은 생명이 위독할 수 있다는 경고를 하였다.

상황이 긴박하게 돌아가자 전두환은 만약 김영삼이 죽는 경우 세계 여론이 자신을 가만히 두지 않을 것이라는 두려움에 당시 민정당 사무총장인 권익현을 5월 27일 보내서 회유시키기 시작한다.

권익현의 권고안은 전두환 대통령께서 해외로 나가서 휴양을 권고하였다. 이에 김영삼은 나를 해외로 보내는 방법은 나를 죽여서 시체로 만들어서 보내는 방법 이외에는 없다. 라고 단호하게 거절하였다.

결국 전두환은 김영삼을 5월 31일자로 연금을 해제하였다. 국외에서는 김대중이 6월 4일 김영삼 단식투쟁돌입이라는 프랭카드를 들고서 워싱턴 시가지를 돌아다녔다. 또한 김대중은 워싱턴포스트지에 김영삼 단식이라는 기고를 하기도 하면서 김영삼의 단식을 통해서 전두환 독재정부를 전 세계에 알리면서 규탄 하였다.

이처럼 국내외적으로 김영삼의 단식은 새로운 민주화 바람을 일으키는 계기를 마련하였다.

6월 9일 김영삼은 주변 정치동료들의 의견을 받아들여 단식을 중단하고 30일까지 서울대 병원에 입원하고 퇴원하였다.

김영삼의 단식투쟁의 효과는 한국 민주화를 앞당기는데 엄청난 효과를 주었다. 1970년 대통령 후보경선부터 시작된 김영삼 김대중 라이벌 관계는 개인적인 발전분만 아니라 거시적인 차원에서 한국정치발전에 크게 기여 하였다.

1971년 대선후보 경선에서 김대중에게 아쉽게 패한 김영삼은 대선과정에서 적극적으로 김대중을 밀었다. 또한 1979년 5월 신민당 총재경선에서 당시 총재이자 70년 대선후보 경선에서 김대중을 지지하여 당선 되었던 이철승을 도우지 않고 김대중은 김영삼을 지지함으로써 김영삼이 총재로 당선되는데 결정적인 역할을 하였다.

10·26 사태이후 서울의 봄 당시 두 사람은 다시 라이벌 관계로 돌아서고 말았다.

그리고 김영삼은 국내에서 연금상태로 김대중은 미국으로 망명생활을 한다. 김영삼 단식 중에 김대중은 미국에서 김영삼을 도왔다. 김영삼 단식 중단후 김영삼과 김대중은 1983년 8·15 공동성명을 통해서 5·18 광주항쟁을 막지 못한것에 대해서 국민께 사죄하는 내용의 공동성명을 발표하였다.

이후 두 사람은 민주화를 위해서 계파를 초월한 범국민적인 정치단체를 결성하기로 합의를 보았다. 이듬해 광주민주화 4주년을 맞아서 1984년 5월 18일 민주화합추진위원회 즉 민추협을 결성하여 공동의장이 된다.

그러나 김대중은 미국에 거주하고 있었기 때문에 김상현이 김영삼과 함께 공동의장이 된다. 얼마 후 12대 국회의원 총선이 닥쳐오자 두 사람은 12대 총선에 참여하기로 하고 신한민주당을 창당한다.

그해 12월 20일 창당 발기인 대회를 열고 다음달 1월 18일 신한민주당 즉 신민당이 탄생된다. 여당은 김영삼의 신민당 돌풍을 잠재우기 위해서 총선을 2월 12일로 앞당긴다. 선거를 불과 3주 앞두고 창당한 신민당은 기존의 관제 야당인 민주한국당 즉 민한당과 거대 여당인 민정당 사이에서 생존하기가 불가능했다. 이러한 분위기 속에서 야당 돌풍을 일으킨 사건이 김대중의 위험한 귀국이었다.

김대중은 선거의 승리를 위해서 귀국을 결심하고 선거 4일전인 2월 8일 돌연 귀국한다. 귀국에 앞서서 김대중은 조지 슐츠 국무장관에게 편지를 보냈다. 그러자 한국 정부에서는 김대중의 귀국을 보류하라고 했다. 당시 안기부 요원들이 워싱턴에 체류하는 김대중을 직접 찾아와서 귀국 시 신변보장을 할 수 없다고 했다.

또한 한국 정부에서는 김대중이 귀국하면 감옥으로 보낸다는 협박을 했다. 미국 동아시아 담당 국무차관보는 김대중의 귀국을 만류하였다. 그 이유는 바로 필리핀 인권운동가 아퀴노의 암살사건이 있었기 때문이었다. 따라서 자칫하는 경우 김대중 역시 제2의 아키노가 될 수 있기 때문이었다.

귀국을 앞두고 뉴욕타임즈 기자와의 인터뷰에서 한국 귀국을 결심한 이유를 자세하게 설명하였다. 기자는 인터뷰 내용을 기사화하였다. 그러자 전 세계 각국의 지도자들이 축하 편지를 보내왔다. 지미 카터 전 대통령 빌리 브란트 전 독일 총리 등을 비롯하여 많은 저명인사들이 축하의 편지를 보냈다.

미국 정부에서는 처음에는 귀국을 만류했다. 그러나 김대중의 확고한 결심을 꺾지 못했다. 만일 김대중의 신변에 이상이 생기는 경우 미국은 전 세계 인권단체로부터 비난을 받기 때문이다.

미국 정부는 한국의 전두환 정부에 신변 안전을 요구하였다. 만일 김대중의 신변에 문제가 발생하는 경우는 한미관계는 심각한 갈등관계를 면치 못 할 것이라는 경고의 메시지를 보냈다.

그리고 김대중과 함께 37명의 저명인사들을 동행시켰다. 에드워드 페이건, 토마스 포글리에타 미 하원의원, 페트리샤 데이언 차관보, 토마스 화이트 전 대사, 브루스 커밍스 시카고대 교수 등이 인간 방패로 같이 동승하였다.

김대중이 공항에 도착하는 즉시 미국 대사관 1등 서기관이 자신의 차에 태워서 김대중 자택으로 가기로 되어 있었다. 김대중은 도착즉시 안기부 요원들이 끌어내려서 자신들의 차에 태워서 자택으로 연금시켜버렸다. 미국 대사관 직원들에게는 도착시간을 틀리게 말했다. 정부에서는 김대중 귀국을 언론에 2단 기사정도로 보도하도록 하였다. 동아일보는 이것을 좀 더 크게 보도를 하였다.

김대중의 귀국 소식에 선거판은 요동을 치기 시작하였다. 결국 2·12 총선 결과는 신민당의 압승으로 결정 났다. 만일 김대중의 귀국이 없었다면 선거전 3주 전에 창당한 신민당은 돌풍을 일으킬 수 있었을까? 의문을 가지지 않을 수 없다.

김영삼 단식과 김대중 귀국의 합작품이 바로 제12대 총선 압승이다.

민주화추진협의회
(민추협)와
12대 총선

1983년 5월 30일 김영삼은 가택연금에 해제됐다. 김영삼은 6월 9일 23일간의 단식을 마치고 6월 30일까지 서울대 병원에 입원했다 퇴원했다. 8월 15일 38번째 해방 기념을 맞아서 김대중과 연대하여 공동성명을 발표하고 반독재 투쟁에 앞장설 것을 다짐한다.

또한 김영삼은 5개 민주화 요구조건을 전두환정부에 제시한다. 언론자유의 보장, 정치인들의 정치규제 해제, 해직교수 복직 등을 요구하였다. 이듬해 김영삼은 앞으로 다가오는 12대 총선에 참여하기 위해서 순수 정치조직을 구상하여 민주화추진협의회 구성을 김대중에게 제안하였다. 김영삼의 제안에 대해서 김대중도 동의를 한다.

민추협은 1984년 5월 18일 광주민주화항쟁 4주년을 맞아서 발족한다. 의장에는 김영삼과 김상현의 공동의장으로 하였다. 김상현은 김대중이 미국에 체류하기 때문에 직무권한대행을 수행하였다.

위원회는 10인 위원으로 동교동계와 상계동계가 똑같은 비율로 구성하였다. 동교동계 위원으로는 김상현, 김녹영, 박성철, 박종률, 김윤식이며 상계동계는 이민우, 최형우, 김동영, 윤혁표, 김명윤으로 하였다.

민추협의 조직은 매우 거대하게 구성하였다. 조직을 보면 부의장 19명, 운영위원 452명에 16개국과 32개 분과로 구성되었다.

민추협은 언론을 통해서 반정부 활동을 하였다. 또한 직선제 개헌을 비롯하여 민주주의 헌정회복을 위해서 노력 하였다. 1985년 2월 12일에 실시된 제12대 총선에 참여하기 위한 당을 만드는 교두보 역할을 하였다. 1984년 11월 30일에 3차 정치인 해금에서 풀려난 이기택과 김재광 등과 합세하여 1985년 1월 18일 신한민주당을 창당하는데 큰 역할을 하였다. 신민당이 창당된 이후에도 민추협은 외곽에서 역할을 하였다.

민추협은 김영삼이 제1차 가택연금에서 풀려난 1981년 5월 이후 6월 9일에 구성된 민주산악회와는 성격이 완전히 다르다. 민주산악회는 정치적으로 같은 목적을 가진 사람들의 친목단체로서 재야인사를 비롯하여 비정치인들이 상당히 많았다. 반면 민추협은 순수한 정치인들이 제도정치권에 진입하려는 목적으로 설립된 정치단체이다.

민추협은 12대 총선에서 승리를 가져다줌과 동시에 직선제 개헌을 성취하는 교두보 역할을 하였다.

12대 국회의원 선거는 1987년 민주화 직선제 선거에 결정적인 교두보 역할을 하였다. 사실상 이번 선거는 국민들의 민심을 알아보는 중요한 시험대였다. 1984년 5월 18일 민추협 결성에서 양김은 자신들의 과오로 인해서 광주민주행쟁을 막아내지 못한 불미스러운 일에 대해서 국민들에게 진심으로 사과를 드린다고 하였다.

앞으로 신민당의 목표는 직선제 헌법 개정을 통한 민주화를 실현하는 것을 정당의 목표로 삼는다고 하였다. 사실상 12대 총선을 불과 3주 앞두고 탄생된 신한민주당의 대부분의 후보자들은 재력을 비롯하여 조직력이 기존의 정당들보다 매우 열세였다.

또한 후보자들은 지난 4년간의 의정활동의 공백이 있었기 때문에 신민당 바람을 일으킨다는 것은 가능성이 매우 낮았다. 그러나 결과는 달랐다. 신민당은 기존의 관재 야당인 민주한국당 즉 민한당을 제치고 제1야당으로 약진을 하였다.

당시 선거결과를 보면 집권 여당인 민주정의당 즉 민정당이 총 35.2퍼센트에 지역구 87석에 전국구 61석을 얻어 총 148석, 신민당이 총 29.3퍼센트로 지역구 50석에 전국구 17석을 얻어서 총 67석을 관재 제1야당인 민한당이 총 19.7퍼센트로 지역구 26석에 전국구 9석으로 총 35석을 얻었다.

투표율은 11대의 78.4퍼센트보다 높은 84.6퍼센트를 보였다. 이것은 국민들의 관심이 지난번 선거 때보다 매우 높아졌다는 것을 의미한다.

또한 제1야당인 신민당은 관재 야당인 민한당 당선자들의 대부분이 탈당하여 신민당에 합류함으로써 총 의석이 103석으로 늘어났다. 그결과 여당인 민정당과 야당인 신민당의 양당제도를 마련하면서 곧바로 시작된 직선제 개헌에 결정적인 역할을 할 수 있게 되었다.

12대 총선 결과로 볼 때 국민들의 민심은 이제 민주화를 염원하고 누군가가 민주화에 불을 붙여주기를 학수고대하고 있다는 것을 이번 선거는 잘 입증하고 있었다.

12대 총선은 김영삼, 김대중이 신민당 돌풍을 일으키게 하는 주역이었다. 민심이 천심이라는 고사성어는 바로 12대 총선의 결과가 잘 보여주었다. 12대 총선에서 이민우 민주산악회 회장이 정치 1번지인 종로에서 출마하여 돌풍을 일으켰다. 이민우 바람은 전국적으로 번지면서 광풍으로 변했다.

이제 민주화는 앞이 안 보이는 암담한 절벽 벼랑 앞에서 서서히 서광이 비치기 시작했다.

삼민투쟁위원회와
박종철 고문
사망사건

1985년 2월 12일 제12대 국회의원 총선에서 돌풍을 일으킨 신민당은 본격적인 민주화운동을 전개해 나가기 시작하였다. 그런데 민주화운동의 불길에 기름을 부어넣을 사건이 발생하였다. 바로 박종철 고문치사사건이었다.

박종철 사건으로 전두환 군사독재정권의 인권탄압정책이 드러나면서 민주화에 대한 갈망이 치솟기 시작하였다. 얼마 후 6·10 항쟁으로 치닫기 시작하였다. 결국 박종철 고문치사는 민주화운동의 꽃인 6·29 선언을 이끌어내는 동기를 부여하였다.

박종철은 1964년 부산에서 출생하여 서울대 문리대 언어학과에 입학하여 학생회장을 맡았다. 이후 박종철은 대학문화연구회에 가담하여 선배인 박종운을 만난다. 박종운은 서울대 사회학과 학생으로 박종철의 대학선배였다. 박종운은 당시 서울대 민주화추진위원회의 회원으로 지명 수배된 상태에 있었다.

그러면 경찰은 왜 박종철과 같은 서울대 민추위 소속의 회원인 박종운을 체포하기 위해서 박종철을 연행해 고문사 시켰는가?

85년 2·12 총선으로 신민당 돌풍이 일어나자 학원가에도 민주화투쟁운동이 다시 불붙기 시작하였다. 학원가에서는 85년 4월 17일 전국 학생 총연합회는 민족통일, 민주쟁취, 민중해방이라는 3민투쟁위회가 설립되어서 서울대와 고려대 서강대 등의 학생들을 중심으로 5월 23일의 미문화원 점거농성사건은 삼민투의 함운경이 주도하였다.

그러면 삼민투의 뿌리는 어디인가?

삼민투의 뿌리는 서울대민주화추진위원회이다. 민추위는 노동문제투쟁위원회, 민주화투쟁위원회, 홍보위원회, 대학간 연락책등 4개의 산하기구를 구성하고 있었다. 삼민투는 민주화투쟁위원회 소속이다.

청계천피복노조 합법화 투쟁과 대우어패럴 동조 등에 직접 참가하고 민추위의 활동현황과 운동방향과 향후 계획 등을 소개하는 "깃발"이라는 신문을 발간하였다. 전두환 정권은 1985년 미문화원 점거 농성 후 치안본부 남영동 분실에 깃발전담반을 편성하였다. 그리고 민추위 학생들을 구속하고 지명수배 했다. 김근태 전 국민주화청년운동연합회 약칭 전민련 회장도 서울대 민추위에 관련되어서 남영동 치안본부 대공분실에서 고문 기술자 이근안으로부터 심한 고문을 당했다.

서울대 민추위 소속 박종철은 1986년 4월에 청계천 피복노조 합법화 사건에 연루되어 징역 10월에 집행유예 2년을 선고받고 86년 7월 15일에 석방되었다. 석방 후에도 지속적으로 노학연대운동에 참가하였다.

1987년 1월 13일 밤 경찰 수사요원 6명이 박종철의 하숙집을 급습하여 치안본부 대공수사대 남영동 509호 분실로 강제 연행하였다. 1월 14일 경찰은 박종철에게 선배 박종운에 대해서 신문을 하였다.

신문과정에서 물고문과 전기고문을 받았다. 고문으로 인해 박종철이 실신하였다. 경찰은 중앙대 병원으로 옮겼으나 14일 밤 11시 45분경에 숨졌다. 경찰은 증거를 은폐하기 위해서 가족동의하에 벽제 화장터로 시신을 옮기려고 하였다.

그러자 당시 부장검사 최환은 시신보존을 요구했다. 1월 14일자 중앙일보 신성호 기자는 중앙일보에 2단기사로 박종철 사망소식을 알렸다. 이에 1월 15일 치안본부장 강민창은 박종철군 사망사건에 해명하면서 물을 몇컵 마신 후 툭 치니 억 하고 스러졌다며 고문사실을 부인했다.

1월 16일 중앙대 전문의 오연상은 처음 목격자로서 당시 남영동 509호실에는 물이 흥건하였다는 사실을 폭로하고 고문에 의한 사망사실이라고 했다.

1월 17일 국립과학수사연구소의 황적준 박사와 한양대 박동호 교수는 시체부검 결과 온몸에 멍이 들어 있었고 폐에는 물이 차 있었다는 부검결과를 발표하면서 고문에 의한 사망사실을 확인했다.

정부는 박종철 고문 담당 경찰인 조한경과 강진규를 구속했다. 5월 18일 광주 민주항쟁 7주년을 맞아서 천주교 정의구현전국사제단 김승훈 신부는 박종철 군 사망에 대한 추모집회를 열면서 민주화 추진위원회를 구성하였다. 18일 정부는 치안본부 5차장 치안감 박처원과 경정 유정방과 박원택을 구속했다. 또한 내무장관 김종호와 치안본부장 강민창을 해임했다.

신임 내무장관 정호용은 기자회견에서 사람이 사람을 어떻게 때릴 수가 있는가라는 말로서 고문을 은폐하려고 했으나 정호용은 5·18 광주항쟁 당시 특전사령관으로 광주사태의 주범으로 인식되었다. 그가 그런 말을 함으로써 세간에는 그를 비웃는 말이 나돌았다. 또한 치안본부장 강민창이 한 말인 '툭치니 억하고 죽더라'라는 말 또한 세간에 유행어가 되었다.

국민들은 박종철 고문사건으로 인해서 전두환 군사정권에 대해서 강한 불만을 품기 시작하면서 전국적으로 백만 명이 넘는 시민들이 거리로 쏟아져 나와 규탄데모를 하면서 민주화를 요구하고 나섰다.

결국 전두환 정권은 오래가지 못한다는 것을 직감하였다. 더 이상 국민들의 의사를 무시하고는 정권은 생존할 수 없는 불안감을 갖기 시작하였다.

이처럼 정부는 박종철 고문 사고를 은폐하려고 갖은 술책과 술수를 부렸다. 특히 국립과학수사연구소의 황적준 박사는 사건 1년 동안의 일기장을 공개하면서 당시 정부가 자신을 협박한 사실을 폭로했다. 이처럼 박종철 사건은 바로 6월 민주항쟁으로 나아가는 징검다리 역할을 하였다.

박종철은 그 후 열사로 추앙받고 지금도 박종철 민주화 기념사업회가 열리고 있다.

통일민주당 창당과
용팔이 사건

1987년 4월 8일 당시 신민당 총재였던 이민우는 민정당에서 내놓은 내각제에 대해서 찬성하는 소위 이민우 구상을 내놓았다. 이에 김영삼과 김대중은 즉각 반박 하였다.

내각제 개헌안에 대해서 찬성하는 의원은 이민우와 이철승, 이택희 의원 등 약간의 이민우계가 있었다. 이에 신민당은 이철승과 이택희 등에 대해서 징계를 결정하는 과정에서 이민우계의 반발로 김영삼계 37명과 김대중계 32명을 포함하여 74명이 탈당계를 제출하여 새로 창당하는 민주 통일당에 입당하고자 하였다.

그러나 전두환의 민정당이 정치깡패 김용팔을 고용하여 창당 작업을 방해하는 바람에 창당이 힘들어졌다. 이 와중에 전두환은 4월 13일 4·13 호헌수호 성명을 발표하였다. 통일민주당은 재야인사와 동조하여 호헌철폐 성명을 발표하였다. 안기부의 방해공작에도 불구하고 통일 민주당은 5월 1일 창당 대회를 열고 총재에 김영삼 고문에 김대중을 선출하고 69명의 국회의원을 구성하게 되었다.

통일민주당은 호헌철폐와 직선제 개헌등과 함께 박종철 고문치사 진상규명 등을 제기하면서 6·10 항쟁과 6·26 호헌철폐의 평화 시위를 주도하였다. 결국 당시 민정당 대표이며 민정당 대통령후보인 노태우의 6·29 직선제 개헌을 발표하는 결정적인 계기를 마련하였다.

동시에 김대중 등 정치활동이 금지되었던 많은 정치인들의 정치활동이 허용되었다. 그러나 대통령 후보문제를 두고서 양김의 갈등으로 10월 29일 김대중계는 탈당을 선언하면서 통일민주당은 김대중의 평화민주당과 분리되고 만다.

이후 김영삼이 대통령 후보가 되고 김대중은 평화 민주당 대통령 후보로 출마하여 김영삼 28퍼센트 김대중 27퍼센트를 얻어서 33.6퍼센트를 얻은 노태우 후보에게 대통령 자리를 양보하였다. 그후 통일민주당은 90년 1월 22일 김종필의 신민주 공화당과 함께 여당인 민정당과 합당하면서 통일민주당은 사라지게 된다.

통일민주당의 창당을 방해한 조직은 누구인가? 또한 행동대원이며 소위 용팔이 사건을 주도한 깡패 김용팔은 누구이며 배후 세력은 누구인가?

통일민주당이 지구당 창당 작업이 한창이던 1987년 4월 20일부터 4월 24일까지 통일 민주당은 창당 작업을 방해받는다. 지구당 창당일에 20대 청년깡패 150명이 각목을 들고 나타나서 지구당 문을 부수고 당원들에게 무차별 폭행을 가한다. 그리고 지구당 창당 작업을 방해한다. 결국 지구당 창당대회는 식당 등에서 숨어서 하였다.

당 지도부는 이 사건이 정부의 정치공작인줄 알고서 강력하게 시위를 했다. 통일민주당은 어렵게 창당적업을 마쳤다. 정부에서는 이 사건을 흐지부지 하고 말았다. 김영삼과 김대중은 이 사건으로 심적인 타격을 크게 받게 되었다.

이 사건은 전두환 정권이 물러나고 노태우 정권이 들어선 후 1988년 9월 24일 88 올림픽이 한창이던 날에 사건의 배후자 김용남이 검거되었다. 김용남의 별명은 용팔이었다.

김용남은 1950년 전남 순천 출신으로 원래 조직폭력배로서 이름을 날렸다. 그 후 그는 정치깡패로서 정치인들이 주먹이 필요 할 때면 도와주었다. 통일민주당 창당대회 방해사건은 정부와 신민당 조직부장 이선준의 요청에 의해서 김용남이 사건을 일으킨 것이다.

노태우 정부에서는 김용남을 구속하고 사건의 조사에 들어갔다. 용팔이 사건의 배후에는 신민당 국회의원 이택돈과 이택희가 있었다.

그 후 그 사건은 1993년 김영삼 정부가 들어서면서 다시 불거지면서 사건을 재수사하였다. 그 배후에는 당시 안기부장 장세동이 있었다. 장세동은 이택희와 이택돈에게 5억 원 씩을 주어서 용팔이 사건을 부탁하였다.

결국 장세동은 이 사건으로 재판에 회부되어서 1년 6개월간의 형을 살고 나온다. 그러나 장세동보다 더 윗선이 개입되었다는 사실을 알면서도 장세동은 끝까지 자신이 저지른 일로 끝냈다. 장세동은 이 일로 의리의 돌쇠라는 별명을 얻는다. 장세동이 구속되면서 자신은 수레바퀴에 깔려도 자신의 주군인 전두환은 다쳐서는 안 된다고 했다. 이로써 용팔이 사건은 마무리 되었다.

언론통제와
정경유착 사건들

전두환 신군부가 들어서면서 가장 먼저 필요한 조치는 언론을 장악하는 일이었다. 신군부 세력은 광주항쟁이 끝난 직후 1980년 6월 언론을 장악하기 위해서 언론계 정화계획안을 수립하여 11월 언론창달계획을 하였다. 전국 64개 언론사를 신문사 14개와 방송사 3개 및 통신사 1개로 강제 재편했다. 이 과정에서 중앙의 신아일보가 경향신문에 통폐합되었다. 전체적으로 중앙지 1곳, 지방지 8곳, 경제지 2곳, 방송사 27곳, 통신사 7곳 등 총 45곳 언론사가 통폐합 되었다.

언론 통폐합 작업은 허문도 대통령 정무비서관, 이광표 문공부 장관, 이상재 보안사 언론대책반장, 김충우 보안사 대공처장 등이 주도하였다.

또한 신군부는 반정부 성향의 언론인 336명을 해직대상자로 분류하여 해당 언론기관에 통보하였다. 또한 그해 10월까지 총 933명의 언론인이 강제 해직되었다.

언론 통폐합은 언론의 자율적 구조 개편이라는 미명 아래 정권을 잡은 신군부가 언론을 길들이고 장악하기 위한 목적에서 취한 조치였다. 표면적으로는 언론의 발전과 공공성 강화 및 처우 개선 등을 내세웠지만 근본적으로는 언론을 통제하여 정권의 홍보용으로 이용하려는 데 목적을 두고 있었다.

5공이 들어서면서 가장 먼저 터진 정경유착 사건은 장영자, 이철희 부부의 어음사기 사건이었다. 이들이 벌인 사기 행각은 총 7,111억 원으로 그중 어음사기 행각은 6,400억 원에 달했다. 이 사기 행각은 건국 이래 가장 큰 금융사기 행각이었다. 이 사건은 정경유착이라는 점에서 쿠데타로 집권하여 국민들의 불신 속에 있던 전두환 정부를 더욱더 불신하게 만들었다.

그렇다면 장영자는 누구인가?

장영자는 1944년생 전남 목포 출신으로 부유한 집안에서 났다. 목포에서 큰 인쇄소를 경영하며 목포지구당 위원장을 지낸 차보륜은 그녀의 고모부이다. 또한 김대중의 전 부인인 차용애는 장영자의 외사촌 언니이다. 장영자의 언니인 장성희는, 이순자의 삼촌이자 전두환의 처삼촌인 이규광의 부인이다. 다시 말하면 장영자의 언니 장성희는 이순자의 작은 어머니다.

장영자는 일찍 서울에 올라와 계성여고를 졸업하고 숙명여대 교육과를 졸업한다. 숙명여대 재학 중 메이퀸으로 뽑히기도 했다. 이후 장영자는 두 번의 결혼에 실패했다. 1982년 당시 남편인 이철희와 재혼하였다. 이철희는 1979년 유정회 국회의원과 중앙정보부 차장을 지냈다.

그리고 1982년 4월 장영자와 이철희는 어음사기로 검찰에 구속된다. 이들은 1981년 2월부터 1982년 4월까지 소유 자본금이 약한 부도위기에 처한 기업들에게 접근하여 돈을 빌려주고 어음으로 2배에서 최고 9배까지의 어음을 받았다.

그리고 이 어음을 다시 돌리는 수법으로 수천 억대의 돈을 빼돌린다. 이 사고로 총 31명이 재판에 회부되었으며 그중에서 11명이 실형을 선고 받았다. 또한 상업은행장과 조흥은행장이 구속되고 공영토건과 일신산업이 부도났다. 장영자 금융사기 사건으로 많은 기업들이 도산되거나 부도위기에 처했다. 정치권에서는 여당의 권정달 사무총장이 경질되고 법무장관이 두 번이나 바뀌었다. 장영자 사건을 계기로 금융실명제가 거론되기 시작된다.

장영자와 이철희는 각각 징역 15년 형을 선고받고 복역 중 이철희가 먼저 석방되었다. 장영자는 10년을 수감하고 석방 되었다. 장영자 사건은 당시 한국 사회에 엄청난 파장을 일으키면서 권력형 금융사건으로 간주되었다. 장영자의 배후에는 전두환이 있다는 소문이 나돌았다. 그 이유는 장영자의 언니인 장성희는, 전두환의 처인 이순자의 삼촌 이규광의 처이기 때문이다.

이 사건은 전두환 정권이 초기에 몰고 온 정경유착의 대표적인 사건이다.

다음 사건은 국제그룹 해체 사건이다.

1980년대 당시 재계 7위였던 국제그룹이 1985년 2월 21일 해체되었다. 국제그룹의 해체는 당시 한국의 정경유착을 가장 잘 보여주고 있다. 아무리 재벌이라도 정치권에 미움을 받고 한번 찍혀버리면 생존하기 힘들다는 것이다. 이 사건을 계기로 한국의 민주화는 정치민주화 다음단계로 경제민주화 단계로 넘어가게 된다.

국제그룹 양정모 회장은 1949년 부산에서 고무신 공장을 설립하여 기업을 키워 나갔다. 이후 왕자표 신발을 만들어서 1962년 수출실적을 올렸다. 그 후로 신발하면 왕자표라는 말로서 신발업계의 왕위를 고수해 나가면서 국제상사를 비롯하여 많은 기업을 거느렸다. 그 결과 국제상사는 1970~1980년대 재계 7위의 기업으로 성장 하였다.

80년대 전두환 정권이 들어서면서 양정모 회장은 전두환 정권에 정치후원금을 비롯하여 모든 면에서 비협조적인 태도를 보였다.

정치권에서 양정모 회장은 눈 밖에 나버렸다.

1984년 12월 27일 제일은행은 국제그룹 산하의 무역회사인 국제상사에 대해서 부도처리를 하였다. 그러자 각 은행들은 국제그룹 살리는 계획서를 제출했다. 1985년 2월 7일부터 11일 사이에 정부와 은행들은 국제그룹을 회생시키는데 합의를 보았다. 그런데 전두환은 2월 20일 재무장관에게 국제그룹의 해체를 지시하였다. 2월 21일 국제그룹은 해체되고 말았다.

이것은 정치가 경제위에서 정경유착의 철저한 관계를 유지한 전두환 정권의 대표적인 사건이다.

다음으로 일해재단 비리사건도 전두환 정권의 대표적인 정경유착 사건이다.

일해재단의 설립목적은 아웅산에서 순직한 열사들의 명복을 빌고 유자녀들의 장학금 조성과 세계화 시대에 평화통일을 위한 기금을 마련하기 위해서였다. 그러나 사실의 목적은 전두환이 정권 퇴임 후 그곳을 발판으로 정치를 재개 할 목적으로 연구소를 설립한 것이다.

일해재단은 전두환의 아호인 일해를 붙여서 일해재단이라고 했다. 처음의 명칭은 88연구소, 평화연구소등으로 했으나 나중에 일해연구소라는 이름으로 1986년 1월에 성남판교에 설립되었다.

나중에 5공 청문회에서 일해재단설립은 전두환이 재벌들에게 강요하여 강제적으로 돈을 뺏어 갔다는 사실이 양정모 국제그룹회장에 의해서 밝혀지면서 5공의 정경유착의 대표적인 비리로 밝혀졌다.

당시 양정모 국제그룹회장, 정주영 현대그룹회장, 김우중 대우그룹회장, 구자경 럭키그룹회장, 최종현 선경그룹회장등을 이사로 참여시켜 돈을 빼앗아 갔다. 돈의 액수를 보면 1984년 185억 5천만 원, 1985년 198억 5천만 원, 1986년 172억 5천만 원, 1987년 42억 등 총 598억 5천만 원에 달했다.

일해재단 비리는 전두환 정권이 재벌들을 상대로 한 정경유착을 보여주는 예로서 정치가 경제 위에서 군림하는 전형적인 독재체제였다. 정치 민주화뿐만 아니라 경제민주화도 필요하다는 것을 일해재단 비리사건은 보여주고 있다. 이 사건으로 인해서 다음 정권에서 경제민주화운동이 일어나기 시작하였다.

6월 민주화 항쟁과
크레인 브린턴의
혁명의 해부

1987년 1월 15일 박종철 고문치사사건을 시발점으로 1987년은 민주화 혁명의 꽃이라 불리는 6·10 민주항쟁을 향해서 달려나가기 시작하였다. 1987년 5·18 기념예배에서 천주교정의구현사제단전국연합의 김승훈 신부는 박종철 고문치사 사건을 문제화 하면서 전국 천주교 단체와 재야단체가 일어나기 시작하였다. 전국의 대학가에서도 민주화 회복과 전두환 독재정권 타도를 위한 가두시위가 잇달아 일어나기 시작하였다.

1987년 6월 9일 연세대 총학생회가 민주화 회복을 위한 가두시위를 벌이던 중 당시 연세대 경영학과 2학년 이한열군이 경찰이 쏜 최루탄에 머리를 맞아서 혼수상태에 빠져 얼마 후 숨진 사건이 발생하였다. 이한열군이 머리에 최루탄을 맞고 피를 흘리며 쓰러진 사건을 당시 취재기자단을 통해서 로이터 통신과 뉴스를 통해서 해외에까지 알려졌다. 이한열군은 병원으로 옮겨졌으나 혼수상태에서 깨어나지 못하고 다음달 7월 4일에 숨졌다.

전국대학생 연합과 재야단체는 곧바로 이한열 진상규명위원회를 열었다. 6월 10일 학생들의 가두시위에 시민들이 동참하면서 100만의 인파가 거리를 메웠다. 이 시위는 민주화회복과 독재정권 퇴진을 요구하는 시위로서 부산과 마산 등 전국적으로 퍼져 나갔다.

6월 10일을 기점으로 시위에 참가한 시민들은 총 5백 만 명으로 추산된다.

6월 26일 김영삼, 김대중 등 정치권에서 민주회복을 위한 가두 행진을 시작하였다. 이제 정부와 시민의 싸움이 시작되었으며 정부에서는 마지막 조치가 필요하였다. 그 첫 번째 조치가 정부가 시민들의 요구를 들어주고서 한발 물러서는 조치였다.

다음 단계로서 정부는 끝까지 시민들과 싸움을 해서 전두환이 발표한 4·13 호헌을 관철시키는 조치방법을 생각했다. 제로섬 게임의 싸움은 시작되었다. 시민과 정부는 한발 짝도 양보를 할 기세가 보이지 않았다. 시민들은 민주화 시위를 계속해서 전두환 독재정부를 전복시키고 새로운 민주정부를 수립하자는 쪽이냐 아니면 정부와 협상을 할 것인가를 두고서 의견을 조율하고 있었다.

6월 26일 민정당 대통령 후보로 지명된 노태우는 전두환을 만나서 자신이 위험을 무릅쓰고 직선제 대통령제로 전환하자는 의견을 비쳤다. 전두환과 노태우는 대통령 직선제 개헌 쪽으로 가닥을 잡고서 관망 하고 있었다.

시민들 역시 모 아니면 도의 극단적인 방법을 피하였다. 만일 극단적인 방법을 택하는 경우 유혈시민혁명으로 가게 된다. 이 경우 엄청난 사상자가 발생 할 수 있다는 것을 염두에 두었다. 강경파와 온건파의 의견이 엇갈렸다. 그러면서 정부의 입장을 기다리고 있었다. 일부 정부 군 출신 강경론자들은 비상계엄을 발포하여 시위를 진압하자는 의견이 나왔다.

계엄을 선포하는 문제를 두고서 미국의 역할이 컸다. 미국은 지난번 광주항쟁과 같은 사건이 되풀이 되어서는 안 된다는 것을 알고 있었다. 광주항쟁 시 군의 투입사실을 미국이 소극적으로 대응한 결과 반미주의로 인해서 미국은 한국 국민들로부터 비난을 받았다. 여기에서 반미감정을 일으키게 되었다.

이번 6·10 항쟁에서 미국은 한국군의 개입은 절대불가를 통보하였다. 만일 한국군이 개입하는 경우 한미관계에 엄청난 갈등을 초래하게 될 것이라는 경고를 레이건 정부는 주한 미국 대사관을 통해서 전달하였다. 정부에서도 지난번 광주진압사태와 같은 유혈 사태가 더 이상 일어나서는 안 된다는 쪽으로 가닥을 잡았다.

결국 미국의 압력과 노태우 후보자와 전두환의 협상으로 6월 29일 여당인 민정당 후보인 노태우가 시민들의 의견을 수용하여 대통령 직선제 개헌안을 수용하는 6·29 선언을 발표하면서 6·10 민주화 항쟁은 성공을 거두게 되었다.

일부 시민들을 좀 더 많은 민주화 조건을 요구하면서 전두환 정권을 붕괴시키자는 주장을 하였다. 그러나 6·29 선언은 정권교체를 할 수 있는 기회와 민주화를 이루는 가장 중요한 디딤돌을 만들었기 때문에 시민들도 협상에 승낙하였다.

그러면 6·10 항쟁의 성공사례를 이론적으로 생각해 볼 수 있다.

6·10 항쟁을 프랑스 시민혁명과 비교해 볼 수 있다. 단지 프랑스 혁명은 유혈 시민혁명이다. 6·10 항쟁은 무혈시민혁명이다. 만일 정부가 한발 물러서지 않았다면 6·10 항쟁도 결국 프랑스 혁명의 전철을 그대로 밟게 되었을 것이다.

혁명의 해부로 유명한 크레인 브린턴은 혁명의 시작에서 좌파와 우파로 나누고 있다. 좌파는 진보적 성향의 그룹을 말한다. 반면 우파는 보수적 성향의 그룹을 말한다. 혁명 초기에는 좌파가 득세를 하면서 모든 행동이 좌파가 주도해 나가기 시작하면서 혁명에 불길을 붙이기 시작한다.

그리고 좌파의 불길은 보수성향의 우파 쪽으로 불길이 번져 나간다. 우파가 처음에는 주도권을 좌파에게 넘겨주지만 결국 온건파인 우파가 주도권을 잡기 시작하면서 혁명은 기로에 들어서게 된다. 이 시점이 혁명에서 가장 중요한 시점이 된다.

정부는 이 시점을 놓치면 혁명의 불길을 잡지 못한다. 왜냐하면 이 시점에서 좌파와 우파는 관망하면서 정부의 협상을 기다리게 된다. 만일 정부가 만족할만한 협상카드를 내놓으면 이것으로 혁명은 더 이상 일어나지 않는다. 만일 정부가 협상카드를 내 놓지 않으면 시민군과 정부 양쪽 모두 극한으로 치닫게 된다. 정부의 자코뱅파와 지롱드파는 서둘러 정권을 넘기겠다는 협상을 시민들에게 하였다면 프랑스 혁명은 더 이상의 유혈은 일어나지 않게 된다.

만일 이 시점에서 협상이 결렬되면 시민군이 정부를 전복하여 성공하게 된다. 초기에는 조직화되고 무기를 가진 군인들을 동원하기 때문에 정부군이 우세하지만 군인들도 시민들의 아들딸이다. 따라서 그들은 자신이 부모형제들에게 총을 겨눌 수가 없다. 결국 군인들도 총을 버리고 시민과 합세하면서 혁명은 시민군의 성공으로 끝이 난다.

1987년 6월에 일어난 민주화 항쟁을 크레인 브린턴의 혁명의 해부를 이론적 근거를 바탕으로 분석하면 6·10 항쟁은 결국 국민들이 원하는 것은 민주주의의 회복이다. 이 사건의 발단은 바로 박종철 고문치사에서 시작되었다. 또한 연세대 이한열의 죽음 역시 사건의 동기를 부여하였다.

문제는 학생과 재야단체가 주동이 되어서 혁명의 불씨를 붙였지만 시민들의 반응이 매우 중요하다. 결국 시민들과 학생들이 시위에 동참하면서 혁명의 불길은 크게 번졌다. 정부는 가장 적절하고 중요한 시기에 시민들의 요구를 들어주었다. 그 결과 정부와 국민은 각각 한발 씩 양보하면서 문제는 해결되었다.

6·29 선언의 의의와
플라톤의 동굴론

노태우 당시 민정당 대통령 후보의 직선제 선언으로 한국 민주화는 어느 단계로 접어들게 되었는지 알아 볼 필요성이 있다.

6·29 선언을 그리스의 철인이며 현재 서양인들의 사상의 토대를 이루고 있는 플라톤의 '동굴론'과 비교 할 수 있다.

플라톤은 그의 동굴론에서 동굴 속의 세상과 동굴 밖의 세상으로 나누고 있다. 동굴은 캄캄한 지하에 있다. 아주 잠시 햇살이 비칠 뿐이다. 사람들은 쇠사슬에 묶어져서 동굴 속 자신의 앞만 바라 볼 수 있도록 되어져 있다. 플라톤은 동굴 속을 현실세계로 보고 있다. 반면 동굴 밖의 세상은 환한 세상으로 사람들은 마음껏 햇빛을 보고 활보하고 다닌다. 플라톤은 동굴 밖의 세상을 이데아 즉 이상세계로 보고 있다.

동굴 속에 갇혀있는 사람들은 캄캄한 동굴 속에서 쇠사슬에 묶여져 있다. 주변엔 박쥐 떼와 위험한 뱀들이 동굴 속을 지키고 있다. 그런데 동굴 속에 있는 사람들 중에서 몇 사람이 자신들이 묶여있는 쇠사슬을 풀고 동굴을 탈출하여 주변의 목숨을 위협하는 뱀들과 박쥐 떼들의 위험을 무릅쓰고 탈출을 감행하여 동굴 밖 환한 세상으로 나가는 데 성공한다.

동굴 밖으로 나온 몇 사람들은 얼마 전 자신과 같이 동굴 속에 갇혀서 고생하고 있는 동굴 속 사람들을 비교해 본다. 동굴 밖으로 나온 사람들은 일부는 자신만 동굴 밖 세상에서 살아가면 그만이지 동굴 속에서 고생하는 사람들은 불쌍하지만 어쩔 수 없는 운명으로 생각하고 만다. 그러나 그중에서 몇 사람은 동굴 속에 갇혀서 고생하는 사람들을 구해서 현재의 이상사회인 동굴 밖의 좋은 세상을 함께 즐기자는 생각을 가지게 된다.

이들은 같이 탈출한 사람들에게 동굴 속 사람들을 구출하자는 제의를 한다. 그러나 대부분 사람들은 동굴 속으로 다시 들어가는 경우 독사를 비롯하여 위험한 장애물들이 동굴 속에 많이 있기 때문에 행동하기를 꺼린다. 일부 사람들은 끝까지 설득에 나선다.

결국 그들은 위험을 무릎 쓰고 다시 동굴 속으로 들어간다. 이 중에 일부는 지하의 캄캄한 동굴 속으로 내려가는 도중 목숨을 잃는다. 그들은 갖은 고생 끝에 동굴 속으로 다시 들어가서 쇠사슬에 묶여있는 사람들의 쇠사슬을 풀고 동굴 밖으로 탈출하는데 성공한다. 그리고 그들과 함께 동굴 밖 환한 밝은 세상에서 함께 살아가게 된다. 이것은 플라톤의 동굴론이다.

동굴 속 세상은 현실사회인 전두환의 독재체제이다. 동굴 밖의 세상은 민주주의 국가의 이상사회이다. 국민들은 이상사회인 민주주의 사회를 갈망하였다. 전두환의 독재사회에서 국민들은 탈출을 원했다. 그러나 군이 총을 들고서 버티고 있었다. 군의 총에 맞서서 싸우다가 많은 사람들이 희생 되었다. 바로 광주민주화 항쟁이다.

많은 학생들이 고문과 고문치사를 당했다. 박종철과 이한열이다. 그들의 죽음이 바로 민중들이 칠흑같이 어두운 동굴을 빠져 나오는데 횃불 역할을 하였다. 그 횃불이 바로 동굴 속에서 사람들의 목숨을 노리는 독뱀과 사나운 짐승들을 피해서 나가도록 길잡이가 되었다. 결국 많은 사람들은 김영삼 김대중의 정치지도자와 종교계 및 재야인사들의 인도 하에 밝은 세상인 민주주의 세상으로 나올 수 있게 되었다.

이제 국민들은 캄캄한 동굴 속 쇠사슬에서 묶여서 꼼짝 못하는 독재치하에서 벗어나 쇠사슬을 풀어 던지고 밝은 민주주의 세상으로 나오는 길목에 들어서게 되었다. 이제 가장 중요한 가시밭길 민주화의 길을 지나서 동굴 밖의 세상으로 나오는 대장정의 길로 민주화는 시작되었다.

이런 의미에서 6·29 직선제 선언은 민주화 역사에서 가장 중요한 분수령이 되었으며 이제 전두환 독재와 독재의 잔당들은 서서히 역사 속으로 사라지기 시작한다.

6·29 선언은 박종철과 이한열이 흘린 피가 결코 헛되지 않다는 것을 보여주었다. 국민들은 6·10 항쟁의 여세를 몰아 진군을 계속해서 독재정권을 붕괴 시킬 수는 있었다. 그러나 그 과정에서 많은 유혈사태의 희생이 따른다. 어차피 독재정부의 독재자들은 겁을 먹고 꼬리를 감추고 도망을 가고 있었다.

그들에게 우선 도망의 길을 열어주지 않으면 독재 잔당들은 총과 흉기를 휘두르게 된다. 자칫 민주화운동가들이 그들이 휘두르는 총과 칼에 다치는 수가 있다. 6·29 선언으로 민주화 시위 중단 판단은 시민들의 현명한 사고라고 생각된다.

피의 투쟁,
마침내 민주화를 개척하다

1960년에서 2000년대까지 한국 정치사에서 하나의 큰 획을 그었던 김영삼 대통령이 서거 하였다. 김영삼 대통령과 함께 한국의 역사에서 민주화운동에 앞장섰던 김대중 대통령과 민주화 운동을 막았던 박정희 대통령 모두가 관 뚜껑을 덮게 되었다. 김영삼, 김대중, 박정희 세 인물은 이제 전설이 되어서 역사 속으로 사라져 버렸다.

해방 후 초기 민주화까지는 김영삼, 김대중, 박정희 전직 대통령들이 한국 정치사의 현장에서 중요한 역할을 하였다. 서로 물고 물리는 역사의 게임 속에서 한국의 민주주의는 성장을 계속하였다. 그 후에 나타난 전두환, 노태우 두 전직 대통령 역시 민주화과정에서 역사의 현장에서 과도기적 단계에 있었다.

민주화 이후에는 노무현, 이명박,

박근혜 등의 대통령에 의해서 한국의 민주주의는 발전을 계속하고 있다. 그러면 한국의 전직 대통령들은 모두 단순한 권력욕에 사로잡혀서 민주화를 추구해 나갔는가? 권력이란 근본적으로 볼 때 남을 지배하겠다는 사고라고 볼 수 있다. 인간에게 주어진 본능적 욕망 중의 하나가 바로 권력욕이다. 근대 권모술수론을 대표하는 마키아벨리는 그의 대표작 《군주론》에서 "권력을 잡기가 어렵다. 그러나 그보다 더 어려운 것은 잡은 권력을 어떻게 잘 유지해 나가는가가 더욱더 어려운 일이다."라고 말했다.

마키아벨리는 정치를 권력과 동일시하여 권력유지를 위해서 군주는 때로는 여우가 되고 때로는 사자와 같은 이중적인 행동을 하여야 한다는 권모술수론을 내놓았다. 사실 정치인들이 권력욕에 사로 잡혀 있을 때 그는 가장 추한 인간으로 떨어져 버린다. 또한 권력이 떨어져서 보호막이 없을 때 인간의 본성이 가장 잘 보인다. 로마 황제이자 오현제이며 철학자인 마르쿠스 알렐리우스는 그의 걸작인 《명상록》에서 인간에게 주어진 권력은 아무것도 아닌 단지 추악한 허상에 불과하다고 했다.

악성 베토벤은 나폴레옹이 혁명을 무마하고 세상을 평안하게 할 것이라는 기대에 영웅교향곡을 심혈을 기울여서 만들었다. 그리고 그 곡을 나폴레옹에게 바치려 했다. 그러나 나폴레옹이 권력욕에 사로잡힌 것을 보고 "나폴레옹은 더 이상 영웅이 아니라 단순히 권력욕에 사로잡힌 평범한 인간에 불과하다."라며 영웅교향곡을 찢어 버렸다는 유명한 일화가 있다. 이처럼 권력욕에 사로잡힌 군주는 가면을 쓴 추악한 인간으로 비쳐진다.

독일의 철학자 헤겔은 권력이 부여된 영웅 나폴레옹을 보고 인간에게 권력이 얼마나 중요한지를 말하고 있다. 헤겔은 나폴레옹이

마차를 타고 먼지를 일으키면서 자신이 거주하는 독일 예나에 쳐들어오는 것을 보고 인간에게 권력이 얼마나 중요한지를 눈으로 직접 보고서 '권력의 철학'을 시작하였다. 헤겔이 말하는 권력의 철학이 정치다. 사회계약론자로서 프랑스 혁명을 일으키는 원동력을 제시한 장 자크 루소는 그의 사상인 '고상한 야만인'에서 모든 것이 정치로 시작해서 정치로 끝난다고 정치의 중요성을 강조하고 있는가.

나폴레옹은 루소의 무덤을 찾았다. 그리고 첫 마디로 "만일 루소가 없었다면 현재의 나폴레옹은 존재하지 않았을 것이다."라고 했다. 이것은 루소가 프랑스 혁명을 일으키는 사상적 원동력을 제시하였기 때문에 결국 영웅 나폴레옹이 탄생될 수 있었다는 의미이다.

아리스토텔레스는 인간은 정치적 동물이기 때문에 누구나 태어나서 죽는 날까지 정치적 굴레에서 벗어날 수가 없다는 것을 강조하고 있다. 아리스토텔레스는 알렉산더 대왕의 스승으로 알렉산더에게 민주주의의 근원을 가르쳤다. 배를 만든 목수보다 배를 직접 모는 항해사가 그 배가 좋은 배인지 아닌지를 더 잘 알며, 파티에 초대된 손님이 음식을 직접 만든 요리사보다 더 음식 맛을 잘 알며, 집을 지은 목수보다 집에 직접 들어가서 사는 집주인이 그 집이 좋은 집인지 아닌지를 더 잘 안다는 정치적 논리를 제시하고 있다. 아리스토텔레스의 논리는 바로 현대 국민을 바탕으로 한 '모든 권력은 국민으로부터 나온다'는 간접민주주의의 철학을 제시하고 있는 것이다.

헬레니즘 시대를 대표하는 디오게네스는 왜 철학자로서 보다 정치가로서 이름을 날리고 있는가? 간디는 왜 사상가로서 보다 정치가로서 존경을 받고 있는가? 디오게네스는 알렉산더가 그를 방문하여 재상의 자리를 권고하면서 소망이 무엇인가라고 묻자 자신이

원하는 것은 '알렉산더 대왕이 자신의 앞을 가리고 서 있기 때문에 햇빛을 볼 수가 없어서 추워 죽을 지경이니 옆으로 비키거나 돌아가 주시는 것이 바로 소망'이라고 말했듯 반 헬레니즘 정서를 표현하는 '정치를 싫어하는 정치'를 하였기 때문이다. 그 때문에 그는 후세인들에게 존경을 받고 있다. 인도의 간디 역시 저항과 폭력이 아닌 '비폭력과 무저항'의 정치 아닌 정치를 하였기 때문에 존경을 받고 있는 것이다.

왜 공자와 맹자가 노자와 장자보다 후세인들에게 존경을 받는가? 중국인들의 사고를 형성하는 사상은 바로 공자와 맹자의 '유위문명' 사상과 노자와 장자의 '무위자연' 사상이다. 공자는 그 험난한 시절인 춘추시대에 15년 동안 천하를 얻기 위해서 철환하였다. 공자는 현실정치에 참여하기를 희망하였다. "공자가 사람을 죽였다."라는 설이 있다. 동양 삼국을 대표하는 성현 공자가 왜 사람을 죽였다는 말을 들을까?

공자가 살던 시대는 중국 천하에 군웅들이 할거하던 춘추시대였다. 공자가 현실정치에 참여하여 작은 나라의 재상을 잠깐 지낸 일이 있다. 결국 공자는 험담과 괴소문에 시달렸다. 공자는 "성인군자는 정치를 해서는 안 된다."라고 말한다. 공자의 사상을 실천한 맹자는 춘추시대 보다 더 험난한 전국시대에 살았다. 맹자 역시 현실정치에 참여하고자 했다. 맹자는 생명의 위협을 느끼면서 왕들 앞에서 직접 '천자의 잘못은 혁명으로 왕을 추방하여야만 한다'는 민주주의의 원칙을 주장한 인물이다.

그러면 노자와 장자는 왜 공자와 맹자보다 존경을 받지 못하는가? 노자와 장자는 '무위자연' 즉 자연에서의 도피 행각이 최선이며 남과의 부딪치는 행동을 금하고 있다. 한마디로 공맹사상은 '실천과 참여'이며 노장사상은 '도피'이다. 공맹사상은 권력욕에 사로잡히지 않은 현실정치 참여를 희망하고 있기 때문에 더욱더 존경받고 있다.

수도사 문화를 헌 신짝처럼 내팽개치고 하느님이 가장 사랑하는 천사 라파엘의 말을 믿고 젖과 꿀이 흐르는 땅 신천지로 이주해 갔던 영국의 후손들인 미국인들은 왜 링컨 대통령을 신약에 나오는 예수에 비교하고 있을까? 링컨은 권력욕에서 벗어난 인권을 향한 국민의 정치가이기 때문이다. 영국 시인 클론 버클리의 시 〈제국은 늘 서쪽으로 향했지〉와 낭만파 시인 윌리엄 워즈 워드의 시의 구절인 '어린이는 어른의 아버지'라는 구절을 미국인들은 왜 좋아할까? 바로 권력욕에 사로잡히지 않은 정의를 향한 정치적 성향의 시이기 때문이다.

베토벤, 공자, 맹자 등 모든 성현들이 말했듯 정치는 권력욕에서 사로잡히지 않아야 한다. 권력욕에 사로잡힌 인물은 큰 인물이 되지 못한다. 그러나 "인간의 본성은 한번 권력을 잡은 사람은 극한에 도달하는 경향이 있다."라고 영국의 역사학자인 존 액톤경은 말하고 있다. 또한 액톤경은 "절대적 권력은 절대적으로 부패한다."라고 경고하고 있다. 앞에서 말했듯 한국 현대 정치사에 등장한 인물들이 단순히 권력욕에 사로잡힌 인물이라면 그들은 더 이상 한국사에 나오는 역사적인 인물이 되어서는 안 된다. 만일 그들이 단순히 자신들의 사적인 권력욕을 채우기 위해서 정치하고 민주화를 추구해 나갔다면 우리 역사에서 그들을 지워야만 한다.

한국은 정치적으로 비민주주의형 국가에 대항에서 민주주의형 국가로 변화를 시도하려는 움직임을 60년대부터 소수의 엘리트 그룹에 속하는 학생과 언론인과 종교인들이 주도하였다. 이들과 함께 민주화는 시작되었다. 한국의 민주주의는 당시 젊은 지도자인 김영삼, 김대중이 민주화에 불씨를 지피면서 당시 청계천과 동대문 시장의 노동자인 전태일 분신 사건을 시작으로 산업화와 민주화의 대결구도가 비민주주의 vs 민주주의의 체제대결의 구도로 형성되었다고 할 수 있다.

박정희가 만들어 놓은 비민주주의 제도를 민주주의로 바꾸려는 민주화 운동은 김영삼과 김대중에 의해서 박정희 vs. 김영삼, 김대중의 대결구도로 한국 역사가 변화하게 된다. 이승만, 박정희, 전두환, 노태우, 김영삼, 김대중, 노무현, 이명박, 박근혜 등 대통령들이 단순히 권력을 잡기 위해서 권력욕에 사로잡혔던 것인지 그렇지 않고 오로지 국가와 민족을 위해서 민주주의 발전을 추구해 나갔는지는 역사가 판단할 것이다. 만일 권력욕에 사로잡혀서 정치를 하였다면 그가 남긴 업적과 발자취를 크게 평가하여서는 안 된다. 따라서 이 책을 쓴 목적은 한국 현대사를 바로 알고 현재와 미래의 올바른 역사 방향을 제시하기 위함이다.

이 책은 김영삼과 김대중, 박정희의 대결구도로 전개해 나가고자 한다. 영국에는 글래드스톤과 디즈레일리와 같은 두 라이벌이 있었기 때문에 영국의 민주주의가 더욱더 발전하게 된 것과 같은 맥락에서 이해할 수 있다. 또한 미국으로부터 도입한 한국의 대통령제하에 존 에프 케네디와 리처드 닉슨 두 대통령의 경쟁이 미국의 민주주의를 발전시킨 것과 같이 김영삼 대통령과 김대중 대통령의 라이벌 의식은 한국 정치발전에 협력관계를 유지해 나가면서 민주주의 발전에 크게 기여하였다고 할 수 있다.

이 과정에서 박정희의 산업화 역시 한국의 정치발전에 크게 기여하였다고 할 수 있다. 산업화로 인해서 국민들의 민주화 의식이 크게 향상되었기 때문이다. 결국 박정희의 산업화는 한국 민주주의 발전에 중요한 간접적인 요소로 작용하고 있다. 대부분의 비교 정치학자들은 민주주의와 비민주주의 연구를 통해서 산업화가 민주주의의 발전에 상당한 인과 관계를 가지고 있다고 주장하고 있다. 박정희의 산업화 과정에서 김종필과 박태준 등의 협력자들이 많이 있기는 하다. 여기서 김종필은 박정희 사후에 신군부의 쿠데타로 인해서 민주화가 끝난 후 1987년부터 삼김시대의 중요한 인물로 등장하게 된다.

이후 김종필은 김영삼, 김대중과 함께 한국현대 정치사에서 한 획을 긋는 역사적 인물로 등장하게 된다. 그러나 불행하게도 김종필은 권력의 최정상인 대통령 자리에는 오르지 못하고 만다. 그는 박정희의 군사정변의 주역으로 시작하여 산업화 시대의 박정희 정권의 2인자 역할에 머무를 뿐이었다. 김종필이 한국 정치사에 기여한 공헌은 가장 오랫동안 역사현장에 있었다는 점이다. 비록 한국의 정치 환경인 지역주의 때문에 대통령 자리에 오르지는 못했지만 그가 한국 정치사에 끼친 영향력은 실로 엄청나다. 따라서 김종필에 대해서는 필요한 장에서 설명을 하고자 한다.

이 책은 이론을 입증하고 증명하는 과학적이고 학술적 차원의 역사서가 아니다. 단순히 독자들이 한국 현대정치사를 이해하도록 하여 한국 정치발전에 기여하기 위한 역사지식 습득을 목표로 대중적이고 실질적인 차원에서 이야기를 펼쳤다.

사실상 한국의 국민들은 민주화 투쟁과정에서 희망을 가지고 살아왔다. 우리의 민주주의에 대한 열망이 현재의 우리가 존재하도록 만든 것이다. 그 당시 우리 한국의 젊은이들이 즐겨 부르던 시는 푸시킨의 시 〈삶이 그대를 속일지라도〉였다.

그 내용을 보면 다음과 같다.

삶이 그대를 속일지라도/ 슬퍼하거나 노하지 말라/

슬픔의 날 참고 견디면/ 믿으라, 기쁨의 날이 오는 것이러니/

마음은 미래에 사는 것/ 현재는 언제나 슬픈 것/

모든 것은 순간적인 것, 지나가는 것이니/

그리고 지난 것은 그리워지려니

하늘이 항상 질풍노도를 동반한 먹구름으로 덮여있는 것은 아니다. 강한 비바람은 오래 계속되지 않고 반드시 얼마 후에는 그친다. 상상조차 하지 못했던 하늘은 이제 막 초록빛 짙은 무지개로 다시 수를 놓고 있다. 그 무지개는 이중으로 혼란한 광채를 발하게 된다. 이것이 바로 현재 우리와 우리의 후손들이 민주화를 통해서 얻은 값지고 고귀한 선물인 것이다. 그러나 아직도 뜰 앞에 있는 나무와 숲이 서로 조화와 균형을 이루어 아름다운 숲을 이루지 못하고 있다. 그 조화와 균형 속에서 우리의 미래는 세계 초일류국이 된다. 남은 과제는 바로 '누가' 지역주의의 목을 치고 남북을 통일시킬 것인지에 있다.

여러분이 이 책을 읽는 이유와 목적이 바로 대한민국을 초일류국가로 만들 과제를 달성하기 위함이다.

김경동, 《현대의 사회학》, 박영사, 1981.

김계동, 《북한의 외교정책》, 백산서당, 2002.

김계동, 《한반도 분단, 누구의 책임인가》, 명인문화사, 2012.

김기홍 외 2인, 《제왕의 리더십》, 휴머니스트, 2007.

김채윤 편, 《변혁기 사회주의와 계급·계층》, 서울대학교 출판부, 1996.

김형배, 《선거인가 도박인가》, 우리들, 2006.

김호진, 《한국정치체제론》, 박영사, 1991.

박동서, 《한국행정론》, 법문사, 1993.

박수영, 《현대사회와 행정》, 대영문화사, 2004.

이광규, 《문화인류학개론》, 일조각, 1998.

이미옥 역, (한스 디터 겔페르트 저) 《전형적인 미국인》, 에코리브르, 2003.

이준형, 《리더십 먼저 민주주의 나중에》, 인간사랑, 2004.

이철희, 《1인자를 만든 참모들》, 위즈덤하우스, 2003.

이홍직, 《국사대사전》, 지문각, 1968.

정인흥, 《서구정치사상사》, 박영사, 1981.

조해경 역, (아렌드 라이파아트 저) 《내각제 대 대통령제》, 이진, 1999.

조해경, 《침략사상이 된 미국의 프런티어》. 법영사, 2007.

조해경 역, (아렌드 라이파아트 저) 《광란의 대통령제 대안은 없는가》, 힉스, 2012.

조해경, 《악덕유통업자가 된 미국의 자유주의》, 힉스, 2012.

최동희, 《남북한: 갈등, 공존, 통일》, 사회문화연구소, 1999.

한배호, 《한국현대정치론 I》, 나남, 1990.

Allen, Richard C. *Korea's Syngman Rhee*. Tokyo: Charles E. Tuttle Co., 1960.

Bardns, William J. ed. *The Two Koreas in East Asian Affairs*. New York: New York University Press, 1976.

Chien, Frederick Foo. *The Opening of Korea*. New York: The Shoe String Press, Inc., 1967.

Choi, Won Sang. *The Fall of the Hermit Kingdom*. New York: Oceana Publications, Inc., 1967.

Cole, David and Princeton Lyman. *Korea Development The Interplay Politics and Economics*. Cambridge Massachusetts: Harvard University Press, 1971.

Conroy, Hilary. *The Japanese Seizure of Korea: 1968-1910*. Philadelphia: University of Pennsylvania Press, 1960.

Fairbank, John K. *East Asia: The Modern Transformation*. Boston: Houghton

Mifflin Co., 1978.

Hatado, Takoshi. *A History of Korea*, Santa Barbara: University of California Press, 1969.

Lee, Ki Baik, *A New History of Korea*. Cambridge, Massachusetts: Harvard University Press, 1980.

Moskowitz, Karl, ed. *From Pattern to Partner*. Lexington, Massachusetts: D.C. Heath and Company, 1984.

Wagner, Edward W. *The Korean Minority in Japan*. New York: Institute of Poufou Relations, 1984.

Weinsten, Franklin B. and Fusi Kamiya. ed. *The Security of Korea: U.S. and Japanese Perspectives on the 1980s*. Boulder, Colorado: Westview Press, 1980.

참고한 자료

인물 찾아보기

인물 찾아가기

광란의 대한민국 황제대통령제 1

해방부터 6·29 민주화 선언까지

1판 1쇄 펴낸날 2016년 11월 10일

지은이 조해경

펴낸이 서채윤 펴낸곳 채륜
책만듦이 김미정 책꾸밈이 이한희

등록 2007년 6월 25일(제2009-11호)
주소 서울시 광진구 자양로 214, 2층(구의동)
대표전화 02-465-4650 팩스 02-6080-0707
E-mail book@chaeryun.com Homepage www.chaeryun.com

© 조해경. 2016
© 채륜. 2016. published in Korea

책값은 뒤표지에 있습니다.
ISBN 979-11-958722-1-3 04340
ISBN 979-11-958722-0-6 (세트)

이 도서의 국립중앙도서관 출판예정도서목록(CIP)은 서지정보유통지원시스템 홈페이지(http://seoji.nl.go.
kr)와 국가자료공동목록시스템(http://www.nl.go.kr/kolisnet)에서 이용하실 수 있습니다. (CIP제어번호 :
CIP2016026198)

채륜서(인문), 앤길(사회), 띠움(예술)은 채륜(학술)에 뿌리를 두고 자란 가지입니다.
물과 햇빛이 되어주시면 편안하게 쉴 수 있는 그늘을 만들어 드리겠습니다.